Konrad Beikircher
Et kütt wie't kütt
Das rheinische Grundgesetz

Konrad Beikircher

Et kütt wie't kütt

Das rheinische Grundgesetz

Mit einem Vorwort
von Johannes Rau

Herausgegeben
von Andreas Graf

10. Auflage 2007

Lektorat: Andreas Graf, Köln
Umschlaggestaltung: Eusebius Wirdeier, Köln
Satz und Layout: Greiner & Reichel, Köln
Druck und Bindearbeiten: GGP Media GmbH, Pößneck
ISBN 978-3-462-03516-2

VORWORT

von Johannes Rau

Konrad Beikircher will uns mit seinem humoristisch-philosophischen Vademekum »Et kütt wie't kütt – Das rheinische Grundgesetz« neue An- und Einsichten vermitteln, die uns die Feinheiten der rheinischen Sprache und die Pracht des rheinischen Lebens ein Stückchen näher bringen. Immer wieder ist zu hören, dass der Rheinländer in Sprache und Mentalität so wenig den anderen Deutschen gleiche, dass er letztlich nicht regierbar sei. Diese Auffassung teile ich nicht, denn schon in früheren Jahren, in denen ich Regierungsverantwortung für Nordrhein-Westfalen getragen habe, habe ich wiederholt meine Ansicht geäußert, dass die Stärke für dieses Land in der einmaligen Kombination der Eigenschaften seiner Menschen liegt: der Zuverlässigkeit des Rheinländers, der Leichtfüßigkeit des Westfalen und der Großzügigkeit des Lippers ...

Der (von Geburt aus) Nicht-Rheinländer Konrad Beikircher will uns mit seinem Buch einmal mehr davon überzeugen, dass im Rheinland das Herz Europas pocht und Köln das Zentrum der Leichtigkeit des Seins ist. Dass Konrad Beikircher manchmal kabarettistisch übertreibt, macht Spaß; dass er die Menschen, die er beschreibt, nie bloßstellt, macht Freude! In diesem Sinne wünsche ich Ihnen mit diesem »Reiseführer durch das rheinische Universum« ebenso vergnügliche wie erhellende Lesestunden.

Chamerlan.

INHALT

EINLEITUNG

Dieses Buch ist ein Reiseführer durch das spannendste Universum deutscher Zunge. Im Rheinland ist alles anders: die Physik, die Mentalität, der Glauben, die Sprache, der Alltag, die Natur, die Philosophie, die Freizeit, die »Züscholorie«, der Raum und die Zeit. Um ein kleines Beispiel zu nennen: »Jetzt« heißt hier allerfrühestens morgen früh, »sofort« heißt in ein paar Wochen, »gleich« heißt quasi nie – nur »direkt« heißt jetzt sofort. Hier spricht man deutsch, meint es aber mediterran, und damit prallen zwei Welten aufeinander, die noch nie miteinander kompatibel waren – außer im Rheinland. Köln ist eher Neapel als Düsseldorf, welches eher Mailand ist als München, und so sind auch die Menschen. Ohne Vademekum stünde der Reisende oder gar der »Immi«, der Zugereiste, hilflos da, und diese rheinische Wunderwelt bliebe ihm verschlossen. Das wäre doch wirklich zu schade!

Ist dieses Buch also für Auswärtige ein Leitfaden durch das, was sie als Labyrinth empfinden mögen, so ist es für den Einheimischen ein kleines vernügliches Repetitorium all dessen, was das Leben hier so schön macht.

Natürlich geht es dabei in erster Linie um Sprache. In ihr drückt sich eine Region aus, durch sie kann man eine Region verstehen. Mit ihr kann sich aber auch eine Region gegen einen übermächtigen Gegner schützen, so wie es das Rheinische gegen das Hochdeutsche getan hat – eine der meisterhaftesten Charaden, die dieser Region gelungen sind: so zu tun, als spreche man deutsch, es aber auf eine Weise zu tun, dass es kein Auswärtiger versteht. Dazu langen ein paar grammatikalische Fußangeln hier, ein paar Bedeutungsverschiebungen dort, und schon steht das Hochdeutsche mit langem Gesicht vor dem Rheinland, erklärt es zur hoffnungslosen Zone und unterstellt damit etwas, was nie gegeben war: dass es dem Rheinland wichtig wäre, vom Hochdeutschen verstanden, geschweige denn in es integriert zu werden. Auf diese Weise hat Schwejk seine Gegner besiegt, und so hat auch das Rheinland überlebt. Es folgte immer dem Prinzip der zwei Türen: Wenn der Gegner kommt: Vordertür aufmachen, Hintertür aufmachen, sich lächelnd in die Küche stellen und zugucken, wie der Preuße durchreitet ...

Ich selber lebe seit dem 19. Oktober 1965 im Rheinland, es ist mir Südtiroler zur Wahlheimat geworden. Aber, ich bekenne es offen: Dat hätt sing Zick jebruch!

Denn: Im Rheinland ist nichts so, wie es auf den ersten Blick aussieht. Man muss schon etwas Geduld mitbringen.

Dann aber ...!

Ich hoffe, dass dieses Buch Ihnen zum »Dann aber ...!«-Gefühl verhilft, das wäre wunderbar.

Zur Machart des Buches ist Folgendes zu sagen:

1. Damit Sie Spaß haben, gibt es Querverweise, Raum für eigene Notizen, Beispiele, Übungen, Hausaufgaben, alles schön graphisch abgesetzt, denn: Das Auge liest ja mit!

2. Bei der »Übersetzung« der Dialektwörter in Schrift habe ich mich hauptsächlich an Prof. Dr. Adam Wredes »Neuer Kölnischer Sprachschatz« gehalten, bei manchen Wörtern an mein Ohr.

3. Wenn ich oft vom »Rheinländer« spreche, dann ist das nicht antifeministisch gemeint. Die Verallgemeinerung ist zwar sprachlich in männliches Gewand gekleidet, meint aber selbstverständlich die wunderbaren Rheinländer*innen* mit!

4. Dieses Buch kommt aus sechs Sprachprogrammen und zwölf Jahren. Ich habe an vielen Stellen die Sprechsprache zugunsten einer Lesesprache verändert, an manchen aber nicht. Manchmal gefällt mir einfach der Fluss der Sprechsprache auch beim Lesen besser.

5. Ein Register am Ende des Buches ist einfach ein Muss, es erleichtert zusätzlich das Nachschlagen bestimmter Redewendungen oder Wörter.

6. Ach ja: Ich habe auch ein paar Fotografien ausgesucht. Sie sollen – leicht ironisch – darauf hinweisen, dass das Rheinische auch überregional wirksam sein kann …

So, genug der Einleitung. Ich wünsche Ihnen beim Lesen den Spaß, den ich beim Schreiben hatte. Auch für dieses Buch gilt: Wenn es Ihnen gefällt, schreiben Sie es mir

unter *www.beikircher.de.* Sollte es Ihnen jedoch nicht gefallen: Schreiben Sie es dem Verlag!

Bis die Tare
Ihr

Konrad Beikircher

VOR ALLEM
DAS RHEINISCHE GRUNDGESETZ

Ja, das gibt es: das rheinische Grundgesetz. Es regelt seit Anbeginn der Zeiten das Leben auf diesem von Gott bevorzugten Fleckchen Erde, macht es schwerelos und leicht und wäre überhaupt eine Anregung für alle Völker auf dem Globus. Es besteht aus fünf Artikeln. Sie lauten:

Artikel 1: Et es wie't es

Artikel 2: Et kütt wie't kütt

Artikel 3: Et hätt noch immer jot jejange

Artikel 4: (der rheinische Entsorgungsartikel):
    Wat fott es es fott

Hierzu gibt es den berühmten *Unterartikel 4a*, der insbesondere in rheinischen Operationssälen am Wirken ist. Ich meine: Hat man ja schon mal der Fall, dat man operiert werden muss. Da wird man dann einjepinselt, grünes Mäntelchen drum erum, man wird also quasi waid-

gerecht aufbereitet, dann wird man auf der Hochsitz je-
hoben und ereinjefahren in der OP-Saal, wo dat Jäger-
team mit dem Hirschfänger schon am Warten es. Jot.
Jetzt wird man dann von den Spezialisten waidmän-
nisch aufjebrochen, ne, und dann kütt der Moment vom
Artikel 4a. Der Chirurg guckt einem in der Körper erein,
um dann zu sagen:

Kenne mr nit, bruche mr nit, fott domet!

Und schließlich noch

Artikel 5: (das rheinische Universalgesetz):
        Wat soll dä Quatsch!

Sowie der Trost für alles:

Artikel 5a: Wer weiß, wofür et jot es

Herzlich willkommen!

Raum für eigene Notizen

I. GRUNDLAGEN DES GESPRÄCHS

1. GRUNDLEGENDES

Wer das erste Mal als »Ausländer«, also z. B. als Schwabe, Westfale oder – wie ich – Südtiroler, das Rheinland betritt, wird – vor allem, wenn er eine dieser rituellen Versammlungsstätten des hiesigen Eingeborenen besichtigt, die sich durch ein Ausschließlichkeitsmerkmal auszeichnen: Jeder der dort Stehenden nämlich hält ein eigenartig schlank geformtes Glas in der Hand, gefüllt mit einer sonderbaren gelblichen Flüssigkeit, die eher an eine Versammlung von Urologen denn an eine heterogene Gruppe menschlicher Individuen denken lässt – von der Atmosphäre voller Leichtigkeit und anregender Gespräche beeindruckt sein.

Wer aber genauer hinhört, merkt, dass es sich bei den scheinbar angeregt miteinander Sprechenden beileibe nicht um Gesprächspartner in dem Sinne handelt: Du sagst etwas, ich höre dir geduldig zu, und wenn du zu Ende bist, sage ich etwas zu dem, was du gesagt hast. Nein. Stehen mehrere Rheinländer zusammen, so haben wir es immer mit einer Gruppe vor sich hin monologisierender Menschen zu tun.

Der Rheinländer ist – bitter, aber wahr – unfähig zum

Dialog. Von Geburt an. Er steckt – um gleich einen Erklärungsansatz anzubieten – zeitlebens so voller Mitteilungsbedürfnis, dass er alles, was in ihm ist, jedem mitteilen möchte. Und ein Leben is kurz, ne. So kurz, dass immer noch was übrig bleibt: wert, erzählt zu werden. Und erst falls dieses Mitteilungsbedürfnis erschöpft sein sollte – um dem rheinischen Irrealis die Ehre zu geben, denn mit »falls ... sein sollte« drückt der Rheinländer immer das aus, was *nie* sein wird –, wäre er in der Lage, zuzuhören.

Am Rheinländer haben sich bereits Generationen von katholischen Geistlichen – falls es da so etwas wie Generationen überhaupt gibt – auf dem Sterbebett die Finger wund geölt. Denn immer dann, wenn der Priester mal wieder seinen Daumen ins Ölfläschchen tauchte, rappelte sich der Moribunde auf und hub an: »Apropos Öl, da fällt mir ein: Tant Trautchen kunnt jo och nie Fett vertraren, ne, und wie sie domols ...«

Wer also mit dem Rheinländer zu »tuen« hat, sollte immer daran denken, dass es diesem zunächst und in erster Linie darum geht, sich mitzuteilen.

Beispiel Diesem Mitteilungsbedürfnis begegnet der Fremde in seiner reinsten Form da, wo in anderen deutschen Regionen eher Anteilnahme, Einfühlung und Mitleid anzutreffen sind: im Wartezimmer des Arztes. Die den Neuankömmling zunächst wohltuend empfangende Frage: »Warum sin Sie dann hier?« dient aber keineswegs dem Austausch von Leidensgeschichten, sondern lediglich der Einleitung des Monologes. »Warum sin Sie dann hier?« ist der Tonarm, der sich langsam, aber unerbittlich auf die Platte senkt:

»Warum sin Sie dann hier? ... Aha, Krampfadern ... erausschneiden? Öhö. Öhö ... also Krampfadern kenn ich bei mir jo jar net (schon ist man bedient), ich habbet ja mit dem Hätzwasser, ne, also dat is bei mir irjendswie, schon als Säugling, ne, wor dat, also do sin ich komisch drin ... (eine häufig anzutreffende Redensart: »do sin ich komisch drin« – als lebte der Rheinländer in dem ständigen Gefühl, anderen zur Unterhaltung dienen zu müssen: »Einzelfahrschein, kenn ich bei mir jo jar net, ne, ich fahren jo nur auf Streifen, also Karte, ne, do sin ich komisch drin ...«), do hätt jo domols dä Doktor für mich jesaat ... (»für mich«: kein Wunder, wer kann denn schon mit einem Monat sprechen?) wenn dat net ophööt, ne, wor ewwer net, also ich kann die Kellertrepp jo net eravjon, habbichet at widder am Bein: esu dick, wat saren ich: esuuuuuu dick, ne, also wenn net dä Doktor Hahn wör mit der Salbe us dem Schlangenfett, zweimol drupjeschmiert: wie ein Vörelchen ... (150 Kilo, aber:) wie ein Vörelchen, also normal bräucht ich jar nicht hier jewesen zu sein, ne ... (dies ist die klassische präsentische Vergangenheit im Rheinischen: So einen Satz kann nur sagen, wer noch hier ist. Die Gegenwart in der Gegenwart als vergangen auszudrücken ist somit eine Antizipation, die dem Wunschdenken entspringt: Er ist noch hier, wäre aber lieber schon weg; so herrscht der Rheinländer über Zeit und Raum → VII, 2. Die zukünftige Vergangenheit) ewwer hück morje och at widder: Ich wollt nur noh der Poss luure, dä! Hat-

.cht at widder am Bein (und jetzt schürzt sie den Rock bis zum Nabel, denn auch das Wartezimmer eines Arztes fällt unter die Aufhebung der Schamschranken: Es ist ja immerhin das Wartezimmer eines Arztes!), alles Wasser, ne, ALLES WASSER! ... Komisch, jetzt isser fott, also ich weiß et net: Hückzetare hätt jo keener mih Zick für richtig zozehüre, zick dem Fern, ne, ich weiß et net ...«

So isser, der Rheinländer: Et muss all eraus, ejal wat et es, ne!

2. DIE ERÖFFNUNG

Begegnet ein Rheinländer einem anderen Menschen, so findet immer und in jedem Falle – vor dem eigentlichen Gespräch, also: dem Monolog – ein Eröffnungsritual statt, das nach ehernen und immer gleich bleibenden Gesetzen abläuft. Die Gesetzmäßigkeit, mit der dieses Ritual abgespult wird, ähnelt dem Instinktverhalten bei anderen Säugetieren: Auch dieses rollt ab, ohne dass dem Individuum eine Chance des Eingreifens bliebe. Hunde pflegen beispielsweise ein Erkennungsritual, das überall auf der Welt gleich abläuft:

Phase A: Erst mal Kopf an Kopf sich nebeneinander aufstellen und die Ohrenstellung kontrollieren, sprich: Is dat überhaupts eene Hungk, der do esu vierbeinig vör mir steht?, und gleichzeitiges Schielen nach der Schwanzbewegung: Wenn der wedelt oder nach unten hängt: Könnt sin, dat dat eene Hungk is, wenn pfeilsgrad nach oben gerichtet: Um Jottes willen, dat is en Katz, nüß wie fott!

Phase B: die Seitenkontrolle: Man schlendert scheinbar beiläufig aneinander vorbei, wobei gleichzeitig intensiv die Flanke des »Gegners« beschnuppert wird.

Phase C: die Analkontrolle: Endlich hinten angelangt, erfolgt das Bemühen um Präzisierung: Jo, et is eene Hungk, und zwar – wedel, wedel, jaul – ein Weibchen, oder: Et is nur esu ene Einkaufsbüggel mit Rädchen unge dran, also gepflegt distanziert weiterlaufen.

So auch der Rheinländer. Mit dem einen Unterschied, dass er zur Nase, also dem rein olfaktorischen Erkennungsritual, auch Wörter und Sätze zu Hilfe nimmt. Ziel des Rituals ist herauszufinden, ob es sich bei dem Menschen, dem man da begegnet, um einen Rheinländer handelt oder nicht. Denn nur einem Rheinländer gegenüber lohnt es sich, das ständig vorhandene Mitteilungsbedürfnis dergestalt zu aktivieren, dass man ihm erzählt, was sich all esu jedon hätt.

Beispiel *Phase A*: Der Rheinländer stellt sich Kopf neben Kopf vor seinen potenziellen Gesprächspartner (»Zuhörer« wäre sicher hier eher am Platze) und sagt: »Wie isset?« Lautet die Antwort: »Jot!«, dann handelt es sich mit hoher Wahrscheinlichkeit um einen Rheinländer – die weitere Beschnüffelung kann losgehen. Lau-

tet die Antwort: »Wie meinen Sie? Was soll wie sein?«,
dann ist dat jrad esu, als wör der Schwanz nach oben:
Opjepass! et is en Katz, also z. B. ein Westfale, grußlos
brummeln und weitergehen …

Phase B: War die Antwort:»Jot!«, dann kann es weitergehen:

»Die Kinder?«
»Jot!«
»Die Frau?«
»Jot!«
»Prifat?«
»Jot!«
»Beruf?«
»Jot!«
»Et Auto?«
»Lööf!«

In der Zwischenzeit ist der Fragende – mental – an der
Flanke entlanggestrichen und kommt nun zum Haupt-
teil des Erkennungsrituals: der Analkontrolle.

Phase C: Ist also alles abgehandelt – Kinder, Frau, Privat, Beruf und Auto –, kommt der definitive Test, ob es
sich um einen Rheinländer handelt oder nicht: die all-
umfassende Frage: »Und sonst?« Lautet nun die Antwort »Och jot!«, dann handelt es sich um einen Rheinländer heimischer Provenienz, den sich der Frager, so er
Lust hat – aber welcher Rheinländer hätte dazu keine? –,
zum Opfer seiner Monologe küren kann. Lautet die Antwort aber: »Wie meinen Sie das denn jetzt? Sie haben
doch schon alles abgefragt«, dann wäre dies die letzte
Tankstelle vor der Autobahn: Luft holen, kurz angucken,

Vollgas und ab. Stimmte aber alles, dann wird vollge-
tankt und – sozusagen beiderseitig wedelnd – genuss-
voll die Autobahn befahren: die Einbahn rheinischen
Monologisierens.

Es soll Henker gegeben haben, die nach dem Schwertstreich ihrem Opfer noch jemütlich zuraunten: »Na, wie
isset?« und als Antwort – halb aus dem Korb – ein »Jot«
hörten.

Hausaufgabe Sie können einen Rheinländer aus
dem Tiefschlaf wecken mit der Frage: »Und sonst?«; er
wird »Och jot« antworten und auf der Stelle weiter-
schlafen.

3. DER EINSTIEG

Begegnen einander zwei Rheinländer und haben sie
das Begrüßungs- oder Eröffnungsritual dergestalt erfolgreich hinter sich gebracht, dass beiden unzweifelhaft
klar ist, dass es sich beim jeweils anderen um einen
Rheinländer hiesiger Provenienz handelt, dann kann es
losgehen: das Gespräch.

Sollte man annehmen. Aber doch nicht im Rheinland!

Weit entfernt davon, jedem x-Beliebigen einfach so
sein Herz zu öffnen – wer diesen Eindruck hätte, gäbe
sich einer bodenlosen Täuschung hin –, hat der Rhein-

länder auch für den Einstieg in das, was er ein Gespräch nennt, ein Ritual, das erfüllt werden muss, bevor es wirklich losgeht. Dieses Ritual wird immer und in jedem Fall eingehalten: ob es sich nun um eine leibhaftige Begegnung oder um ein Telefongespräch handelt. Niemals käme es ihm in den Sinn, mit der Tür dergestalt ins Haus zu fallen, dass er nun einfach drauflosplapperte. So unhöflich mögen sich andere benehmen, zum Beispiel der Bayer, der ohne jedes Zeremoniell medias in res springt: »Ja guat, dass i di triff, woaßt du eigentlich scho, was gestern passiert is ...« Der Rheinländer mag auf den »Ausländer« deutscher Zunge proletenhaft und rüde wirken, dennoch hat er einen fast chinesischen Sinn für Zeremonien. »Et kann net jeder maache, wat er will he!« – beim Schachspiel kann man ja schließlich auch nicht einfach mit dem Turm eröffnen.

Bevor es also zum – jeweiligen – Monolog kommt, wird erst die Einleitung genossen. Sie besteht im Wesentlichen aus vier Variationsmöglichkeiten. Drei davon kommen aus dem Bereich der fünf Sinne, genauer: Sie entspringen dem Auge, dem Ohr und dem Mund, die vierte entstammt einem anderen Bereich.

Die Variationen, die den Sinnesorganen entspringen, sind Zeitwörter in Befehlsform, erweitert um das tückische Suffix-chen »... ens«. Dieses Suffix hat es in sich: Es deutet eine überschaubare Zeiteinheit an, ohne sie allerdings zu präzisieren. »Waad-ens« zum Beispiel bedeutet: Warte mal einen Augenblick, es können aber auch zwei oder drei sein.

Beispiel Das Badezimmer steht unter Wasser: Rohrbruch. Ich rufe den Handwerker an und der sagt: »Jo, also: sch-luurens.« Da weiß ich schon Bescheid: Taucherbrille, Flossen und Schnorchel kaufen, denn: Es kann länger dauern.

Es gibt allerdings auch die Verdoppelung. »Waad-ens-ens« bedeutet: Warte mal einen Augenblick, aber bitte jetzt sofort.

Der Monolog wird also eingeleitet mit: »Luur-ens«, »hür-ens« oder »sar-ens«. So weit, so gut. Nur: Es sind Befehle, denen man als höflicher Mensch nachzukommen versucht ist, was aber nur beim Befehl »hür-ens« geht, denn in jedem Fall spricht der Befehlende weiter. Er sagt »Sarens …«, schon holt man Luft um dieser Aufforderung nachzukommen, er fährt aber direkt fort: »Ding Frau, die hätt sie jo och at nit mih all, ne, jestern hätt die mir jesteck …« In der Regel verdoppelt er diese Befehle auch noch. Er sagt: »Sach sarens …«, »sach hürens …« oder »sach luurens …« – ja bitte, wie soll ich das denn machen?! Nur: »Hüür luurens …« oder »luur sarens …«, dat jitt et natürlich net, wör jo och Quatsch, ne!

Die vierte Möglichkeit, einen Monolog einzuleiten, besteht in der imperativen Bestimmung des Ortes. Hierbei handelt es sich um das imperativ gebrauchte, mit Rufzeichen und Doppelpunkt zu versehende Wort »Hier!:«. »Hier!: jestern hab ich dich jesehen, du wors ewwer net do!« oder »Hier!: tus'se mir noch zwei Kölsch!«

Bei diesen vier Einleitungen gibt es obendrein noch eine Höflichkeitsabstufung. Wir sind ja im Rheinland, ne! Ohne weiteres kann der Rheinländer zum Bundespräsidenten sagen: »Sarens, Herr Präsident, dat mit der früheren DDR, also ich weiß et jo net …« Der Bundespräsident wird daran merken, dass es sich um einen Rheinländer handelt und sich gedanklich schon mal auf dessen Stufe begeben. Ähem. Keinesfalls aber kann man sagen: »Hier!: Herr Präsident, dat mit der Täterää, jo häss du sie noch all?!«, denn »Hier!:« ist dem familiären Bereich vorbehalten. Andererseits: Was wäre dem Rheinländer nicht familiär?

4. DIE RHEINISCHE RHETORIK

Der Rheinländer ist ein Meister der Rhetorik. Wenn er mal dran ist, zieht er wie ein Schlittschuhläufer seine Runden, macht hier eine elegante Kurve, dort eine Pirouette, und mit einem dreifachen Toeloop und einer schwungvoll gelaufenen Acht kurvt er aus der Sackgasse, falls er in eine geraten sein sollte. Und immer wieder – was er auch macht – landet er sicher auf den Kufen.

Er weiß: Ein gutes Gespräch ist wie Liebe machen: Erst der Wechsel der Positionen gibt die Würze, derer beide bedürfen. So gesehen müsste der Rheinländer *der* Lover schlechthin sein. Keiner beherrscht so wie er das Wechselspiel zwischen Behauptung und Aufgabe eines Standpunktes, zwischen vehementer Ablehnung und heftigster Zustimmung. Und das alles oft genug in einem Atemzug. Ein solches Gespräch gehört zu den Genüssen, »deren selten ein Sterblicher habhaft werden kann« (Homer, dat nur mal nebenbei) – sofern er nicht im Rheinland lebt. Hier allerdings ist es »normal«.

Beispiel A: »Also wat sich die Rejierung mit dem Berlin do jelapp hätt, dat pass jo op kei Kohhaut mih.«

B: »Jenau! Die hätten die Mauer am besten ston jelosse, weil: Dat kann jo kei Minsch mih bezahle, sch-meine: wat dat koss!!«

A: »Andererseits: es doch schön: *ein* Deutschland, ne ...«

B: »Jot, klar, ne, es schön, so jesehen, un do hätt jo och jeder andere Kanzler nüß anders maache künne, sch-meine: wor klar, in dem Moment wies die Mauer jefallen es, dat dat Geld koss, normal, ne, sch-meine: willse maache ...«

Und schon hat er nahezu im gleichen Atemzug zwei gegenteilige Standpunkte eingenommen. Das ist Tempo! Das ist rasant! Da wird, sozusagen, die Frau zweimal umgebettet und weiter geht's im Galopp, denn jetzt geht es in die berühmte »Ja-Sicher!«-Schleife. Sie wird eingesetzt zur Bestätigung des Gesagten und zur Einleitung des Gegenteils.

A: »Et Kättchen vum Kabänes-Karl, dat es jo vielleicht en Knaller!«

B: »Dat kann ich dir saren: Dat es dat schärfste Teil vum janze Veedel!«

A: »Ewwe dä Lippenstiff! Wie kann et nur esu ene Lippenstiff sich op et Muul klätsche?!«

B: »Ja sicher! Dä Lippenstiff! Ich sare jo: et Kättchen? Bäh! Sch-kann et net anluure, ohne dat mir et Essen ussem Jesäch fällt.«

Zong! Und dennoch ist alles in Ordnung, weil: Die Wahrheit, liebe Freunde, liegt immer zwischen den Standpunkten, jetzt mal so jesehen. Oder?

Übung Hören Sie sich mal heute zu, wenn Sie in der Kneipe am Erzählen sind; für jeden gekonnten Standpunktwechsel (sprich: für jede neue Position) innerhalb eines Gesprächs gibt es ein Kölsch (auf den Deckel des Gesprächspartners). Sie werden staunen!

Sollte aber wider Erwarten dat Jespräch dennoch ins Stocken geraten, hat der Rheinländer eine Überraschung parat, die sich gewaschen hat.

Beispiel Jeder kennt folgende Situation: Da steht man mit ein paar Freunden in einer Kneipe oder auf einem Empfang herum, die Stimmung ist locker und heiter. Lachen erfüllt die Luft. All sin sie am verzälle: Dä hät ene Verzäll und dä do och. Und man selbst hätte da auch eine Geschichte auf Lager. Nun möchte man aber nicht mit dieser Geschichte plump in die Gesprächsrunde einfallen, sondern man möchte ganz locker nach dem Motto »apropos« anjeflore kumme. Das heißt: Man wartet auf ein Stichwort. Nun kütt un kütt ewwer kei Stichwort. Un die sin do am schwaade un am schwaade un du bes do am waade un am waade. Mit einem Wort: Die Spannung in einem steigt ins Unerträgliche.

Nehmen wir mal an, dass jetzt schon zehn Minuten bangen Wartens vorbei sind – nach zehn Minuten Schweigens kommt es beim Rheinländer zu dramatischen Veränderungen: Pupillenerweiterung, Schweißausbruch, Atemstillstand, Tod. Spätestens jetzt scheiden sich die deutschen Zungen. Der Schwabe z. B. ist froh, dass er sich »wieder ebbes spaare kann, und wenns nur a kloins Gschichtle isch«, weil er ja alles spart, was nicht niet- und nagelfest ist. Der Bayer hat seinerseits diesen Spannungszustand gar nicht mitbekommen. Der Rheinländer aber, der gibt nicht auf. Un wenn kei Stichwort kütt, dann schafft er sich eines! Und fällt mitten in die Runde ein, indem er sagt: »Wo Sie jrad sare Akupunktur! Ich hatt do dieser Daach …« un es am verzälle. Und ich schwöre Ihnen: Kein Schwein hatte von Akupunktur gesprochen!

Und schwupp! liegt die Dame wieder richtig, und die Liebe beziehungsweise das Gespräch kann wiggerjon!

5. DIE GEGENFRAGE

Der Rheinländer ist der Meister der Gegenfrage. Diese ist ein subtiles sprachliches Aggressionsmittel, auf das selbst er nicht immer verzichten kann. Ist er doch ein Mensch, der mit allen und allem in Frieden leben möchte: »Sellevs der Herrjott is im Jrunde ene jode Mann, obwohl – man weiß et net esu jenau …« Allein: Auch er muss ab und an einem Gegner schon mal »eene överdäue«, mit Worten, versteht sich, denn kloppen kann man sich danach ja immer noch.

Hier hilft die Gegenfrage. In ihrer einfachen Form besteht sie darin, dass man seinen Gesprächspartner, nein, hier sollte man doch lieber von Gesprächsgegner reden, wiederholt – erweitert um das Fragepronomen: »Wie«. Darin drückt sich aus, dass man den Gespächsgegner ins Unrecht setzt, weil ihm mit diesem Wörtchen »wie« die Berechtigung zu dem, was er gerade gesagt hat, abgesprochen wird.

Nehmen wir an, zwei Rheinländer waren miteinander um halb zehn Uhr verabredet. Der eine der beiden ist pünktlich, der andere kommt erst um viertel vor zehn.

Beispiel Er wird vom Wartenden etwas ungehalten mit den Worten: »Mein Jott, jetzt hammer at viertel vor zehn!« empfangen. Wetten, dass jeder Rheinländer darauf mit der Gegenfrage reagiert: »Wie?: viertel vor zehn?«

Was eine gelinde Unverschämtheit darstellt, denn in diesem »Wie?: viertel vor zehn?« drückt sich aus: Der andere hat gar keine Uhr; hat er aber doch, dann läuft sie falsch; läuft sie aber richtig, kann der sie nicht lesen und »überhaupts« …

Die schärfere Form ist die des erzählenden Futurs. Das erzählende Futur ist die Stecknadel, die jeder Mensch im Rheinland im Revers seines Jacketts oder in der Steppnaht des Blüschens mit sich herumträgt. Mit dieser Stecknadel werden Wortblasen angepiekst und zum Platzen gebracht. Wortblasen, die den zuhörenden Rheinländer zu ersticken drohen (was ziemlich leicht passieren kann, weil – wie wir inzwischen wissen – den Rheinländer nichts so hart ankommt, wie zuhören zu müssen).

Beispiel A erzählt begeistert von einem Film. In allen Details. Fünf Minuten. Zehn Minuten. Elf Minuten. Die Sprechblase über seinem Kopf wächst sich zu einem nimmersatten Monstrum aus – höchste Gefahr für den rheinischen Zuhörer, jetzt muss er handeln. Er holt ganz souverän die Stecknadel des erzählenden Futurs aus seinem Revers und sticht mit einem einzigen Satz in die wabernde Blase: »Na ja, wat wird dat schon jewesen sein – ne Film, ph!« Und aus isses.

anderes Beispiel A erzählt von einem Streit mit X. B fragt: »Un? Wat hässe demm dann jesaat?« »Wie?: Wat hab ich demm jesaat? Wat werd ich demm jesaat han? Dat der mich am Arsch lecken kann, dat han ich demm jesaat.« Und schon fühlt er sich wieder mit sich und seiner Umgebung wohl.

Wer in eher proletarischen rheinischen Wohnvierteln aufgewachsen ist, etwa in den Kölner Veedeln Nippes oder Ihrefeld oder in einer der zahlreichen halbländlichen Nachkriegs-»Siedlungen«, der kennt sicher noch eine weitere, höchst aggressive Variante dieser rhetorischen Gemeinheit: die fiktive Gegenfrage. Hier wiegelt keiner ab, hier wird angegriffen.

weiteres Beispiel Die Situation: Aufeinanderprall sozialer Gegensätze in Gestalt eines wohlfrisierten Schlipsträgers (B) und eines Goldkettchenliebhabers (A) und Vokuhila (Haare: vorne kurz, hinten lang). Man mustert sich, unverhohlen der eine (A), verstohlen der andere (B). Dann geht alles ganz schnell.

A: »Häs du irjenswat für misch jesaat?«

B: »Äh, nee, also, nicht dass ich jetzt wüsste …«

A: »Wie, du sähs isch lüje?«

Zack, und schon kann die herrlichste Schlägerei beginnen.

Tja, auch so isser …

6. WIE GESAGT!

Morgens. Elf Uhr. Ich sitze grad am Schreibtisch, da klingelt das Telefon:

»Tach Herr Beikircher, Schmitz hier, ich wollte nur mal anrufen haben, weil mir em Verein wie jesacht nächst Woch et Vereinsfest …«

Fällt Ihnen was auf? Nee? Also nochmal:

»Tach Herr Beikircher, Schmitz hier, ich wollte nur mal anjerufen haben, weil mir em Verein wie jesacht nächst Woch et Vereinsfest ...«

Peng! Da war es wieder, das »wie jesacht«. Eine der »meistest-jebrauchtesten« Floskeln im Rheinland. Er hat noch nichts gesagt, aber er sagt schon mal »wie jesacht«, damit er das, was er gleich sagen wird, als bekannt voraussetzen kann. Dat es, wie jesacht, für dä Eindruck ze erwecke, als wies wenns er schon die janze Zick am verzälle jewäß wör.

Wartezimmer. Alle schweigen. Plötzlich sagt einer:

»Dat es vielleicht en Warterei. Letzt Woch och, ne, do wor jo, wie jesacht, ming Frau hie, nur für Blut, ne, weil, wie jesacht, zick dem Unfall müssen die do jetzt immer nohm Blut gucken ...«

Ein anderer:

»Minge Broder och, dä es jo, wie jesacht, Kranführer ...«

Wie jesacht, dat es e Dingen met dem »wie jesacht«. Un wenn man net oppass, es man schon dabei, met dem Kopp ze nicke, als wies wenns man schon jenau wüsst, wat dä do jetzt am verzälle sin weed. Un schon hät dich dä Rheinländer am Krage: weil et sich, wie jesacht, dodrum drieht, dat dä Rheinländer en enem ständijen Redefluss lev. Un do weiß hä nit mieh esu jenau, wat hä schon jesaat hät un wat net. Un domet hä do immer op Nummer sicher es, sät hä flügg dat »wie jesacht« dabei. Un weil keene Rheinländer dem anderen en de Parad fährt, jitt et do nur eins: bei »wie jesacht« nicke, als wies wenns … un dä Fall hät sich. Nur dä Wessfale, natürlich, dä schüttelt mem Kopp! Ewwer dat es jo dann mih en Fall vun jeistijer Schüttellähmung, quasi!

Übung Bei jedem »Wie gesagt« nachfragen. So à la: »Hab ich nicht gehört. Was haben Sie gesagt?« – Sie werden staunen, was das für Folgen haben kann!

7. WARUM? DODRUM!

Dass der Rheinländer gerne spricht, wer wüsste es besser als er selber. Nur: Haben Sie mal genauer hingehört, mit welchen Tricks er arbeitet, damit er immer weitersprechen kann? Ohne dass ihn jemand unterbricht? Das beliebteste Mittel, den eigenen Redefluss zu speisen, ist die rhetorische Frage. Das ist eine Frage, die eigentlich der andere stellen sollte, weil man aber nicht genau weiß, ob er überhaupt eine Frage stellen würde, stellt man sie selbst, was einem die Möglichkeit gibt, sie auch gleich selbst zu beantworten.

Beispiel Drei Damen standen vor der Metzgerei und unterhielten sich. Das heißt: Eine erzählte, die anderen mussten zuhören. Das Thema war eine Schlägerei in ihrer Stammkneipe:

40

»Ich meine: Amfürsich es mir dat ejal, ob sich die zwei kloppe oder net. *Warum?* Weil ich do nix met am Hot han. Ewwer wat die zwei sich do jelapp han, wor mir zevill. *Warum?* Weil dä een ming Kölsch usjeschütt hätt. *Warum?* Weil ihn dä een esu jedäut hätt. *Warum?* Weil en dr Weetschaff ze winnig Platz es. *Warum?* Weil dat Inge ze kniestig es, och nur eene Tisch winnije hinzestelle, dat do jet mih Platz wör. *Warum?* Wejen der Schulden, die et am Balg hätt. *Warum?* Weil dat net mit Jeld umjon kann, dat es et nämlich. *Un warum* kann dat dat net? Ich weiß et net!!«

Sicher ging das noch länger so, aber ich musste weg. Warum? Weil ich noh der Bank musst. Warum? Weil ich ens luure wollt, ob noch jet om Konto es oder net. Warum? Wejen minger Frau ihrem Jebootsdaach. Un do will man jo jet schenke. Warum? Weil wenn net …!

Übung Für jede rhetorische Frage im Laufe eines Gesprächs ein Kölsch. Sie werden staunen, wie schnell Sie hinüber sein können. Warum? Weil man do mit dem Suffe jar net nohkumme kann, dodrum!

8. DIE RHEINISCHE GRAMMATIK ALS WEITERENTWICKLUNG DER HOCHDEUTSCHEN AM BEISPIEL DER DIREKTEN, INDIREKTEN UND »DRECK-INDIREKTEN« REDE

Es gibt viele Möglichkeiten, ein Gespräch wiederzugeben. Welche davon ich aber auch immer wähle, stets muss ich entscheiden, ob ich in eigener Rede wiedergebe, was gesagt wurde, oder ob ich die Beteiligten mit ihren eigenen Worten zitiere. Dies ist die hohe Schule der direkten und indirekten Rede.

Beispiel Zwei Mann sind sich am Begegnen. Der eine sagt: »Tach!« Der andere antwortet: »Tach!« Das ist sozusagen direkte Rede.

Die indirekte Rede ist da schon erheblich personalintensiver, denn sie setzt voraus, dass ein Dritter beobachtet hat, dass zwei Mann einander am Begegnen waren, wobei der eine »Tach!« gesagt und der andere »Tach!« geantwortet habe und dass dieser Dritte es einem Vierten weitergeben will, wobei die Frage, ob dieser kleine Dialog den Vierten tatsächlich interessiert oder nicht, hier nicht von Belang ist. Und schon sind wir mitten im Schlamassel der indirekten Rede.

Wenn einer im Hochdeutschen die indirekte Rede beherrschen möchte, muss er zwei Voraussetzungen erfüllen: Er muss extrem konjunktivsicher sein, und er muss zu diesen Rittern der Zeitenfolge gehören, denen immer klar ist, was ist, was war, was gewesen ist und was gewesen sein wird. Nun gut, was wird schon gewesen sein!

Die rheinische Grammatik hat schon vor Jahrmillionen erkannt, welchen Weg die hochdeutsche Grammatik einschlagen wird, hat damals schon gesagt: »Nicht mit mir« (gem. Art. 5 → rhein. Grundgesetz: Wat soll dä Quatsch!) und hat einen eigenen Weg gefunden: die »dreck-indirekte Rede«.

Bevor wir uns aber die Schönheiten dieses rheinischen Weges bei der Wiedergabe von Fremdgesprächen anschauen, sollten wir einen Blick auf die Verwirrungen werfen, welche die hochdeutsche Grammatik im Kopf desjenigen anzustiften in der Lage ist, der ein Gespräch korrekt durch alle Zeiten in indirekter oder direkter Rede wiedergeben möchte.

Nehmen wir doch als »Ausgangslage« einen stinknormalen kleinen Alltagsdialog zwischen zwei jungen Menschen.

Generalbeispiel Sie: Willst du mich heiraten?
Er: Oh! Da bitte ich aber um ein paar Tage Bedenkzeit.
Sie: Schade! Damit hast du bewiesen, dass du doch nicht der Richtige für mich bist!

Ein ganz einfacher Dialog, ein ganz einfaches Beispiel aus dem Alltag.

Fangen wir also auch ganz einfach an.
Wenn wir den ersten Satz durch die Zeiten jagen, muss das in der direkten Rede erst mal in jedem Fall durch einen Doppelpunkt, dann Gänsefüßchen unten, Ton hoch-

ziehen und Gänsefüßchen oben gekennzeichnet sein, und egal, was vor dem Doppelpunkt für eine Zeit ist, hat die direkte Rede in der Gegenwart zu erfolgen.

Also:

Sie fragt: »Willst du mich heiraten?«

Sie fragte: »Willst du mich heiraten?«

Sie wird fragen: »Willst du mich heiraten?«

Sie hat gefragt: »Willst du mich heiraten?«

Sie hatte gefragt: »Willst du mich heiraten?«

Sie wird gefragt haben: »Willst du mich heiraten?« (offenbar, weil sie nicht wusste, dass er schon seit Jahren verheiratet ist!) Normal.

In der indirekten Rede haben wir – bezogen auf diesen ersten Satz – »derselbe« Fall: Egal, in welcher Zeit ich diesen Satz wiederzugeben vorhabe, ihn selbst muss ich in die Möglichkeitsform der Gegenwart setzen.

Also:

Sie fragt, ob er willens sei, sie zu heiraten

Sie fragte, ob er willens sei, sie zu heiraten

Sie wird fragen, ob er willens sei …

Sie hat gefragt, ob er willens sei …

Sie hatte gefragt, ob er willens sei …

Sie wird gefragt haben, ob er willens sei, sie zu heiraten … (da war er aber schon in Bad Honnef – oder warten Sie bei einem Heiratsantrag erst die ganze Zeitenfolge ab?!)

So weit, so gut. Alles bleibt in der Gegenwart, weil man in diesem Stadium des Dialogs noch nicht weiß, wusste oder wissen wird, ob und wenn ja, wie et wiggerjeiht.

Wenn man aber weiß, wie et wiggerjeiht oder wigger-jejange es, fängk et an, komplezeet ze weede.

Indirekte Rede hochdeutsch! Der Gesamtdialog aus unserem Beispiel wäre folgendermaßen zu übertragen:

Auf die Frage, ob er willens sei, sie zu heiraten, habe er, nachdem er etwas erschrocken sei, sich ein paar Tage Bedenkzeit ausgebeten, was Sie dazu veranlasst habe, bedauernd zu äußern, dass er damit bewiesen habe, nicht der Richtige für sie zu sein.

Gut, klare indirekte Rede, fertig. Nur: So spricht natürlich kein Schwein! Dennoch: Bei dieser Formulierung in indirekter Rede lässt der Erzähler keinen Zweifel daran, dass sich der Dialog genau so abgespielt hat, wie er es berichtet. Nun kann der Erzähler aber Zweifel anmelden, und zwar in mehreren Richtungen: Er kann bezweifeln, ob sich der Dialog tatsächlich so abgespielt hat, oder er kann Zweifel an dem ausdrücken, was sie gesagt hat, oder er kann Zweifel anmelden, an dem, wat dä do von sich jejowwe hätt. Je nachdem, woran er zu zweifeln ausdrücken möchte, muss er den Satzbau ändern oder unterschiedliche Konjunktive setzen, und da sind wir dann mitten im Dschungel des Hochdeutschen, in dem Schlingpflanzen und Wortformkrokodile einem eine Falle nach der anderen stellen.

Ich sage nur: Plusquamperfekt Konjunktiv! Oder, noch schöner: Möglichkeitsform der Vorvergangenheit. Da muss ich sagen: Bis jetzt dachte ich immer, dass die Vergangenheit dadurch, dass sie gewesen ist, keine Möglichkeiten mehr beinhalten kann. Für die Deutschen *ist* der Krieg verloren und deshalb hätte er niemals nicht verloren sein können. Klar? Sicher, aber für die deutsche Grammatik ist das wohl anders. Jot.

Zweifelt er also an *ihr*, wird er formulieren müssen:
Auf ihre Frage, ob er willens *wäre*, sie zu heiraten, habe er, nachdem er etwas erschrocken sei, sich ein paar Tage Bedenkzeit ausgebeten, was sie dazu veranlasst *hätte*, bedauernd zu äußern, dass er damit bewiesen habe, nicht der Richtige zu sein.

Zweifelt er an *ihm*, wird er formulieren müssen:
Auf ihre Frage, ob er willens sei, sie zu heiraten, *hätte* er, nachdem er etwas erschrocken *wäre*, sich ein paar Tage Bedenkzeit ausgebeten, was sie dazu veranlasst habe, bedauernd zu äußern, dass er damit bewiesen *hätte*, nicht der Richtige für sie zu sein.

Ist der Erzähler sich allerdings des ganzen Geschehnisses nicht mehr so ganz sicher, weil das vielleicht 27 Jahre her ist und somit unter die Rubrik »Man weiß et nit jenau« fällt, und möchte er, der Lauterkeit halber, daran Zweifel deutlich werden lassen, müsste er formulieren:

Ob sie allerdings gefragt habe, ob er willens sei, sie zu heiraten, und er, nachdem er etwas erschrocken sei, sich ein paar Tage Bedenkzeit ausgebeten habe, was sie dazu veranlasst habe, bedauernd zu äußern, dass er damit bewiesen habe, nicht der Richtige für sie zu sein, wisse er nicht mehr genau …

Und nun können wir das mit dem Irrealis, Potenzialis, Konditionalis und wie die schönen Ungeheuer der hochdeutschen Grammatik alle heißen, mischen – und kommen zu folgenden wunderschönen Gebilden, kommen also quasi zum Schleudergang indirekte Rede:

Hätte sie allerdings gefragt, ob er willens wäre, sie zu heiraten, hätte er sich sicher, nachdem er etwas erschrocken wäre, ein paar Tage Bedenkzeit ausgebeten, was sie möglicherweise veranlasst hätte, bedauernd zu äußern, dass er damit bewiesen hätte, nicht der Richtige für sie zu sein.

Sollte sie aber tatsächlich fragen, ob er willens sei, sie zu heiraten, bitte er sich sicher, nachdem er etwas erschrocken sei, ein paar Tage Bedenkzeit aus, was sie allerdings dazu veranlassen könnte (bzw.: veranlassen würde können!!), bedauernd zu äußern, dass er damit beweise, nicht der Richtige für sie zu sein.

Wird sie ihn also gefragt haben, ob er willens sei, sie zu heiraten, wo er doch sicher, nachdem er etwas erschrocken wäre, sich ein paar Tage Bedenkzeit würde ausgebeten haben, was sie dazu veranlasst hätte haben können, bedauernd zu äußern, dass er damit bewiesen hätte, nicht der Richtige für sie zu sein?

Bedenke man dies alles, werde er wohl auf ihre Frage, ob er willens sei, sie zu heiraten, nachdem er etwas erschrocken wäre, sich ein paar Tage Bedenkzeit ausgebeten haben (ausbitten wollen), was sie möglicherweise dazu veranlasst würde haben können (veranlassen werde können), bedauernd zu äußern, dass er damit bewiesen hätte (haben würde/werde), nicht der Richtige für sie zu sein.

Wäre allerdings ich gefragt worden, ob ich willens sei, sie zu heiraten, wäre ich weder erschrocken, noch hätte ich mir ein paar Tage Bedenkzeit ausgebeten, weshalb sie sich auch nicht dazu veranlasst hätte sehen müssen, bedauernd festzustellen, dass ich damit bewiesen hätte, nicht der Richtige für sie zu sein!

Und jetzt mal im Ernst: Glauben Sie, das hätte Helmut Kohl jemals verstanden?

Wollte man also den Versuch unternehmen, in korrektem Hochdeutsch unseren kleinen Dialog in indirekter Rede wiederzugeben und obendrein noch die eigene Stellungnahme dazu durchschimmern zu lassen, man verlöre sich unweigerlich in den Schlingen und Fallstricken der deutschen Sprache.

Jetzt fehlt natürlich nur noch, dass sie nach ein paar Tagen ihn wieder getroffen hätte und ihn dabei gefragt hätte: »Wärest du willens gewesen, mich zu heiraten, wenn ich dir ein paar Tage Bedenkzeit gegeben hätte?«

Hausaufgabe Das nun in alle Formen der indirekten Rede zu bringen. Immerhin: ein Vorhaben, das in Angriff zu nehmen hätte versucht werden können. Und dann die Kugel!! Oder bei Thomas Mann nachgucken.

Wie wunderbar ist gegen diesen Dschungel die rheinische Grammatik! Sie hat den dritten Weg erfunden, ein Gespräch wiederzugeben.

Dieser dritte Weg ist eine geniale Mischung aus objektiver Schilderung des Sachverhalts in indirekter Rede, weil man aber dat jo einem am verzälle es, kütt die direkte Rede mit dabei und weil man sich övver dat, wat man do am verzälle es, och sing eijene Jedanke am maache es, es dä innere Monolog och mit ereinjepack! Und das ist die legendäre »dreck-indirekte« Rede.

Vertrackter scheint et nit mieh ze jon, aber Sie werden sehen, wie einfach plötzlich alles wird, wenn man den Rheinländer zu Wort kommen lässt. Und natürlich kommt noch dabei, dass der Rheinländer sich mit einer so unschmucken Ein-Satz-Erzählung niemals wird zufrieden jeben können.

Er könnte zwar sagen:

Beispiel »Un wie dat dä jefrog hät, ob er et dann hierode dät, hät dä nohm iezte Schrecke für ei paar Daach für dröwwer nohzedenke jefrog, wodrop et jesaat hät, dat dat schad wör un dat he domet dä Beweis erbrunge hät, dat he nit dä Richtije für et sin dät.«

Oder: nit dä Richtije wör.

So wird es aber, wie jesagt, der Rheinländer nie formulieren. Er wird die Gelegenheit beim Schopfe packen und ein Epos daraus schmieden:

»Jo un stellensvür: Do es dat hinje-
jange un sät für demm: Hürens, sät et, wie wör et dann,
wenn du mich ens hierode däts? Stellensvür: Dat sät dat
für demm! Wie, sät dä, hierode? Hierode, sät et. Oder
wör dat nix? Wat en Frog, ne. Dä daacht natürlich dreck
en demm Moment: Pass op Jong, jetz es et esu wigg!
Saach um Jottes wille nix! Ei falsch Wort un du bess
jeliefert, ne. Klar. Dät ich jo och. Sch-mein: Es jo och en
Hammer esu en Frog, ne. Un wie dä jrad dobei wor, dä
iezte Schrecke ze verdaue, hätt dä bei sich jedaach: Et
best, wat de jetz kanns, es Zick jewinne, un sät für et:
Pass op! sät he, dat es esu, he dät do noch jet Zick bruche für ze övverläje un hin un her, ne, weil, sät he, wer
hierode will, muss Brut schnigge künne, sät he, dat jeiht
nit esu einfach: Flück dä Ring an die Fingere und fädich
es der Fall! Un wat meins du dann, wat et dodrop jesat
hät? Ich sage dir, do küsste nit drop. Do hätt dat janz
drüch für demm jesaat, dat dat zwar schad wör, dat et evver dodran sin künnt, dat hä em Levve nit dä Richtije für
et wör. Sät dat für demm. Un wat wor? Fott wor et!
Kannste dr dat ens vürstelle? Also do kann ich nur sage:
Hät dat mich jefrog, ob ich et hierode tät, weiße, wat ich
demm jesat hät? Du kanns mir dä Mai piefe, dat hätt ich
demm jesat!«

9. DER ABSCHIED

Weil der Rheinländer nichts so sehr hasst wie das End-
gültige – wie soll man auch etwas als endgültig akzeptie-
ren, wenn die Welt um einen herum ständig im Fluss
ist? –, hat er vor dem Abschied »amfürsich« einen ungeheuren Respekt. Das fängt ja schon in den rheinischen
Parlamenten an, die eine hohe Energie aufwenden, um
möglichst alle Probleme der rheinischen Lösung zuzuführen: Erst mal wird ein Gesetz oder was auch immer
verabschiedet, und danach mit der Diskussion darüber
begonnen. Nur wer dies nicht weiß, wundert sich über
die hiesige Städtearchitektur: Sie ist das genuine Kind
der rheinischen Lösung (wunderschönes Beispiel: Stadt-
haus in Bonn). Erst wird mal jebaut, und dann gucken
wir weiter. Jeder Abschied, und sei es der kleine, alltägliche, hat für den Rheinländer etwas erschreckend End-
gültiges – »bei jedem Abschied bliev eenem jo esu en
kleen Stückche Hätz en dr Hand, ne« –, so dass er es
mildern möchte. Das schöne Lied der verstorbenen Tru-
de Herr, »Niemals geht man so ganz«, drückt den rheinischen Schrecken vor dem endgültigen Abschied wunderbar aus.

Eine grundsätzliche Möglichkeit, dem Definitiven seinen Schrecken zu nehmen, ist die Wiederholung dessen, was einen schreckt. So laufen Kinder immer wieder
in den dunklen Keller, damit er seinen Schrecken verliert,
und genießen doch, dass sie immer noch ein bisschen er-
schrecken. Der wahre Rheinländer freut sich jeden Morgen aufs Neue darüber, dass es nun doch wieder hell ge-

worden ist: »Man weiß et ja nie esu jenau, ne, und der Schlaf ist der kleine Bruder vom Tod, sagt man, ne.«

Beispiel Verabschiedet der Rheinländer sich also, z. B. am Ende eines Telefongespräches, so steht erst mal dieses grelle, kurze und definitive »Tschöö« im Raume. »Nicht mit mir« sagt er sich, und fängt mit der Wiederholungsarie an: »Also dann, ne, tschöö, ne, jo jo, tschöhööö, ne, jahaha, tschöö, jo tschöööö, ne, wie? Tschöö? Jo sicher, ne, tschöö zesamme, ne, hehe, ja ja ja, jo jo jo, ne, tschööö, tschöö (absterbend) tschöö.«

Er wäre aber nicht er selber, ließe er es bei dieser kargen Möglichkeit bewenden. Er hat noch mehr zu bieten im Anschluss an die »Tschöö-Arie«. Da wäre erst mal das berühmte »Also dann …«, das immer die Abschiedsrituale einleitet. »Also dann …«, und jeder weiß sofort: Jetzt geht es ans Abschiednehmen, Jungs, holt schon mal die Taschentücher heraus, jetzt wird's heikel. Diesem »Also dann« lässt er in der Regel rasch ein »in diesem Sinne« folgen, dem er sofort ein »Weiß Bescheid« nachsetzt. Und zwar unabhängig vom Inhalt des vorausgehenden Gespräches: Da mag man sich gestritten haben, da mag der eine Kisuaheli und der andere Kölsch gesprochen haben, da mag man sich ewige Liebe oder Kampf bis zum Gericht geschworen haben, immer geht man auseinander mit den Worten: »Also dann … in diesem Sinne, ne … weiß Bescheid!«

Absurd wird es – im Sinne der präsentischen Vergangenheit – wenn auf das »Also dann …« eine Frage folgt (und dies ist in neunundneunzig Prozent aller Fälle so), nämlich die Frage: »Bisse weg?« – nein, mein Gott, er ist doch noch hier –, dem wie das Amen in der Kirche die Antwort folgt: »Jo!« – und er sagt es, obwohl er noch da ist!

All diesen Floskeln folgt noch ein leises »Maach et jot« oder »Maht et jot«, besonders neckisch dann anzuhören, wenn es gegenteilig jemeint ist. So was sagt der Chef zum eben Gekündigten oder der Henker vor dem Schwertstreich »Maach et jot, ne.« »Jo, du och!«

Unwahr ist allerdings die Geschichte, derzufolge sich ein Sohn von seinem sterbenden Vater mit den Worten verabschiedet haben soll: »Also dann, ne, tschöö, jo, ne, in diesem Sinne, weiß Bescheid, maach et jot, ne.« Nein, diese Geschichte ist einfach erlogen.

Übung Platzen Sie unvermittelt in einen rheinischen Gesprächsmonolog mit der Floskel »Also dann ...« und versuchen Sie, den Schrecken hochdeutsch zu mildern. Wenn Sie unter fünf Kölsch wegkommen: Hut ab!

10. ÜBERSETZUNGSFEHLER

Dass Sprache oft missverständlich sein kann, wer wüsste es nicht oder hätte es nicht schon selbst erlebt. Eine schöne Geschichte in diesem Zusammenhang ist einem Freund von mir passiert.

Ort der Handlung: Lago Maggiore.

Ein Bekannter hat dort eine wunderschöne Villa, in die er seine Bonner Freunde über ein verlängertes Wochenende zu Besuch lud.

Sie wissen schon: diese klassische Herrentour. »Liebelein, mir sin zwei Daach beim Jupp unge«, und eine Woche später heißet dann: »Wo küsss du dann he?« »Jo weiße doch, mir wore zwei Daach beim Jupp unge!« Normal.

Die Freunde kamen an, man aß, man trank, man amüsierte sich. Am nächsten Tag: schönes Wetter, also schwimmen und Bötchen fahren. Bötchen fahren tatsächlich, denn der Gastgeber hatte ein kleines Motorboot vor Anker liegen, mit dem natürlich jeder mal fahren wollte. Nun ist das mit den kleinen Motorbooten so: Gang rein, das Ding fährt, Gang raus, das Ding hält. So einfach ist das. Man muss es aber wissen. Also: Jeder war an der Reihe, machte ein paar Runden und schön. Als Letzter nun kam der Zahnarzt dran. Sie wissen ja: Jede dieser etwas arrivierteren Herrenrunden hat einen Zahnarzt dabei. Mal einfach nur so, mal deshalb, weil ja einer immer dabei sein muss, der Kohle hat. Dieser Zahnarzt gehört allerdings zu einer seltenen Spezies: Er ist sehr, sehr groß und entsprechend sehr, sehr groß sind seine Hände. Was natürlich seine Klientel einschränkt, weil: Wer einen großen Arbeitsplatz braucht, kann nicht überall tätig sein. Ich hab es probiert und muss sagen: So weit konnt ich der Mund gar nicht aufreißen, wie dä für sing Hängk jebruch hätt. Er also ins Bötchen, lang und vierschrötig steht er hinterm Steuer und zieht hinaus auf hohe See. Paar Runden, hier ne Acht und da ein Halbkreis, dann Rückfahrt Richtung Landesteg. Die Freunde erwarten ihn schon am Ufer, als plötzlich der Zahnarzt im Boot verzweifelt zu winken anfängt. Er rudert mit den Armen in der Luft, er deutet auf das Boot, er zuckt die Schultern und das Boot fährt gradewegs auf das Ufer zu. Blitzartig wird dem Gastgeber klar: Der Zahnarzt weiß nicht, wie er das Ding zum Stehen bringen soll. Panik kommt auf, so schön ist es ja auch nicht, wenn der »Express« schreibt: »Zahnarzt am Ufer zerschellt«. Er hält die Hände an den Mund und brüllt dem Zahnarzt zu:

»Jang erus! Jang erus!«
Und schwupp! sprang der Zahnarzt in den See!

11. RHEINISCHER FLUXUS-DIALOG

Hier zum Abschluss des Kapitels die hohe Kunst rheinischer Gesprächsführung: Aus einer einfachen Frage kann geradezu ein Kunstwerk erwachsen, sozusagen eine Fluxus-Sprachskulptur, quasi.

»Wie süht et us – küste hück ovend?«
»Warum dann nit?«
»Jo weiß ich? Könnt jo sin, dat et nit jeiht.«

»Warum soll dat dann nit jon?«

»Jo weiß ich nit. Ich mein, könnt jo sin, dat ding Frau meinshalben …«

»Wie küsse dann dodrop?«

»Jo, sch-mein jo nur, es doch möglich, dat ding Frau hück ovend irjendswie jet anders vürhät.«

»Vor allen Dingen hät ming Frau hück jet anders vür. Ich mein – mööt ich jo wisse …«

»Hehe, dat säs du esu, also do kann ich dir nur sage: wat mr alles nit weiß, wat mr wissen sollt …«

»Wie meinst du dat dann?«

»Jo, nee, ich sare ja nur: Do plant mr jet oder esu, dann küsse noh Hus und dann heißet: ›Wie hück ovend erus jon? Häss du sie noch all? Weiße nit, wat mr hück für ene Daach han? Hück ovend simmer nüng Johr verhierot, un do wills du erusjon? Weiße wat dat is? Dat is herzlos, jenau dat isset‹ – dann steihße do und häs meinshalben schon zujesagt für dä Ovend und wat is? Hängen em Schacht!«

»Mir han hück ovend ewwer nix für ze fiere.«

»Jo ich denken, du küß hück ovend für minge Jebootsdaach ze fiere?«

»Jo, sicher, nee, ich mein: Mir han hück ovend nix für ze Hus für ze fiere …«

»Weiße dat jenau?«

»Wie: Weiße dat jenau?«

»Jo ich mein: Hässe ding Frau at jefrog, ob dat klapp?«

»Wie: jefrog? Ich weiß doch, wann mr Huhzicksdaach han.«

56

»Jo sicher, klar, ewwer ich mein, 't könnt jo sin, dat jet anders es, wat weiß ich, Schwiejermutter es do oder die Pänz sin krank oder …«

»Ach du leven Jott! Weiße wat ich verjesse han: Ich kann hück ovend nit, sch-mein: schon, ewwer nit direkt, weil mir hück ovend dä Architekt do han wejen dem Anbau für noh hinge erus …«

»Siehste, ich sag et jo: Immer wenn jet sin soll, es jet.«

»Do sähsse jet, ewwer jot datte anjerofe häss, ich wör sons dreck jekumme, dann hätt ich mr ewwer die Woch avschminke künne, ewwer hallo, also dann, biss die Tare.«

»Es jot, bis jilich!«

Gelungene Resozialisierung oder: Hält ab Kall überall

II. GRAMMATIKALISCHE GRUNDLAGEN

1. RHEINISCHE KLANGWOLKEN

Wenn ich in eine andere Sprachregion komme, achte ich immer auf den ersten akustischen Eindruck: Wie klingt eine Sprache, welche Melodien hat sie, welche Klangwolken gibt es unter diesem fremden Himmel?

Nähern wir uns diesem Phänomen mal von der anderen Seite. Sie wissen, dass Amerikaner das geschlossene »o« wie ein »a« aussprechen, vor allem, wenn sie deutsch sprechen.

Ich stehe vor Jahren in Bad Godesberg am Bahnsteig, um mit dem Zug nach Bonn zu fahren. Neben mir steht ein junger Amerikaner mit Rucksack und Brille. Der Zug fährt ein, der Amerikaner studiert die Städtenamen außen neben der Tür: Köln, Düsseldorf, Osnabrück, Bremen, Hamburg. Der Stationsvorsteher pfeift, der Ami kütt in Panik und schreit den Beamten an: »Bann? Bann?« Der schaut ihn an und sagt: »Jo sicher es dat en Bahn, och wenn do keine Cowboy op dä Lok sitzt!«

Ich stieg ein, der Zug fuhr ab, und ich sah noch, wie der arme junge Mann, der nach Bonn wollte, resigniert den Rucksack auf den Bahnsteig stellte.

Und jetzt lommerens luuure, welche Klangwolken das Rheinland so aufzubieten hat.

Beispiel »Schättat« ist so ein Fall. Schättat? Nein, nicht Ludwig der XIV. und sein legendärer Satz »Schättat c'est moi« ist da gemeint, sondern eher: »Schättat ewwer nit jedon an dinger Stell!«

Oder:

»Kaschmir«. Klar, Kaschmirpullover, warm aber teuer, denkt jeder. Aber: enee. Weil: Kaschmirpullover »Kaschmir nit koofe, esu düür wie die sin!«

Oder:

Wir kennen physikalische Bezeichnungen rund um die Elektrizität. Wir kennen Watt ... wat? Jo, Watt, wir kennen Ampere, was jetzt eher ins Ruhrgebiet fällt, wenn am Gitter steht: »Bitte nich am Bär packen!«, wir kennen Volt. Was zum Teufel ist aber »Schwollt«? Janz einfach. »Schwollt-ens jefrog han, wat am Bär packen heiße soll ...!«

Oder:

»Bischweck«. Was oder wo das nun wieder sein soll? Es klingt ein bißchen määnzerisch, der Weck von einem Bischof vielleicht, eben ein Bischweck? Enee. Dat es esu:

»Sarens Jupp, besse immer noch am suffe?«

»Enee, bischweg von!«

Oder:

»Watsch« ist auch eine dieser rheinisch-bayerischen Kreuzungen, die kein Mensch entziffern kann, der sie zum ersten Mal hört. Watsch: eine Watschn? Nee, kann nicht sein, mir sin jo em Rheinland. »Watsch« hat mit

Gewalttätigkeiten überhaupt nichts zu tun. »Ich weiß nit mih, watsch wisse wollt!«

Und schließlich der Klassiker, der jeden Vegetarier an die Decke bringt: die Sätze mit »Fleisch«.

»Liebelein, wo es dann ming Brill?«

»Fleisch ungerm Desch?«

Und ein Klang, der nur noch Experten entziffer- und genießbar ist:

»Wat wor dat dann?«

»Fleisch en Fleech?«

2. DER ZISCHLAUT

Der Rheinländer lebt am Rhein. Das Wasser plätschert leise ans Ufer. Der Rhein ist nicht der Fluss der großen Brandung oder der lauten Geräusche. Der Rhein nuschelt. Manchmal steigt er über die Ufer und feuchtet die Häuser an. Seit Jahrhunderten. Und fast liebevoll wird er wieder weggetrocknet. Aus den Kellern und den Vorgärten. Er hat Abdrücke hinterlassen. Auch in der Sprache. Der Rheinländer hat sich an diese Feuchtigkeit gewöhnt. Langsam ist sie in seine Sprache eingedrungen und hat eine Liebe zu feuchten Lauten hinterlassen. Könnte eine Sprache den Schwamm haben wie alte Mauern: Es käme Rheinisch dabei heraus.

Der Rheinländer liebt Wörter, die Zischlaute enthalten. Und manche formt er sie dazu um. So sagt er ungern: »Tausende von Jahren«, er sagt lieber: »zischschschtausend Johr«.

Selbst das »ich«, als Subjekt eines Satzes, verkürzt er zu einem Zischrest »sch«, der verloren wie ein Tropfen Wasser auf der Herdplatte im Munde herumtanzt. Er setzt es dem Zeitwort voran und lässt es mit diesem verschmelzen – was für den Ausländer, der im Rheinland Deutsch lernt (oder Rheinisch erfährt), die Hölle ist. Denn wer käme denn jemals darauf, dass dieses vorgeschaltete »sch« »ich« bedeutet? Sch-sin, sch-sare, sch-meinen, sch-hab, sch-froore, sch-sin – oh wunderbare Doppeldeutigkeit: Ich bin und ich sehe, wer kann das denn schon von sich aufrechten Sinnes behaupten? –, sch-essen, sch-laufen, sch-jonn! Ja, wie klingt das denn: sch-jon? Das klingt wie, wat soll ich saren, wie polnischer Vodka. »Tus'se mir noch zwei Schjonn, ewwer mit Jrashallem, ne!«

Ich habe einen Rheinländer erlebt, der vor pickepackevollem Hörsaal an der Uni Bonn für den AStA kandidierte. Etwas nervös trat er ans Pult, um sich dem Audimax vorzustellen, fingerte am Hemd herum und sagte in gedehntestem Rheinisch: »Also … Sch-heiße Hans Hermsen …« – weiter kam er nicht. Das tosende Gelächter jedoch, das ihn umfing, brachte ihn dennoch ans Ziel: Er wurde gewählt.

Die Verwirrung für den Deutsch lernenden Ausländer wird vollendet, wenn der Rheinländer vornehm wird. Dann spielt er gerne Verstecken mit den Zischlauten:

Um nicht als Rheinländer aufzufallen, spricht er alles, was mit »sch« geschrieben wird, als »ch« aus, und fast alles (weil er immer ein paar Fallen »parat« hat), was mit »ch« geschrieben wird, als sch. Dann steht plötzlich vor der »Nikolauskirsche ene herrlische Baum voller Kirchen« und »misch kanns du mit dem Fich om Tich nischt hinters Lischt führen: Dat is nämlisch uns Katz!« Der gebildete Rheinländer spricht gerne von »Fichertachenbüschern«.

Das Lieblingszischwort des Rheinländers ist das Wort »Quatsch«. Da freut sich jeder Brite, wenn er ein so lustig aufzischendes Wort lernen kann, wo er doch schon beim Wort »Schnaps« Lachkrämpfe bekommt. Aber »Quatsch«! Was für ein Klang! Wo es nur »irjends« geht, baut der Rheinländer dieses Wort ein. Ist ein Witz gut, schreit er: »Wat ene Quatsch!« Ist er schlecht, brummelt er: »Wat soll dä Quatsch!« Und hört er: »Hürens, Tant Trautchen is jestorve«, sagt er: »Mach keene Quatsch!«

Und auch hier hat er Differenzierungen »parat«: Lehnt er etwas eher positiv gestimmt ab, sagt er: »Quatsch« – ein Signal, das zu weiteren Verhandlungen oder Argumentationen ermuntern soll. Lehnt er aber wirklich ab, sagt er eher »Blödsinn« – da weiß man dann: »Et hätt keene Zweck mih, dä meint dat wirklich esu.«

Und insgeheim – aber das würde er einen Nicht-Rheinländer niemals merken lassen – zerspringt sein Herz vor Freude jedes Mal, wenn er, in angemessenem Zusammenhang, das Wort »Quatsch« verwenden kann.

Wat ene Quatsch!

Hausaufgabe Erstellen Sie eine Liste mit Wörtern, die mit »ich« – also: sch – beginnen und schreiben Sie sie jeweils als ein Wort. Das sind Wort-Skulpturen!

3. DIE S-INFLATION

Es gibt einige Buchstaben, die liebt der Rheinländer mehr als alle anderen. Der bereits erwähnte Zischlaut »sch« ist so ein »Quasi«-Buchstabe. Ein weiteres Objekt rheinischer Begierde ist das »s«. Und weil er alles, was er liebt, inflationiert, geht er auch mit diesem Buchstaben äußerst prasserisch um. Was kann man aber auch alles mit ihm machen! Drohen zwei Konsonanten unangenehm aufeinander zu prallen und damit die Aussprache des Wortes in Arbeit auszuarten, schiebt er ein kleines »s« ein, und schon wird alles glatt und schön.

Beispiel Nehmen wir das Wort »Stellungnahme«. Spricht man dieses Wort langsam aus, spürt man, dass an der Stelle, wo das »g« von Stellung zum »n« von Nahme führt, die Zunge eine große Strecke Weges zurücklegen muss – ein kleiner Schritt für die Menschheit, ein großer für den Rheinländer! Ist das »g« noch hinten am Gaumensegel, so muss schon im nächsten Moment das »n« mit der Zunge vorne an den Schneidezähnen gebildet werden. Außerdem ist dieses »ng« eine unmögliche Buchstabenkombination für rheinische Ohren: »Ng, ng wie klingk dat dann, dat is jo als wör man ene Hottentott, ne!« Wie hilft er sich? Er schiebt zwischen das »g« und das »n« ein kleines, unscheinbares »s« ein, lässt damit nach dem Gaumensegel-»g« etwas Luft über den Zungenrücken strömen, die sich zwischen den Zähnen zu einem »s« zusammenzieht, um schließlich von der Zunge zu einem »n« verdichtet zu werden. Eine völlig organische und fließende Landung nach dem langen Weg vom Rachen bis zu den Schneidezähnen. Stellung-s-nahme! Das ist Sprech-Ökonomie und Mund-Ergonomie!

Oder: »vertrauenbildende Maßnahme«! Sie ahnen schon! Ein Wort, bei dem man das »s« quasi schon hört, das da nicht hingehört, aber dennoch irjendswie, ne! Also schnell ein »s« dazwischen, und schon haben wir das zwar falsche, aber vertraut klingende: vertrauen-s-bildend vor uns. (Und der Duden macht es sogar mit!)

Ganz unerträglich ist dem Rheinländer der rasche Wechsel von Dentalen zu Labialen, vom Zahn- zum Lippenlaut. »d« und »w«: nicht zu ertragen, schöbe sich da nicht so ein kleines »s« dazwischen, aus dem Niemandsland: irjend-s-wie, mein-s-halben, dingen-s und dingen-s-mäßig. In seltenen Fällen verzaubert es sich zu einem »z«: A-z-vent, A-z-ministration, A-z-fokat – zugegeben: ein selten gebrauchtes Wort, denn meistens heißt es: Rääsanwall! – und der Juren-z-richter. In diesem Zusammenhang ergeben sich dann so schöne Quizfragen wie: Kennen Sie ein Wort, in dem viermal »tz« vorkommt?

»Atzventzkrantzkäätz«! Und was ist mit fünfmal »tz«?
»Mootzatzventzkrantzkäätz«! Normal, ne.

Und hat er es brand-s-eilig, dann holt er sich die »s«
an jedes Wort, »als wie-s wenn-s nur dofür jeschaffen
wör«.

4. DER RHEINISCHE PLURAL
UND SEINE BEDEUTUNG FÜR
DIE HOCHDEUTSCHE SPRACHE

Es ist schon ganz interessant, wenn man mal schaut, wo
das Hochdeutsche im Vergleich zum Rheinischen dane-
benliegt. Nehmen wir mal Beispiele aus der vergleichen-
den Mehrzahl- oder Pluralforschung. Oft ist es so, dass
erst im (witzig falschen) rheinischen Plural die richtige
Bedeutung des hochdeutschen Wortes herauskommt,
beziehungsweise das Rheinische das, was dahinter
steckt, ans Licht bringt.

Modell Gehen wir vor nach dem Prinzip:
Hochdeutsch: die Leute
Rheinisch: de Lück.

Also: die Leute – de Lück, die Meute – de Mück! Jaa!
Sehen Sie, was da schon passiert. Die Meute wird im
Rheinischen zu dem, was sie ist, zur Mücke, weil sie

einen verfolgt, piesackt und sticht. Wunderbar. Die Meute – de Mück.

Weiter: die Bräute – de Brück! Wunderbar! Sind sie nicht Brücken, die Bräute – Brücken vom traurigen Single-Leben des jungen Mannes zum prall-vollen Leben des reifen Erwachsenen, mitten in einem strahlenden Familienverband, der eigentlichen Erfüllung deutschmenschlichen Lebens?

Oder ein Beispiel aus dem Krieg: die Beute – de Bück! Klar, Bücke sich, wer was erhalten will, oder: Wer den Pfennig aufheben will, muss sich bücken. Wie plastisch, wie deutlich, wie klar ist doch da schon das Rheinische gegen das abstrakt-verschämt-versteckende Hochdeutsch!

Oder: die Zähne – de Zängk und weiter: die Tränen – de Trängk, was jeder nachvollziehen kann, der nah am Wasser gebaut hat. Da kann leicht aus Tränen eine Tränke werden – glücklich, wer solche Umstände zum eigenen Vorteil nutzen kann!

Und dann natürlich: die Pos – de Föttche und entsprechend die Po-eten – de Föttchesföhler, weil sie sitzend Gefühle aufs Papier zu werfen versuchen; die Posaunen sind Föttcheströöte un die Po-st ist sowieso für'n A …

Hausaufgabe Und jetzt sind Sie dran. Machen Sie da weiter: Sie werden sehen, wat dat für Spass maache kann. Vor allem dann, wenn man in Sackgassen landet.

5. DIE VERKÜRZUNG

Ökonomie ist dem Rheinländer die zweite Seele. Wozu viel Energie verschwenden, wenn man mit weniger genauso weit kommt? Er ist der wahre Grüne, wenn es um Energie geht. In der Küche und in der Sprache. »Wat soll ich dann dä janze Quatsch jetrennt kochen, wenn et och up einer Flamme jeht. Hier: quer durch dä Jaade mit Quallmännern durcheneer jestampf, punk, hätt sich der Fall und schmeck och, ne, jenau esu wie Himmel un Ääd: Dä janze Driss up der Teller jeklätsch, im Maren kütt et suwiesu zesamme, also …«

Diese Liebe zur Verringerung des Energieaufwandes bringt ihn dazu, auch Grammatik und Sprache daraufhin abzuklopfen, ob sich hier und da doch noch etwas einsparen ließe. Nehmen wir die Beugung, nein, nicht die Rechtsbeugung – obwohl er darin auch Meister ist, ich sage nur: fringsen, ne, wissen Sie Bescheid –, nein: die Beugung der Hauptwörter. Erster, zweiter, dritter und vierter Fall: der Hund, des Hundes, dem Hund, den Hund.

Beispiel Der Rheinländer sagt jedoch: »Dä Hungk, dem Hungk singe, dem Hungk, dä Hungk.« Die Wurst der Hund, die Wurst des Hundes, die Wurst dem Hund, die Wurst den Hund – heißt im Rheinland: »Die Woosch dä Hungk, dem Hungk sing Woosch, die Woosch dem Hungk, die Woosch dä Hungk.« Na, was brauchen wir mehr?

Kommen wir nun zu den einzelnen Wörtern. Auch hier herrscht gnadenlos das Ökonomie-Prinzip. Oder haben Sie schon mal einen Rheinländer sagen hören: »An und für sich«? Nein, immer wird er sagen: »Amfürsisch« – »Erstens, weil sich dat leichter spricht, amfürsisch, zweitens weil et schneller jeht und drittens, weil jo suwiesu jeder dreck weiß, wat jemeint is, ne.« Er sagt auch nicht »direkt«, er sagt »dreck«. »Sch-meine: amfürsich normal, ne, nur wenn man jetzt esu dreck drop anjesproche weed …«

Er verkürzt auch Kommunikationsinhalte auf das absolut Notwendige. Er fragt im Restaurant: »Wer war die Leber?«, auch wenn er nicht Chirurg ist, und er brüllt in das Lokal: »Wem is der Auto für der Tür?« und bekommt als Antwort: »Ich!« Welch ein Land!

Er verschlingt Endsilben zu freundlicher auszusprechenden neuen Gebilden, er sagt nicht Zukunft, er sagt: »Zukumff«, nicht Hauptpostamt, sondern »Hauppossamp« und »Dä Jung, stimmp, dä hätt e neu Hemp aan«.

Die Energiedrosselung ist auch der Grund dafür, dass er fast nie in Wortfindungsschwierigkeiten gerät. Er rettet sich – befindet er sich mal in einer Sackgasse – entweder mit der Gegenfrage oder mit dem Wort »Ding« in seinen verschiedensten Verästelungen, einem Zauberbaum, in dem nur er sich auskennt.

Beispiel »Ich wollt dir noch ewwends verzälle von minger, och wie heißet jleich? … na hier: Ich habbet auf der Zunge … och sicher weißt du dat, die Dingens … ja und ob du das weißt, och saret doch schon, loss mich doch net esu zappele …« Und schon ist der schwarze

Peter beim Gesprächspartner, der nun seinerseits angestrengt darüber nachdenkt, wen jener wohl meinen könnte, der damit »ussem Schneider« is.

Oder: Er möchte eigentlich Folgendes erzählen: »Was ich noch saren wollte, där Kurt, der mit der Warze auf der Nase, weißt du, der war gestern mit uns allen in der Disco und hat da mit der Gertrud Nickenich was zu klären gehabt, wegen seines körperlichen Versagens, also wir haben uns vielleicht ausgeschüttet vor Lachen, ich sage dir, das war vielleicht eine ... na, wie sagt man ... eine heiße Geschichte.« Sagt aber, da ihm in dem Zustand, in dem er sich zum Zeitpunkt des Erzählens befindet, schon die meisten Worte abhanden gekommen sind, Folgendes: »Hier: Wat ich noch dingens wollt, dä Dings, ne, dä mit dem Dingen op dä Dings, weiße Bescheid, ne, dä wor jestern mit uns all im Dingens und hätt do mit der Dingenskirchen jet zu verdingsen jehatt, wejen singem Dingen, ne, also mir han uns vielleicht bedingst, ich saret dir, dat wor vielleicht e ... dingens, wie heißet? ... e Dingen!«

Selbst in diesem Zustand verunstalten keine Äähs oder Oohs seinen Redefluss. Hut ab. Alles dingens, ne!

6. DER WEMMSING-GENITIV

Die Fälle sind ein Fall für sich. Hier: der Dativ zum Beispiel. Der Dativ – was für ein Fall! Den meisten geläufig,
aber nicht immer, mir immer schon ein Lieblingsfall,
gleich neben dem Genitiv, dem zweiten Fall. Rettet dem
Dativ! Das war ja lange Zeit eine Parole auf den Bänken
und an den Wänden unserer Universitäten. Nun, wem
Sprachgefühl gegeben ist, dem ist der Dativ vertraut. Jedem das Seine, was dem einen die Eule, ist dem anderen
die Nachtigall.

Datev? Dritter Fall? Kennt dä Rheinländer och. Klar.
Dat es dem Rheinländer vertraut, als wies sonstwemm.
Und wemm dat net passt, demm es och at nit mih ze
hellefe. Weil er den Dativ so liebt, verstärkt er ihn also
gerne durch die Verdoppelung des »m«, um dem Janzen jet Nohdruck ze verleihe. Wemm? Demm! Na also.

Aber: Der Dativ ist dem Rheinländer noch viel mehr.

Der Rheinländer lebt ja in einer Zwei-Fall-Gramma-
tik, im Gegensatz zum Hochdeutschen, der diese verwir-
rende Anzahl von vier Fällen kennt. Zum Beispiel:

Der Mensch, des Menschen, dem Menschen, den
Menschen.

WAT ENE QUATSCH!

Im Zwei-Fall-Rheinisch heißt dat:

Dat Minsch, demmsing Minsch, demm Minsch, dat
Minsch.

Feedisch es die Laube!

Und da sind wir mitten im Herzen des Problems –
wobei dieses Problem als Problem nur für den Hoch-

deutschen existiert: Der Rheinländer hat der dritte Fall ausgeweitet. Er hat der zweite Fall mit dem dritten zesammejelegt, wie er auch der erste Fall mit dem vierten zesammejelegt hat. Ich meine: jot. Erster und vierter Fall es jo quasi och datselbe: Ob dä Hungk dä Mann bieß oder dä Mann dä Hungk, es ejal. Oder: Ob dä Jupp dat Minsch verklopp oder dat Minsch dä Jupp: Wo es do dä Ungerschied?

Ewwer beim zweiten und dritten Fall liegt der Fall net esu klar op der Hand, ne. Do muss och der Rheinländer feine Unterschiede einbauen, um unterscheiden zu können. »Wes Brot ich ess, des Lied ich sing« ist eine Redensart, die schlichtweg unmöglich ins Rheinische übersetzt werden könnte, gäbe es da nicht eine geniale Hilfe: den so genannten Wemmsing-Genitiv.

Der Wemmsing-Genitiv ist eine Konstruktion aus dem Datev heraus, die sprachliche Begegnung der dritten Art quasi. Und plötzlich ist die Übersetzung von »Wes Brot ich ess, des Lied ich sing« kein Problem: »Wemmsing Bruud ich ess, demmsing Leed ich sing.« Patsch! Fertig ist die Laube. Hier wird der Rheinländer – entgegen seiner sonstigen Sprachsparsamkeit – geradezu barock.

Beispiel Wo ist Papis Tasche? Wo es dem Bap sing Täsch?

Wo ist die Wurst des Hundes? Wo es dem Hungk sing Woosch?

Wo ist Meisners Mitra? Wo es dem Meisner sing Kapp?

Wo ist Chantals Gürtelschnalle? Wo es dem Chantal singe Jürtel sing Schnall?

Wessen Frau ist das? Wemmsing Minsch es dat dann do widder an mingem Mann singe Uhrläppche?

Und wessen Einfall war es? Wemmsing Idee wor dat dann, demmsing dreckelije Strömp zwesche minge Mann sing saubere Wäsch ze däue?

Sie sehen, der Wemmsing-Genitiv ist eine geniale Hilfs-brücke mit leicht chinesischem Einschlag, was allerdings dem Rheinischen eben jenes internationale Flair gibt, dessen es sich zu Recht rühmen darf.

Aber vollends wunderbar wird es, wenn wir jetzt in die Unterform des Wemmsing-Genitivs eindringen: den Vundemmsing-Genitiv. Wir erinnern uns vielleicht an »Begierig, kundig, eingedenk, teilhaftig, mächtig, voll«. Und alle diese Wörter schreien im Hochdeutschen nach dem zweiten Fall. Der Rheinländer müsste verzweifeln, wollte er diese Worte benutzen und entbehrte des Vun-demmsing-Genitivs. So aber ...!

Beispiel
Bejeerich nohm Früh sing Kölsch
kundig vundemmsing Öffnungszigge
enjedenk emm sing Frau ihr Schängerei
deelhaftich vun dä ihr Portemonnaiche
wor dä dann mächtig voll.
Normal!

7. DIE PRÄPOSITIONEN

Die deutsche Sprache verfügt über Präpositionen. Das sind Wörter wie: an, auf, hinter, um, über, unter, vor und zwischen. Präpositionen kann man *vor*setzen und sollte dies auch tun, schließlich heißen sie so. Hießen sie Postpositionen, könnte man sie auch nachsetzen. Sie sind also gewissermaßen präpotent, äh, -ponent. So weit, so gut. Nun hat jede Sprachregion ihre Lieblingspräpositionen. Im Bayerischen zum Beispiel ist dies die Präposition »der«. Sie wird vor ein Zeitwort geklebt und gibt diesem die Bedeutung von: imstande sein zu ... Zum Beispiel derpackt man etwas, man ist also imstande, etwas zu packen, man dertut es oder man derlässt es eben nicht. Dös Sauffn, i derlass es hoit net, gei. Der Süddeutsche füllt ja gerne alles mit Wörtern, die aus der Kraft kommen, dem Muskulären: »der« ist das Muskelpaket, das einem dazu verhilft, etwas zu »derpackn« oder das einem fehlt, wenn man etwas »derpackn wui, oba es geht hoit net«. Und hat er das Hirn nicht mehr im Bizeps, der Bayer, dann derdenkt er halt nimmer.

Ganz anders der Rheinländer. Er liebt die Präposition, nein, das Verhältniswort »bei«. Es heißt Verhältniswort, weil es das Verhältnis zwischen dem sprechenden Subjekt und einer von ihm angestrebten Tätigkeit ausdrücken soll. Er fügt dieses Wörtchen vor oder nach, gerade, wie es ihm beliebt. Nun gut, im Grunde ist ja auch nichts weiter dabei. Würde er niemals sagen. Immer sagt er: »Da is im Jrunde jo och nix weiter bei.« Und er sagt es, weil er genau das meint: Es ist nichts da, bei und neben mir, was verhindern könnte, das, was ich beabsichtige zu tun, tatsächlich in die Tat umzusetzen: »Is doch nix bei, also jeht alles klar, ne.«

Weil er allerdings gewohnt ist, die Dinge in Grund und Boden zu denken, geht er auch hier konsequent weiter per astra usque ad aspera.

Beispiel Müsste nach einem kleine Blechschaden am Auto der Lack repariert werden – ein so genannter »Plötsch« –, was nach einer größeren Anstrengung ausschaut – und nichts hasst der Rheinländer mehr, als wenn etwas nach einer größeren Anstrengung ausschaut –, so versucht er erst mal, diese Klippe zu umgehen: »Muss dat?« ... »Jo?« ... »Jetz?« ... »Dreck?« ...

Aber sie lässt nicht locker: »Wie süht dat dann us? Ich setz mich nicht mehr in der Waren erein mit dem Plötsch ...«

Er muss also ran. Wie hilft er sich nun »auf das Pferd«? Mit dem Wörtchen »bei«. »Och, is jo all net esu schlimm: Flügg jet bei-jespachtelt, hätt sich der Fall!« Und schon ist der Berg, vor dem er zu stehen wähnte, zu einem kleinen Hügelchen geschrumpft. Nebenbei: Die gelungene Reparatur sieht allerdings genauso aus: eben nur bei-gespachtelt.

Oder: Das Kleid ist zu weit? »Määht nüß: Da tuen mir jet bei-steppen, von der Büste erav, isset jut!«

Die Tapete zu breit? »Jet bei-jeschnitten, pass!«

Die Schublade klemmt? »Flügg jet bei-jeschliffen mit dem 800-er Schleifpapier: pass, wackelt un hät Luff!«

Ja ja, selbst im handwerklichen Bereich vermeidet er

die Präzision: Sie muss auch wackeln und Luft haben – und wir haben den Ärger. Wir kriegen die Schublade zwar auf, aber nie mehr zu. Vielleicht sagt er das deshalb, weil ihm selbst die Dinge, mit denen er sich umtreibt, liebevollen Umgangs würdig zu sein scheinen. »En Schublaad is jo och nur e Minsch, ne, wat soll et dann.«

Wo es um die Liebe geht, in vergleichsweise konkretem Sinn, gebraucht, nein, benutzt, nein, hilft er sich auch mit dem Wörtchen »bei«. Der Rheinländer, so viel sei aus diesem dunklen Zimmer vermeldet, kennt ja das Wort »Orgasmus« nicht. Er hat dafür zwei geschlechtsspezifische Wörter entwickelt: *Er* spricht von »Höhepunk«, *sie* von »Erfüllung«, zwei Wörter, die in ihrer Konkretheit kaum zu überbieten sind. Alles ist in Winkelgraden und Kubikzentimeter messbar, weil »do sin ich pingelig«. Es will nicht zu so schönen Wörtern passen, dass der Rheinländer seine Frau spätestens nach der Hochzeitsnacht versächlicht: Dann ist sie nicht mehr »sie«, sondern »et«. Soll es aber zur körperlichen Ausfüllung dieser Wörter kommen, sagt sie zu ihm (oder er zu ihr): »Och Liebchen, kumm jet bei mich bei.« – In meinen Augen die charmanteste Aufforderung deutscher Zunge! Ich will nur hoffen, dass er (sie) dann nicht nur »bei mich bei«, also neben sie (ihn) kütt, sondern »dat et och klapp«.

Aber auch hier-bei bleibt er nicht stehen, der Rheinländer. Er geht noch viel weiter mit dieser Präposition. Er sagt zum Beispiel: »Ich daacht esu bei mir ...« Da haben wir sie wieder, die rheinische Umsicht und Vorsicht. Es könnte ja sein, denkt er sich, dass bei diesem Denkprozess etwas herauskommt, was plötzlich definitiv und unübersehbar im Raume steht, für das er möglicherweise sogar die Verantwortung übernehmen müsste. Um Jottes willen! Sofort das Wörtchen »bei« eingefügt – und schon bin nicht mehr ich es, der etwas dachte, sondern einer in meiner Nähe, also: bei mir. Was ein Glück. Und wenn es schief läuft, das mit dem Denken, kann der dann gucken, wie er sich herausredet: »Ich daacht jo net, ich daacht nur esu bei mir, ne.«

8. DER FÜR-SORGLICHE RHEINLÄNDER

Er lebt gerne in überschaubaren Beziehungen, der Rheinländer. Er hegt sie und pflegt sie, man könnte sagen: Er ist geradezu fürsorglich besorgt um sie.

Dies hat sich auch in seiner Sprache niedergeschlagen: Er liebt das Wort »für«. Er stellt es vor oder nach, aber immer stellt er es so, dass es eine Betonung und damit eine Bedeutung bekommt, die dieses kleine altruistische Wörtchen aus seinem Mauerblümchendasein heraushebt. Er sagt niemals: »Dafür stehe ich gerade«, immer sagt er: »Do stonn ich jrad für.« Er gesellt es gerne dem Infinitiv bei, um ihn fürsorglicher klingen zu lassen: »Hä is in der Stadt für jet für sich für ze koofe« – und schon hat das nichts mehr mit dem Egoismus eines Einkaufsbummels zu tun, nein, schon geht es um mehr: um Fürsorge, Liebe und um die Existenz.

Er stellt sich gerne bescheiden ins zweite Glied, selbst wenn es um ihn selber geht, oder gerade dann: Er würde nie sagen »So bin ich eben«, er sagt – bescheiden – lieber: »Da kannste mich für ansehen«, er macht sich austauschbar, er ist ja nichts Besonderes, eben nur einer, den man für einen Menschen ansehen kann. Ob er auch einer ist: Wer weiß?

Die Radikalität seiner Fürsorglichkeit geht allerdings noch weiter. In seiner Sorge um andere lässt er diese erst gar nicht in Aktion treten oder zu Worte kommen. »Ich sach noch für ming Mutter …« – ein Satz, den nur Oberflächliche mit »Ich sage noch zu meiner Mutter« übersetzen. Der Kundige weiß, dass der Rheinländer genau das meint, was er sagt: Er sagt zwar *zu* ihr, aber auch *anstelle* von ihr, sozusagen stellvertretend *für* sie. Und er meint das final: Er sagt es »für sing Mutter«, damit die erst gar nicht das Maul aufmacht, sondern es von vornherein hält. Was er so nie sagen würde, um Jottes willen. Er formuliert ja alles, »wenn et nur irjends jeht«, positiv: »Ich sach noch für ming Mutter: Ja isset dann baal jood?!!! Und dann wor et jood!« Es lässt tief blicken, wenn einer das Wort »gut« verwendet, um auszudrücken, dass er einen Zustand beendet sehen möchte, der ihn an den Rand der Raserei zu treiben in der Lage wäre – wobei uns als nunmehr halb jelernte Rheinländer natürlich nichts mehr interessieren würde als: Wat hätt dann dem sing Mutter eijentlich jemaat?

Aber er geht noch weiter, der Rheinländer. Er sagt sogar: »Ich daacht esu für mich …« Ja, um aller Heiligen willen, wo hört das denn auf? Wer denkt denn hier und wer ist »mich«? Stellt er denn sogar noch seine eigene Identität in Frage? Hier stehen wir vor der Radikalität überhaupt: der sprachlichen Selbstauflösung. Er gibt zu, der Rheinländer, dass es ihn als Individuum, also quasi amfürsich, gar nicht gibt. Oder wir stehen vor der höchsten Raffinesse: Er entzieht sich der Betrachtung, sobald er Objekt wird. Und behauptet sich damit gegen alle, die ihm übel wollen. Schwejk ist dagegen das reinste Vaserl.

Aber zum Glück – bevor wir vollends in geradezu philosophische Abgründe stürzen – gibt es noch eine handfeste Verwendung des Wörtchens »für«: Ein Mann tritt an den Fahrkartenschalter in Köln und antwortet auf die Frage, was er denn wolle: »En Kaat für noh Bonn.«

9. DENKEN – DER FEINE UNTERSCHIED

Wie der Rheinländer mit seinem ausgeprägten Sprachsinn z.B. dem Wort »sagen« die feinsten Schattierungen abgewinnen kann (→ IV, 3. Das Prinzip des Antiautoritären), so differenziert geht er auch mit anderen

Wörtern um. Das Wort »denken« ist eben so ein Fall (→ II, 10. Simelieren).

Beispiel Straßenbahn. Eine Mutter sitzt mit ihrer zehnjährigen Tochter drin und redet die ganze Zeit auf das Kind ein. Das Kind scheint aber nicht wirklich zuzuhören. Die Mutter immer wigger auf dat Mädchen am einreden, schließlich reißt ihr der Geduldsfaden:

»Chantal! Du hürs jo gar nit zu. Wat es dann los mit dir?«

»Och nix, Mama, ich denken!«

Und da sagt entrüstet die Mutter:

»Du sollst nit denke, du sollst övverläje!«

Da haben wir schon mal die Hauptunterscheidung: Denken is irjendswie alljemein, övverläje is konkret.

»Mariechen! Denkste nit dran, ens ze hierode?«

»Och, Mama, sicher denken ich dran ze hierode. Ewwer do muss ich ens övverläje, wemm dann?!«

Andere Wörter für denken sind: sich Jedanke maache, in Jedanken sein, sich frore, simeliere, sich dä Kopp zerbreche – um nur einige zu nennen. Und zwischen all diesen Wörtern jitt et janz feine Ungerschiede.

Beispiel »Mariechen, du sitz esu en dr Küch eröm, *ich frog mich* die janze Zick, wodrövver besse dann am *simeliere?*«

»Ich sin nit am simeliere, Mama, ich sin *am denke.*«

»Wodrövver dann?«

»Jo, wat du jesat häss: hierode.«

»Och, Mariechen, do bruchse dir nit *dä Kopp ze zerbre-che*, dat kütt von janz alleen, wenn et esu wigg es!«

»Denkst du! Und wenn nit?«

»Mariechen, *solang ich denke kann*, hätt et dat noch nit jejovve, dat esu e lecker Mädche wies du bes, keine avjekräje hätt! Jo wat *denks* du dann? Dat dich keiner schön fingk?«

»Schön schon, Mama, ewwer hierode?«

»Kumm, Mariechen, jetzt *maach dr keine Kopp dodröv-ver*, et Schmitze Trinchen hätt och jehierot, un bei demm *hätt et keiner jedaach!* Kumm, maach, dat de us dr Küch erusküs, sunst kummen ich noch *op komische Jedanke.*«

»Wie: komische Jedanke?«

»Dat du ene Stubenhocker bes, Marieche. Wenn dat esu wör, *tät ich mir evver ärg Jedanke maache!*«

Denken ist übrigens das einzigste Wort, wo auch der Bayer zu einiger Differenzierung fähig ist. Er hat allerdings nicht unterschiedliche Wörter und Ausdrücke dafür, ihm langt das Wort selbst und dann legt er los, in seiner bekannt grüblerischen Art, die nirgendwo anfängt und nirgendwohin führt.

Beispiel Er sitzt im Gasthaus vor der Maß Bier und grübelt über seine Frau:

»Also, dass sie sich so was denkt von mir – des hätt i mir nia denkt. Guat: Denka hätt i mirs scho kena, aber gedacht hätt i mir dös nia, dass sie sich so was denkt.

Ja was denkt sie denn, was i ma denk, wenn i draufkimm, was sie sich denkt hat? Dös hätt sie sich ja glei denka kena, dass, wenn oane sich so was denkt, man nie nicht denkt, dass oane sich so was überhaupt hätt denka kena! Des hätt i mir ja gar net zdenka traut, dass sie sich so was denka ko. Jetzt wenn i denk, was sie sich vielleicht ois denkt hot, is ja überhaupt net auszdenka, was sie sich sonst noch ois zsammdenka ko. Dös ko i ma scho denka, was sie sich denkt hot: Sie werd sich denkt ham, was wird er sich scho denka, was i denk und dass i mir niemals nicht denka tat, dass sie sich so was denkt. Oba dös hast da denkt, gei! Weil, denka tua i mir des scho lang, dass sie sich so was oiwäu scho denkt hat. Net auszdenka, wos war, wenn i mir aa so was denkat. Geh weita, wer denkt sich denn so was. Geh, jetzt hör auf zdenka, i derdenks ja scho boid nimma – vor lauter denka!«

Da wird einem jo janz komisch em Kopp, wenn man do richtig hinhört. Also wenn der Descartes der Bayer jekannt hätt, ich bin sicher: Auf den Satz »Ich denke, also bin ich« wär der nie jekommen!

10. SIMELIEREN

Der Rheinländer spricht, also denkt er auch. Sollte man meinen: Eigenartigerweise geht er jedoch mit dem Wort »denken« recht eigenwillig um und (→ II, 9. Denken – der feine Unterschied) hat für die Tätigkeit des angestrengten Denkens ein völlig eigenes Wort.

Das Wort »denken« verwendet er am liebsten in der Vergangenheit, und da fast immer in der Bedeutung: ich habe mich getäuscht. So sagt er: »Ich daacht, et wör sibbe Uhr jewest …«, dabei ist es schon zehn. Na ja, der Rheinländer und die Zeit! »Denken« hat also für ihn eher die Bedeutung: Meine Vorstellung von der Wirklichkeit stimmt mit dieser offenkundig nicht überein. Es ist ja schon zehn Uhr. Was andere wissen, bestätigt er hier ungefragt selbst: Sein Denken ist so mit sich selbst beschäftigt, dass, dringt es denn mal bis in die Außenwelt vor, eine Übereinstimmung mit dieser höchst zufälliger Natur wäre. »Ich daacht, du köhms, du biss ewwer at he!« Wie schön, wenn einem sein eigenes Denken immer wieder Überraschungen bieten kann.

Nun passiert es gelegentlich, dass auch der Rheinländer angestrengt über etwas nachdenken muss. Halt nein, es ist ja eher so: Weil er denken amfürsich als anstrengend empfindet und nur in der Bedeutung des Sichgetäuscht-Habens kennt, hat er für das eigentliche »denken« ein eigenes Wort. Er sagt: »Do wor ich die janze Zick am simeliere jewest …« Und weil selbst das Aussprechen dieses Wortes die reinste körperliche Anstrengung ist, wirft er seine Stirn in Falten, seine Hand wühlt dramatisch im Haar, die Augen quillen aus den Höhlen, und der Mund stülpt sich nach vorne. Uns jedoch, uns täuscht er nicht. Wir haben genau hingehört und vernommen, dass er »simulieren« gesagt hat. Ha! So täuscht er selbst das Denken vor. Tut auch hier nur so, als ob. Nein, schmettern wir ihm entgegen, keine Pupillenerweiterung, keine Rötung der Mundschleimhaut, kein Fieber: Der Rekrut ist gesund und kann an die Front.

Ach du armer Rheinländer: Preußisches Hochdeutsch reißt dir die Maske vom Gesicht und ist doch nur neidisch, dass es niemals einen Satz bilden könnte wie den: »Ich daacht, ich wör die janze Zick am simeliere jewest, dabei wor ich nur am schloofe!« Schlaf weiter, du Glücklicher, mehr kommt beim Hochdeutschen ja auch nicht heraus, und du hast dich wenigstens dabei erholt!

10a. SIMELIEREN – BAYERISCH

»Et kütt wie't kütt« – das ist die zwanglose Vorstellung des Rheinländers von der Zukunft, wie sie im Artikel 2 des → »Rheinischen Grundgesetzes« formuliert ist. Für den Rest der Welt, den Bayer beispielsweise, ist das nicht so einfach – er muss über die Zukunft ja simeliere. Wenn aber der Bayer am Simeliere es, dann hört sich das so an:

»Ja, wias kimmt, woaß ma net, und obs kimmt, woaß
ma aa net gwiss, und obs schee is oder net schee, wenns
kimmt, falls es kimmt, woaß ma aa net, und obs so
kimmt, wias kema soit, des is scho gar net gwiss, gei!
Weil: Schee wars scho, wenns so kemmat, aber obs dann
no schee is, wenns so kema is, dös woaß ma net. Weil:
Schee wars scho, wenns so kemmat, wias kema soit, aber
obs so kimmt, wias kema soit und net so kimmt, wias gar
net nia kema soit, is net gwiss – und obs dann no schee
is, wenns so kimmt, wias kema hat soin, is aa net gwiss.
Weil: Wenns so kimmt, wias kema soit, is's vielleicht,
grad weil's so kema is, wias kema hat soin, gar nimma so
schee, wias vielleicht hätt sein kenna, wenns so kema
waar, wias gar nie nicht hätt kema soin oder wias kimmt,
gei. Weil: Dös is genau so wiasd wennsd wartst: weilst
genau woaßt, auf d wos d'wartst, is dann, wenns da is,
so, dass'd liaba auf wos anders gwart hättst, gei!«

11. DIE INFINITIV-INFLATION

Wir hatten bereits Gelegenheit festzustellen, dass der
Rheinländer das Unfertige, die offene Form über alles
liebt. Dies ist der Grund, warum er den Kölner Dom
jahrhundertelang turmlos hat dastehen lassen. Immer
wieder ist er von nörgelnden Touristen gefragt worden:

»Ei verbibbsch, wo sinndn bei eurem Dom die Dürme?« Und immer wieder hat er mit unvergleichlicher Souveränität geantwortet: »Wie?: Türme?!«

Schließlich hat der Preuße, dem alles Unfertige ein Dorn im Auge ist, die Türme fertig gestellt, nachdem er überall in deutschen Landen auf seine Art den »Dompfennig« eingetrieben hat. Es hat nicht lange gedauert, dann stand der Besucher vor dem Seitenschiff und las: »Wegen Renovierungsarbeiten jeschlossen«, und so ist es bis heute. Der Rheinländer wird immer eine Ecke im Dom finden, an der es »jet ze brassele jitt«, und dies nicht etwa wegen dringend erforderlicher Renovierungsarbeiten, sondern um zu zeigen, dass er eben doch noch nicht fertig ist, der Dom. Und er wird auch nie »fertig« sein, denn der Dom als das Herzstück des Rheinlandes ist kein Bauwerk, sondern ein Zustand.

Und heute noch überlässt er die Türme den Ausländern. Er selbst betritt sie nur ausnahmsweise: bei der Erst-»kommellion« oder bei der Firmung.

Beim Fertigen, Abgeschlossenen ist ja auch nichts mehr im Fluss, was man ruhig wörtlich nehmen kann: im Fluss. Diesem, dem Rhein, verdankt der Rheinländer – neben dem → Zischlaut (II, 2.) – noch etwas: seinen Sinn für Bewegung, ein Rhythmusgefühl, das sich in seiner Sprache niedergeschlagen hat. Sätze wie »do jincke mir« oder »Is dat dann möschlich?« oder gar das berühmte: »Darf dat dat? Dat dat dat darf!« – ein Satz übrigens, der Beethoven zu seiner Fünften angeregt haben soll* – sind Sätze,

* Vgl. hierzu: Konrad Beikircher: Andante Spumante. Der Beikircher. Ein Konzertführer. (Bd. 1) Köln: Kiepenheuer & Witsch 2001

die der »Ausländer« nicht inhaltlich zu verstehen versuchen sollte. Er sollte sie einfach nur rhythmisch genießen. Hier tanzt das Rheinland Samba und bleibt unter sich, denn kein Fremdzüngler könnte diese sensible Rhythmik jemals nachgestalten.

Die Liebe zum Unfertigen also und die Lust, die Wörter auf der Zunge tanzen zu lassen, haben einen sehr eigenwilligen Niederschlag gefunden: die rheinische Infinitiv-Inflation. Sie besteht allerdings nicht etwa darin, einfach Infinitiv an Infinitiv aneinander zu reihen, nein, das ermangelte dann doch zu sehr des Tänzerischen. Er lässt seine Sätze vielmehr auf einem Hinkefuß tanzen, einer unbetonten Silbe: dem Wörtchen »ze«. »Sch-sin jekumme für ze luure« ist so ein Satz: Er tanzt und springt, und der dahinter liegenden Neugier mag man gar nicht mehr böse sein. »Ich bin gekommen, um nachzuschauen« – mein Gott, wie klingt das denn?! Da bleibt meine Wohnungstür jedenfalls zu.

Beispiel Fügt man nun ein paar solcher Infinitive zusammen, kann man mühelos eine kleine Geschichte erzählen, einen rheinischen Rap:
»Hä is ze jood für ze kläue
hä is ze jood für ze kläue sich ze traue
hä is ze bang für jet ze liehne
hä is ze bang für jet ze liehne ze frore
hä is ze bang für ze kumme für jet ze liehne ze frore
und ze jood für ze kläue sich ze traue
und wer ze bang is für ze kumme für jet ze liehne ze frore

und ze jood is für ze kläue sich e Hezz ze nemme
is ze blöd ze jet ze kumme für jet koofe ze künne
für ze schenke für dat Mädche für se büzze ze künne
für ze hierode ze poppe und jet Pänz ze krieje.«

12. RHEINISCHE PRÄZISION

Einer der meistunterschätztesten Aspekte der rheinischen Umgangssprache ist ihre bestechende Präzision.
Manchmal ist es ja im Hochdeutschen sehr schwer, genau auszudrücken, was man ausdrücken möchte. Das
könnte dem Rheinländer nie passieren. Zu präzise, zu
genau, zu exakt ist seine Sprache. Sie glauben es nicht?
Lommer ens e Beispiel nemme.

Beispiel Sitevation es folgende: Do es en Chef, ach
wat, da kann man ruhig mal konkret sein, also: Et Ange-
la Merkel hat der Merz zu sich gerufen und bespricht
mit dem unger vier Augen, wie sie den Koch, Sie wissen
schon: Dr. Koch naturtrüb, wie sie also den Naturtrüb
loswerden könnten. Schön. Jetzt sitzt der Merz wieder
in seinem Büro an seiner Lieblingsbeschäftigung, dem
Hochpumpen seiner sauerländischen Jugend zum Stadt-
guerillero im Asphaltdschungel von Brilon, Kapitel drei:
die Kampfklarinette. Jedenfalls fällt der Merkel wie im-

mer nach dem Gespräch ein, dat sie wat zu fragen vergessen hat. Sie muss allerdings direkt zu einem anderen Termin, hat also jetzt nicht mehr die Zeit, sich zum Merz zu setzen. Also steckt sie im Vorbeirauschen nur mal eben der Kopp beim Merz in die Tür und möchte nun in einem knappen Satz sagen, dass sie zu dem Thema noch eine Frage habe, im Moment allerdings verhindert sei und gleich nochmal bei ihm vorbeischaue. Nun versuchen Sie mal, diesen Zusammenhang korrekt, knapp und präzise, wie ja Politiker sein müssen, im Hochdeutschen auszudrücken.

Etwa so:

»Wir hatten vorhin eine Besprechung zum Thema Koch. Auf diese Besprechung möchte ich gerne nochmal zurückkommen, weil mir im Anschluss an unser Gespräch noch eine Frage eingefallen ist, die ich Ihnen in diesem Zusammenhang stellen möchte. Leider kann ich Ihnen aber im Moment diese Frage nicht stellen, weil mir dazu die Zeit fehlt. Ich werde aber in absehbarer Zeit wieder zu Ihnen kommen, um Ihnen dann diese Frage stellen zu können.«

Präzise? Jo. Ewwer knapp? Dat wüsst ich ewwer!

Knapp wäre etwa: »Ich habe noch eine Frage« oder »Ich komme gleich nochmal zu Ihnen«.

Aber wäre das präzise? Das wäre so vieldeutig, dat der Merz überhaupt nicht wissen kann, wovon dat Merkel spricht, weil: Fragen hat sie immer, und vorbeischauen tut sie auch alle naslang. Kommunikationsmäßig könnte man zu so einer Mitteilung nur mit MRR sagen: Vorhang zu und alle Fragen offen!

Jetzt verkompliziert sich die Situation aber noch, wenn wir mal annehmen, dass der Naturtrüb, um den es ja gegangen ist, der Merkel auf dem Flur begegnet ist und sie begleitet. Was ihm ja glatt zuzutrauen wäre. Das hieße aber, dat dat Merkel ärg in der Bedrouille wäre, weil: Sie muss unbedingt loswerden, dass sie noch eine Frage an den Merz hat, sonst vergisst sie's und muss dann wieder die »Tut mir leid«-Tour reiten. Sie muss es aber natürlich so ausdrücken, dat der Merz Bescheid weiß, der Naturtrüb aber nix mitkriegt. Also mit Hochdeutsch bisse do jepitscht ohne Ende. Das ist höchstens pantomimisch noch hinzukriegen, nicht aber sprachlich knapp und präzise. Sprachlich kommste da doch nur noch ins Stottern, so à la: »Wir hatten vorhin, Sie wissen schon, äh, also da ist immer noch, äh, wie soll ich sagen, äh ...«

In der Zeit hat der Naturtrüb doch schon längst geschnallt, dass es um ihn geht, via Handy den Möllemann angerufen und die freie Republik Hessen-Westfalen ausgerufen. So also geht et nit.

Könnte dat Merkel, wenn sie Rheinländerin wäre, in so eine Zwickmühle kommen? *Niemals!* Warum? Weil das Rheinische auch in so einer Sitevation dank der ungeheuer präzisen Sprache Ausdrucksmöglichkeiten hat, von denen andere Sprachen nur träumen können. Dat Merkel könnte ganz gelassen mit dem Naturtrüb den Flur runtergehen, beim Merz die Tür aufmachen und diesen bestechenden Satz sagen, der alles ausdrückt und den der Naturtrüb trotzdem niemals entziffern könnte, auch wenn er ihn sprachlich verstanden haben sollte.

Nämlich:

»Dat, wo mir eben von drüber dran waren, da wollt ich Sie gleich nochmal wat wejen fragen!«

»Auf gebaut kummts net an« (Hans Moser in *»Der Dienstmann«*)

Raum für eigene Notizen

III. SOZIALPSYCHOLOGISCHE GRUNDLAGEN

1. DER MENTALE RHEINLÄNDER

Man darf nicht blind davon ausgehen, dass überall, wo Rheinländer draufsteht auch Rheinländer drin ist. Rheinländer zu sein ist weniger eine geographische Bedingung; es entsteht, wenn eine bestimmte Gen-Mischung vorhanden ist. Deshalb gibt es immer wieder Menschen, die nicht im Rheinland geboren sind und dennoch Rheinländer sind. Man erkennt sie an den guten Antworten und an den kleinen schelmischen Pfiffigkeiten, die nur Menschen eigen sind, die mentale Rheinländer sind. Es gibt also den geborenen und den mentalen Rheinländer.

Beispiel Einstein es esu ene Fall. Wer außer einem mentalen Rheinländer hätte jemals die Relativitätstheorie erfinden können, wo doch dem Rheinländer alles relativ ist – wollmermalsaren, meinshalben, vielleicht, wegen mir, jetzt mal so jesehen, irjendswie.

Aber Einstein hat schon als Kind seine Fähigkeit zum mentalen Rheinländer bewiesen. Er hat bis zu seinem vierten Lebensjahr kein Wort jesprochen. Alle waren schon verzweifelt, man es von Aaz zu Aaz jeloofe. Ohne

97

Erfolg. An singem vierten Jeburtstag gab es ein kleines Festmenü. Erster Gang: en Zupp. Man fängt an ze löffele, plötzlich sagt der kleine Einstein: »Die Suppe ist ungenießbar, sie ist zu kalt!«

Riesenjubel, Begeisterung, Erleichterung, man lacht, man fällt sich in die Arme, man weint, man steigt auf die Stühle: »Ein Wunder! Der Kleine kann sprechen ...« und so weiter. Als sich der erste Taumel wat beruhigt hat, fragt ihn die Mutter: »Mein Gott, Albert, warum hast du denn nie gesagt, dass du sprechen kannst?«

»Tja«, sät do dä Kleen, »bisher war ja auch alles in Ordnung!«

Dat es mentaler Rheinländer.

anderes Beispiel Orchesterprobe in München. Ferenc Fricsay dirigiert eine Probe, ewwer die Klarinett, die hupt so wat von donevve, dass Fricsay abklopft und sagt: »Das habe ich schon mal besser gehört!« Worauf der Klarinettist sagt: »Aber nicht von mir!« Auch das: Rheinland in Reinkultur.

Überhaupt Fricsay: Er war Ungar und damit eh schon ein bisschen dem Rheinländer verwandt. Beim »Don Giovanni« von Mozart müssen ein paar Musiker in einer Szene auf die Bühne, sich dort hinsetzen und spielen. Bei der Probe gehen die Musiker an der Stelle auf die Bühne, aber es passiert nix. Fricsay will wiggermaache, ist am Warten und Warten und wird schon ungeduldig. Da flüstert ihm die Sängerin, Erika Köth, zu: »Die können noch nicht spielen, der Cellist hat keinen Stuhl.« Worauf Fricsay sagt: »Dann soll er zum Arzt gehen!«

Eine andere hübsche Geschichte is Elly Ney, der Beethoven-Pianistin, in Köln passiert. Sie spielt im Gürzenich die Mondscheinsonate von Beethoven, und weil et so schön is und sie die Noten kann, schließt sie die Augen, um sich ganz zu konzentrieren. Da sagt in der ersten Reihe ein Besucher zu seiner Frau: »Dat schlööf jo. Lommer noh Hus jon!«

Solche Menschen lassen sich nicht klonen, niemals, ne.

2. DIE RHEINISCHE DIALEKTIK

Im Laufe der Entwicklung vom Einzeller zum Zweibeiner hat der Mensch unter anderem Sprechen gelernt. Wenn auch diese Fähigkeit in deutschen Regionen sehr unterschiedlich ausgeprägt ist – so kann man unter anderem sehr hübsch die Entwicklungsgeschichte der Menschheit zurückverfolgen, wenn man zum Beispiel von Bonn nach Paderborn fährt, ne –, so ist doch allen deutschen Zungen die Möglichkeit gegeben, sich miteinander zu unterhalten. Wenn man sich aber miteinander unterhält, wird man immer wieder an einen Punkt kommen, an dem das Gespräch nur weiterfließt, wenn man die Fähigkeit hat, eigene Behauptungen durch gekonnte Beweisführung zu untermauern.

Diese Erkenntnis hat seinerzeit einen ansonsten zu Recht unbedeutend gebliebenen Eigenbrötler aus der Oberlausitz – Johann Gottlieb Fichte – dazu geführt, die so genannte Dialektik zu entwickeln. Sie wissen schon: These – Antithese – Synthese.

Beispiel These: »Mir jeiht et jot.«

Antithese: »Jo ewwer wat es, wenn ich nur denken, dat et mir jot jeiht, in Wirklichkeit ewwer jeiht et mir schläch?«

Synthese: »Sofort Kölsch un Jrappa, weil: Dann es et mir ejal!«

Der Rheinländer allerdings hat dieses – insgesamt nun wirklich etwas magere – System der dialektischen Beweisführung perfektioniert. Do bruch dä och keine Oberlausitzer Waldphilosophen für. Der Rheinländer hat ein generelles System der Beweisführung entwickelt, das für alle Lebenslagen geeignet ist und immer angewandt werden kann: die rheinische Dialektik.

Sie schreitet in drei Stufen fort, als da sind:

1. Die Bestätigung des Besonderen
2. Die Kehrseite des Vertrauten
3. Die Zementierung der Einmaligkeit.

Beispiel Eine Rheinländerin berichtet aus ihrer Patientenlaufbahn (→ I, 1. Grundlegendes). Nun wissen wir: Der Rheinländer als Patient ist eine Geschichte für sich, denn: Er ist *nie* der medizinische Normalfall, er ist immer die Ausnahme. Mit konsequenter Hartnäckigkeit hält der Rheinländer dem akademischen Wissen der Medizin das Wissen darum entgegen, wie et wirklich es.

Stufe 1: Die Bestätigung des Besonderen

»Wat sin Sie? Dick wollen Sie sein? Jo wat soll ich dann sare, ich sag et Ihnen: furchtbar! Ich hab ja in mingem janzen Leben mih Zick für nohm Aaz verbracht als wies für sünsjet. Dat Jeld, wat ich un minge Mann für mich nohm Aaz jetrare han: Esu vill Taxi kann et jar net jewwe, wat ich fahre künnt! Ich sare Ihnen: unwahrscheinlich! Ich meine: Dat wor bei mir jo schon von Anfang an, ne, ich hatte ja domols als Säugling jo schon zehn Kilo, ne. Unwahrscheinlich. Do stund jo domols schon dat janze Krankehuus Kopp, wie ich em Kreißsaal do met zehn Kilo op dr Waag jeläje han, ne, do hät domols schon dä Professor für ming Mutter jesaat: ›Lev Frau Dingenskirchen, wat soll dat dann jewwe: noch kei Stund alt un schon zehn Kilo‹, also dat wor einmalig, wor dat ja … «

Zeigt man an dieser Stelle Skepsis, zündet Stufe eins der rheinischen Dialektik: die Bestätigung des Besonderen. Man sagt zum Beispiel: »Wat es? Als Säugling? Zehn Kilo? Dat jitt et jo normal jar net!« und bekommt als Antwort: »Ebends! Saren ich jo! Unwahrscheinlich!«

Stufe 2: Die Kehrseite des Vertrauten

Bleibt man immer noch skeptisch, so wird erst mal der Faden der Erzählung wieder aufgegriffen, bevor die Stufe zwei der rheinischen Dialektik zündet.

»Es jo dann och jeblieve, ne. Hier: in der Schule, ne. Ich wor jo die Einzigste, die immer per se vom Turnen befreit wor, ne. Unwahrscheinlich. Wejen Jewicht, ne. Ich meine: klar. Hätte jo keine Lehrer verantworten künne, stellensvür: dä Barren wör zesammenjebroche. Ich meine: *Ich* hät dat jo net bezahle müsse, ne. Ich hatte jo domols, mit zehn Johr, ne, hatte ich ja schon jot 70 Kilo …«

Kommt hier eine skeptische Zwischenfrage, greift Stufe zwei der rheinischen Dialektik: die Kehrseite des Vertrauten. Sagt man etwa: »Wat es? Met zehn Johr? Sibbezich Kilo? Dat kann ich mir net vürstelle.«, erhält man als Antwort:

»Ja! Dat es bei mir komisch, ne« oder: »Do sin ich komisch drin! Dat es bei mir seit domols, also, ich kann jo esu winnich essen, als wies ich will: Ich nemmen zo! Ich meine: Ich esse jo wie ein Vögelchen, ne, (120 Kilo! Aber: ›wie ein Vögelchen‹), ich bruchen jo nur an der Bäckerei vorbeizejon – dä! At widder fünf Pund drop. Dat es bei mir irjendswie, ich weiß et net …«

Stufe 3: Die Zementierung der Einmaligkeit

Bleibt man in dieser Phase immer noch skeptisch, so zwingt man dadurch den Rheinländer, zur Stufe drei zu greifen. Diese Stufe zündet der Rheinländer im Allgemeinen nur, wenn et nit mieh anders jeiht, wenn er quasi an der Wand steht.

»Dat sin bei mir die Drüsen, ne, also dat weiß ich jetzt vom Aaz aus, dat müssen bei mir die Drüsen sein. Ewwer ich froren mich immer: Wat dann für Drüsen?

Ich meine: Kann dr Minsch dann övverhaupts esu vill Drüsen han als wies ich? Oder es dat bei mir, dat ich vielleicht jet mih Drüsen han als wies normal? Ich meine: Un do sin die Ärzte jo och at unverschämp, ne. Wat hät mir minge Aaz für Vürdräch jehale von wejen Diät un esu. Ewwer: Dat schlägt bei mir nicht an! Mich können Sie op dr Klo setze: Ich nemmen zo!«

Wer hier einhakt und sagt: »Wat es? Op dr Klo? Zonemme?«, der bekommt dann als Antwort: »Eja! Do können Sie mich für ansehen!«

Wer da nicht mundtot ist, dem ist nicht mehr zu helfen.

Nur: Es stimmt ja alles! Das heißt: Es gibt ja eine objektive Bestätigung für diese medizinische Ausnahmestellung des Rheinländers. Sprechen Sie mit Rheinländern, die zum Beispiel operiert worden sind. Jeder wird Ihnen von einem Prozess berichten, den es in dieser Häufung nur im Rheinland gibt.

»Jo un dann wor ich jo em Krankenhuus, für ungers Mezz, ne. Also ich muss sare: dä Professor, wat mich opereet hät: *einmalig!* Die Hängk! Also do könnt ich mich hück noch dreck in demmsing Hängk vergucke, ne. Ewwer esu jet von Hängk! Jo un dä hät dann noh der Operation für mich jesaat: ›Lev Frau Dingenskirchen‹, hät hä jesaat, ›die Jalle, also esuuu e Dingen, ne‹, un dat er die Jalle sofort einjeschick hät, sofort ...«

Und da sind wir bei der objektiven Bestätigung der Besonderheit des Rheinländers. Ist er unterm Messer, wird alles sofort eingeschickt. Ich kenne keinen Rheinländer, bei dem es anders gewesen wäre.

Esuuune Krampfadern! Haben die alles einjeschickt.
Esuuu e Jewächs! Haben die alles einjeschickt.
Esuuu ene Kopp! Haben die sofort einjeschickt.
Kein Mensch weiß, wohin. Aber: alles einjeschickt!
Na, ich bitte Sie, wenn das kein Beweis ist?

Übung Mit einem Aufnahmegerät zwei Stunden in einem Wartezimmer sitzen, und schon haben Sie Ihre eigene rheinische CD!

3. DIE KONTAKTFREUDIGKEIT

Zu den auch auswärts gut bekannten Eigenschaften des Rheinländers gehört dessen Kontaktfreude, auf gut Hochrheinisch: die Kontaktfreudigkeit – was besser ausjedrückt ist, weil das -igkeit die Liebe zu einer Aktion ausdrückt. Man sagt ja auch nicht die Wende, sondern die Wendigkeit – kennen mir jo von Guidos bester Welle, dem flotten Windfähnchensurfer mit den drei Blinden-Punkten.

Nun teilt man ja die Menschen gerne ein in solche, wat kontaktfreudig sin, und solche, wat et nit sin. Der Westfale zum Beispiel, da könnt man jetzt nicht direkt sagen, dat der sich jetzt durch besondere Kontaktfreudigkeit auszeichnen tät. Also ohne Kontaktspray kannse der schon mal janz verjessen. Dä kannse esu en die

Steckdos fassen lassen, do hätt dä noch netens die Lamp an!

Und geradezu der Klassiker unter den Nicht-Kontaktfreudigen ist natürlich dä Bayer, dä Alpen-Aborigine: Er hat das Echo erfunden, damit er ab und zu mindestens sein eigenes Wort hört; den Schuhplattler, damit er beim Tanzen niemanden anfassen muss; die Maß Bier, damit er nit ständig nach der Kellnerin rufen muss; den BMW, damit er auch auf der Autobahn allein ist; die Lederhose, damit der Watzmann sei Ruah hat, und er wählt CSU, damit die Saupreißn s Maul halten.

Das Tier ist sein Freund, deshalb ist er Wildschütz, damit ihm beim Röhren niemand zuschaut, und sein höchstes Lob ist, wenn er sagt: »A Hund is er scho, da Stoiber.«

Mit Kontaktscheu hat es auch zu tun, wenn der Bayer Erstaunen oder Hingerissensein ausdrückt. Do es in Ruhpolding meinshalben ene Kölsche, und der tut etwas, was ein Bayer keinem Nicht-Bayern niemals nicht zutraut: Er trinkt eine Maß auf einen Zug aus. Dann sagt der Bayer: »A Kölner? A Maß? Af oan Zug? *Geh weita!*« – und wehe, du jehst nit wigger!

Wie anders es dat beim Rheinländer! Kontaktfreudigkeit in Reinkultur, möchte man sagen, und als solcher gilt er auch in allen deutschen Ländern. Aber da muss ich sagen: Vorsicht! Janz esu, wie et ussüht, es et nit. Wie immer muss man beim Rheinländer differenzieren, und es tut weh zu sehen, dass das die Nicht-Rheinländer nie tun. Im Jejenteil. Vorurteile, wohin man sieht.

Also gucken mir uns dat ens jenauer an.

Der Rheinländer es kontaktfreudig, sicher. Aber: Er ist auch hochsensibel und damit, möchte ich sagen, beinahe kontaktscheu. Weil: Sensibel kann nur einer sein, der schon mal die Erfahrung jemacht hat, dat, wenn de denkst, do es keiner und du wagst schon mal einen Schritt nach vorne, es do bestimmp einer, der dir jenau in demm Moment op de Fööß tritt. Ab do is man sensibel. Und ab do jeiht et dodrum: Wie kummen ich em Levve vüran, ohne dat mir ständig einer op de Fööß tritt? Ein schwieriges Unterfangen, wenn man zu den Menschen gehört, die gerne unter Menschen sind. Un do es der Rheinländer ungeheuer raffiniert. Er hat chromosomonal einen derartigen Überlebenswillen in sich, dat er sich schon als Kind quasi die Welt so zurechtlegt, dat sie ihm ze pass kütt. Die Raffinesse liegt in der Umkehrung.

Beispielsweise → Auf dem Spielplatz: Der »Streit« der Kinder bringt die Mütter dazu, sich von den Kleinen ab- und einander zuzuwenden. Die Pänz han der Spieß eifach umjedriht, und jetzt han se Rauh! Diese Art der Umkehrung ist geradezu das Überlebensprinzip des Rheinländers geworden. Er mag schon gerne mit Menschen sein, klar, aber er ist auch hochsensibel und damit im Prinzip kontaktscheu, weil: Man weiß ja nie, ne. Drecksäcke jitt et jo överall!

Nun ist der Rheinländer aber auch freundlich und möchte nicht unbedingt andere Menschen vor den Kopf stoßen.

Wenn alle Welt denkt, dat der Rheinländer kontaktfreudig ist – bitte, sollen sie haben. Keiner soll op die Idee kumme, dat dat anders ist. Un dat es dat Bild, wat die Welt kennt: Du küss als Fremder in et Rheinland, un du hast das erste Kölsch noch nicht ausjejeben, do bisse schon in Kontakt und em Gespräch mit dem Rheinländer. Und schon bisse mittendrin und möchtest gar nicht mehr weg von hier. Allein sein als Fremder im Rheinland? *Unmöglich.* Weil: Immer ist da ein Rheinländer, der den ersten Schritt tut, auf dich zukommt und – wie jesagt – schon bisse mittendrin.

Denkst du! In Wirklichkeit es et umjekehrt:

Du bist nie mittendrin, du bist nur vorne abjefangen!

Beispiel Du bes als Fremder et ieztemol en Kölle. Du jeihst en de Weetschaff. Do steihße jetz und bestellst – Was trinken die denn hier so? Blick in die Runde – »ein Kölner Bier«. Jetzt drieht sich dinge Nohbor noh dir um un säht:

»Du bess ewwer och nit von he, wo küss du dann her?«

Und schon bisse em Jespräch. Damit das Gespräch weiterläuft und weil dein Nachbar nicht unsympathisch ist, gibst du ihm ein Kölsch aus. Schön. Ihr seid wigger am klaave, die Stang is leer un do küt jetz der Test. Gibst du ihm jetzt noch ein Kölsch aus und er nimmt es an – bist du durchjefallen. Warum? Weil: Du denkst, kumma, er nimmt es an, er frisst mir quasi aus der Hand, er mag mich, ich bin akzeptiert. Er denkt: Wenn dat esu lööf, schön! Und verachtet dich. Er wird dich am nächsten Tag nicht mehr kennen, und du verstehst die Welt nicht mehr – weil du nicht begriffen hast, dass du ihm die Chance genommen hast, ernst genommen zu werden.

Lösung Wenn du wirklich wissen willst, ob du akzeptiert wirst, musst du warten. Gibt er dir im Gegenzug auch ein Kölsch aus, bisse durch. Wenn nit: jepitscht. Konsequenz: Koffer packen, noh Hus fahre, das Rheinland ist nicht deine Welt!

Das hat auch domet zu tuen, dat der Rheinländer sich nicht fremdbestimmen lässt. Mit wem er Kontakt haben will, bestimmt er. Weil – und das will auch keiner der Rheinlandhasser wirklich wissen –, der Rheinländer ist bei aller Sensibilität selbstbewusst. Er geht auf andere zu, weil: sonst kommen die! Un dat mag er nit.

4. DER MEDITERRANE RHEINLÄNDER

Wirklich durch bist du als Fremder im Rheinland aber erst, wenn der dich nach Hause einlädt. Und da zeigt sich dat, wat ich immer sage: Der Rheinländer ist der einzigste mediterrane Mensch deutscher Zunge.

Warum? Ja, wo spielt sich denn dat Leben beim mediterranen Mensch ab, also beim Griechen oder Italiener oder Levantiner un esu? Drusse!

Der Grieche z. B. hat seine *agorà*, der Marktplatz, schon domols in der Antike, wo der Diogenes em Fass do erömjeläje es und jeden anjemacht hat: »Hasse mal

ne feste Mark?« Wo der Sokrates jeden am Revers je-
packt hat und jefragt hat:

»Hürens, ich weiß, dat ich nix weiß«, und die Antwort jekriegt hat:

»Dat wüßt ich ewwer!« Dat janze Levve also hat sich
draußen abgespielt, also nicht in der Wohnung. Wohnung wor nur strikt für prifat: also Pänz wickele, Fernsehen und »kum jet bei mich bei«. Alles andere ewwer
hätt sich drusse avjespillt, bes hück.

Un esu es et beim Rheinländer och. Im Gegensatz zu
allen anderen deutschen Zungen. Wenn alle anderen zu
sich nach Hause einladen, zum Beispiel Geburtstag
feiern oder esu, da feiert der Rheinländer außerhalb.
Hier: dä Millowitsch. Wo hät dä singe 90. Geburtstag jefiert? En dr Köln-Arena.

Wo hätt dä Antwerpes jefiert? Em Schloss Brühl. Un
dat och nit freiwillig, nur: Als Präsident musste dä jo en
dr Residenz, jeiht jo nit anders. Wenn't noh demm jejange wör, hätt er lieber op der Severinsbröck jefiert –
do hätt er auch gleichzeitig jedem Autofahrer die Kell
vor die Nase halten können, dat wör sein schönstes Jeschenk jewesen: Blasen für Antwerpes.

Und verabreden tut der Rheinländer sich eben auch
mediterran: drusse. Dat es, weil: Der Rheinländer lebt
gerne öffentlich. Willst du ihn treffen, sagt er: Schön,
hück ovend em »Backes«. Zum Essen trifft er sich em
»Grande Milano« und zum Kaffee em »Café Fleur« oder
beim »Campi« oder dreck beim Clemens Böll. Sind Sie
schon mal von einem Rheinländer, den Sie nicht jahrelang kennen, noh Hus zum Esse injelade woode? Dat es

nit, weil er sein zu Hause nicht zeigen will; dat es, weil er mediterran öffentlich lebt und öffentliche Plätze über alles liebt. Do es Levve, do sin Lück, do es et schön. Und fragt man ihn: Kömmer nit zu dir noh Hus kumme? Sagt er: Och ze Hus, do kenne se mich all!

Wo der Schwabe zum Beispiel keinen größeren Ehrgeiz kennt, als allen Menschen zu zeigen, dass seine Frau die Spätzle um Klassen besser als jedes Gasthaus machen kann – außerdem lebt der Schwabe von der Bestätigung seiner privaten Sauberkeit: kein größeres Kompliment für den Schwaben als der Satz aus dem Munde des Gastes: »Hano, bei euch isch aber arg sauber!«, wobei er die Doppelbedeutung des Wortes »arg« glatt überhört –, und wo der Holländer ausschließlich sich zu Hause trifft – und wenn et em Wohnwagen es – deshalb han die jo och kei Vürhäng, domet man schon von drusse süht, wer all do es –, do jeiht der Rheinländer erus.

Und trifft er drusse Menschen, die er kennt, sieht man schon an der Begrüßung, wie er sich dodrüvver freut: Das geht vom zum Gespräch auffordernden Kopfnicken (immer nach oben) über »Wie isset?« bis zu den feinen Ausdrücken freudigen Erstauntseins: »Och?!« »Och at he?« »Mähs du dann he« – und schon bisse mitten em Jespräch.

Dat es e bissje esu, wie beim Wiener, wenn er ins Café-Haus geht, wovon Alfred Polgar sagt: Das Schöne am Café-Haus ist: Man ist nicht zu Haus und doch nicht an der frischen Luft. Wo der Bayer ins Gasthaus unter Leute geht, um allein sein zu können, braucht der Rheinländer Menschen um sich wie der Fisch et Wasser.

Selbst wenn's ihm dreckig jeiht, mag er darauf nicht verzichten.

Beispiel Etwa die berühmte Geschichte eines bekannten kölschen Musikers, der in seinem Stammlokal an-
ruft:

»Tach Pitter, Dingens he, sach: Es einer do?«

»Nee, em Moment nit, ich sin at alleen he.«

»Wie: gar keene do?«

»Nee, ich sag et jo: keene do.«

»Dat es ewwer Driss.«

»Warum dat dann?«

»Och, weiße Pitter, mir jeiht et esu bedrisse, ich ston
he bei mir em nüngte Stock om Finster, ich han kei Luss
mieh, ich wollt nur sage, dat ich Schluss maachen, ich
spring ussem Finster ... ewwer ... wenn keene do es ...
dann ruf ich später nochens an, jo?«

»Es jot.«

5. ARBEIT UND PRIVATLEBEN

Wer sich jetzt frägt: Jo wenn der Rheinländer quasi ständig eraus jeiht, wann sin die dann am arbigge?, der un-
terliegt einer gewaltigen Täuschung. Ich sag et ja, dat es
bei allen mediterranen Menschen gleich: Man jeiht nit

nur für prifat oder Spass eraus, man jeiht für alles eraus. Wie soll ich sagen: Der Rheinländer trennt nicht so wie die anderen Deutschen die Lebensbereiche voneinander ab: von acht bis fünnef Arbeit, von fünnef bis ovends prifat und dann zwei Stunden eraus für Spass, Leben ist beim Rheinländer eine Einheit.

Beispiel Ich ston en dr Weetschaft, ovends, wat weiß ich, ellef Uhr oder esu. Do kütt einer erein, dä Jupp von dr Versicherung. Mein Nachbar begrüßt ihn:

»Tach Jupp, wo küss du dann her?«

»Och, ich kummen vun enem Termin.«

»Wie: Sid Ihr vun dr Versicherung um die Zick noch om arbigge?«

»Tja willse maache: Dä hätt mich ovends um zehn ens anjerufe. Wasserschade.«

»Wie: Wasserschaden? Es demm der Klo övverjeloofe?«

»Jenau!«

»Jo un wat häss du dann domet am Hut?«

»Jo amfürsich nix, also jetz me'm Wasser direkt, ne. Nur: weiß jo wie dat es: alter Kunde, ne, un do willse jo och net nur mem Blatt Papier erövver für der Schaden für opzonemme ...«

»Jo hätt dä nit dä Handwerkernotdienst anjerofe?«

»Sicher dat. Ewwer, kennst dat jo: Bis die kumme, hässe ding Einrichtung längst at em Schlauchboot.«

»Jo wie: Häss du dann denne dä Klo freijepump?«

»Jo sicher!«

»Un? Hät jeklapp?«

»Kann ich dir sare: Dä Schnarchsack vum Handwerker-Notdienst stund ei Stund später vür dr Dür, do hatt ich dr Avfluss at repareet un dr Schaden opjenomme!«

»Du ärmen Deuwel, kumm, don dir ei Kölsch. Ewwer he, wo du jradens vun Schaden am spreche bes: Ich wollt dich amfürsich morje früh anjerufe han, ewwer wo du suwiesu he bes ... Hier: dä Klein, dä Marcel, kennse jo, fünnef Johr, ne, dä hätt sich hück nohmeddach en dr Finger jeschnigge, met minger Brill, wo ich dropjetrodde wor, un wie dä do stund, die janze Hand voll Blot, wollt ming Frau dä Klein en dr Ärm nemme, stolpert un hät sich dä Ärm jebroche, un jetzt wollt ich ens froge, wie mir dat dann versicherungstechnisch en die Reih krieje künne ...«

Und als ich gegen eins nach Hause ging, waren die beiden immer noch dran. Un dat es schön!

6. DIE RHEINISCHE PÜNKTLICHKEIT

Kennen Sie die rheinische Pünktlichkeit? Nein? Jenau!! Weil er der Herrscher über Raum und Zeit un dä janze Driss ist, braucht er auch nicht Sklave dieser ach! so deutschen Eigenschaft zu sein. Tatsächlich kann man den Rheinländer mit kaum etwas mehr ärgern, als mit Pünktlichkeit. Sagen wir mal: em Prifat-Levve.

Beispiel Am Tage nach dem Besuch eines Bekannten aus Hamburg. Völlig außer sich erzählt sie:

»Also stellens vür, jestern owend do hatten mir jo Besoch, also jetzt von mingem Mann aus, ne, dem sing Schwager singe Broder. Ich natürlich injekoof un all, ne, wollt jo fein wat ze essen maache, sch-meine: net vill, mehr esu normal, ne, net dat dä dann der janzen buckelijen Verwandtschaff weiß ich wat am verzälle es, ne, klar. Un ich sin do jrad en dr Köch am hanteere, do klingelt dat. Um halver aach! Ich noh der Tür jeloofe, un wer stund do? Minge Besuch! Um halver aach! Ich meine: Ich wor jo net ömjetrocke, net parat jemaat, nüß, ne, do klingelt dä! Also ich kann Ihnen sagen, ich hätt der esu die Trepp eravdäue künne! Dat es jo kei Benimm es dat jo! Um halver aach!«

Schüchtern wurde die Frage eingeworfen:

»Jo wann hätt hä dann jesaat, dat hä köhm?«

»Jo dat es et jo: um halver aach! Ewwer ich saren immer: die Aalfresser vun do bovve: also ich weiß et net!«

Und da ist der Rheinländer dem Österreicher verwandt, der auf die Frage: »Wann kommt denn der Intercity aus Wien?« mit Vorliebe antwortet: »Noja, so um drei kummt er gern!«

Keiner, der diese kleinen Regeln nicht beherrscht, wird jemals mit dem Rheinländer warm werden können. Einer der vielen Gründe, die dem Rheinländer den Preußen auf ewige Zeiten verleidet haben. Zu Recht!

7. DIE HÖFLICHKEIT

Als Beleg für diesen – zugegeben unerwarteten – Aspekt des rheinischen Wesens erzähle ich kurz eine Geschichte, die in mancherlei Hinsicht charakteristisch ist.

Beispiel Ich stehe mit meinen Kindern samstags morgens in Bonn auf dem Münsterplatz, als ich angesprochen werde.

»Och Herr Beikircher, schön, dat ich Sie mal esu prifat treffe. Wat ich Ihnen immer schon mal jesagt haben wollte: Wie kütt et dann, dat ene *Bayer* wie Sie esu perfek dat Rheinische kann?«

»Ich bin kein Bayer, ich komme aus *Südtirol.*«

»Ja, wollt ich jrad sage: Wie kütt et dann, dat Sie als *Österreicher* esu dat Rheinische ...«

»Südtirol ist aber in *Italien.*«

»Ewwer noch nit lang!«

Mit diesem Gespräch zeigt sich tatsächlich die rheinische Höflichkeit! Sie besteht darin, selber höflich zu sein und gleichzeitig auch an die Höflichkeit des Gesprächspartners zu appellieren. Mit dem »ewwer noch nit lang« signalisiert der Rheinländer nämlich zunächst mal, dass er dem vor ihm stehenden Südtiroler nicht böse ist dodrüwwer, dat dat noch nit lang es. Es hat so was Verzeihendes, das »ewwer noch nit lang« – was umso grandioser ist, als es da überhaupt nichts zu verzeihen gibt –, es hat so was von: »Do kann der Mann jo och nix für.« Das hat aber nichts Gönnerhaftes, es ist mehr ein Signal der Entschuldigung: »Falls ich Sie domet, dat ich von Bayern über Österreich nach Italien gekommen bin, beleidigt haben sollte: Et wor nit esu jemeint, die Welt ist rund, mir sin all Minsche, un mir zwei sin mittendrin!« Es ist aber auch ein Appell an die Höflichkeit des anderen und ein Test, ob der andere die rheinische Höflichkeit versteht und angemessen, also rheinisch, darauf reagieren kann. Es deutet sozusagen die Regeln des menschlichen Miteinanders im Rheinland an. Denn mit dieser kleinen Nebelbombe »Ewwer noch nit lang« – wat ein typisch rheinisches Nebelbömbchen ist, weil: Er hat natürlich keine Ahnung, seit wann Südtirol bei Italien ist, will sich aber keine Blöße geben, die er sich gäbe, sagte er: »Aber erst seit 15, 30 oder 100 Jahren«, ohne es genau zu wissen, und Blöße geben hat der Rheinländer nicht nötig, *niemals!* –, mit dieser Nebelbombe also hofft er auch, dass der andere ihn nicht im Regen stehen lässt, also jetzt unanjenehm jenau wird. Es könnte ja sein, dass der andere rechthaberisch-preußisch reagiert:

»Wie: noch nicht lang? Das war 1918, ist also über 80 Jahre her, und das nennen Sie: noch nit lang?«

Hätte ich allerdings so reagiert, hätte sich der Rheinländer umjedreht und wär gegangen, hätte mir damit also wortlos signalisiert, dass ich Regeln, die ich nicht kenne, entscheidend verletzt habe, was natürlich zum sofortigen, nein: direkten Abbruch der Beziehungen führen muss.

7a. DAS HÖFLICHE KÖLSCH

Aber hier: Wo Sie jrad saren Höflichkeit. Es jo och esu ei Kapitel, ne. Sagt ja schon der Dichter: Höflich sei der Mensch, hilfreich und gut! Schön, aber wer es dat schon?

Ich meine, sicher: Da jittet ganze Länder, do jehört Höflichkeit dabei. Der Engländer es ja so ein Fall, ne.

Kein Henker, der nicht beim Betreten des Schafotts zum Verurteilten sagen würde: »Bitte nach Ihnen, Sir!« Ich mein: es doch schön.

Oder hier: der Franzose. Einmalig! Wat der für Sätze bildet, nur um zu zeigen, wie höflich dä es, also unwahrscheinlich. Hier: Sare mr mal, du jeihst, jetzt als Franzose natürlich, övver die Stroß un do kütt eine Bekannte, du bis der am jröße, ewwer dä denk nit dran, zurückzejröße. Do jeiht dä Franzos hin, packt der Bekannte am Krage und sagt für demm:

»Est'ce que vous vouler dire ›bonjour‹, s'il vous plaît?«

Und dat heißt:

»Ist es so, dass Sie guten Tag sagen wollen, wenn es Ihnen gefällt?«

Unwahrscheinlich. Jot – dä Franzuus hätt Zick ze basch, der tut ja nix anderes als wies essen, trinken und unseren Frauen nohpfeife. Normal.

Nur: Wie isset dann bei uns he? Also der Deutsche, jot, dat er jetzt besonders höflich wör, könnt man nicht sage. Höflichkeit es jo quasi die ständige Bereitschaft, den Hintern zu lüpfen. Andeutungsweise. Und das setzt natürlich voraus, dat der Kopp nicht zu schwer ist. Klar.

Und dat is beim Deutschen nicht der Fall. Nicht dat er jetzt ständig gedanken*schwer*, wie man so sagt, durch die Gegend laufen tät und deshalb den Hintern nicht mehr hochkritt, nee, nee. Das hat mit den drei Worten Denken, Meinen und Sagen zu tuen. Gucken Sie mal: Dem Deutschen is ja nix wichtiger, als wies die so genannte Ehrlichkeit. Also dat einer aus demm, wat er denkt, jetzt keine Mördergrube macht. Klar. Das ist aber schon dat vertrackte. Weil:

> Wer sagt, wat er denkt
> und meint, wat er sagt
> hat jemeint, dat er jedacht hat!

Und schwupp es dat Hirn em Kurzschluss, Kabelbrand im Herzschrittmacher und esu.

Do es et doch besser, man sagt direkt, wat man meint, dann braucht man nicht mehr zu denken!

Und weil jetzt jeder Deutsche vom anderen weiß, dat do kei Zick mieh für Höflichkeit es, hat er eine eigene Sprachregelung gefunden, in der gnadenlos zum Ausdruck kommt, wie unfähig der Deutsche zur Höflichkeit ist: der Irrealis der Höflichkeit.

Irrealis es, wenn man sagen will, wat schön wör, aber weiß, dat et nit jeiht. Konjunktiv II, also Möglichkeitsform in der Vergangenheit. »Wör ich nit he, könnt ich bei meinem Liebelein sein«: wär schön, es ewwer nit, willse maache.

Und so isses auch mit der Höflichkeit. Man sagt nicht, wenn man höflich sein möchte: »Bringen Sie mir noch ein Kölsch!«, sondern man sagt: »Wären Sie wohl so freundlich …« Es doch interessant, ne! Das heißt ja, dass ein Deutscher dem anderen unterstellt, nicht höflich sein zu können, sonst würde er es ja anders formulieren! »Wären Sie wohl so freundlich …« fordert die Antwort »Ä-ähh« geradezu heraus, höchstens noch ein »Muss ich mal gucken, vielleicht«.

Da ist die rheinische Form doch wat janz wat anderes. Der Rheinländer ist höflich, jeder weiß es, jeder erfährt es jeden Tag, deshalb braucht der Rheinländer auch nicht zu so verquasten Konjunktiven zu greifen. Er bleibt im Indikativ bzw. im Imperativ, weil er Höflichkeit voraussetzen kann, und sagt: »Sid esu jot un doot mr noch ei Kölsch!«

Un wat es: Er kritt et!

8. DAS RHEINISCHE DEMENTI

Wenn im Rheinland Pannen passieren, gibt es dafür das rheinische Dementi – eine wundervolle Möglichkeit, das Gesicht zu wahren, falls mal wat schief jelaufen ist oder schief zu laufen droht.

Dat fängt ja schon beim Klassiker an: Der Rheinländer fragt nicht gerne nach, dat es ihm unanjenehm. Er kennt zwar die Formulierung: »Wat heißt dat dann?«, aber er wendet sie nicht an, um wat zu fragen, er wendet sie zur Bestätigung des Gesagten an.

Beispiel Beim Essen:
»Du häss ewwer vill om Teller.«
»Jo, wat heißt dat dann, ich han Hunger.«
Aber wie gesagt: Zum Nachfragen benutzt er diesen
Satz nie. Wenn ihm einer wat sagt, was er nicht, oder
nicht direkt, versteht, oder woran er nicht gedacht hat,
dann ist er höflich: Er bestätigt lieber als zu irritieren.

Beispiel Du wors dä janze Dach am arbigge, bes fertig mit der Welt un froh, dat de noh Hus kumme kanns,
do passeet et:
Du bist noch nicht janz durch die Tür, do:
»Mein Jott, du häs dr ewwer Zick jelosse, kumm,
kumm, maach dat de dich ömjetrokke kriss, mir sin
schon spät draan, hässe nit op de Uhr jeluurt, weiß du
eijentlich wie spät mr han? Mein Jott, wenns de nit flück
vüran maachs, kumme mir noch ze spät …«
Du denks nur: Wie, zu spät? Wat es dann övverhaupts los he? Wat hammer dann hück … Do jeiht et
wigger:
»Un dat eine kann ich dir sare: Nochens ze spät wie
et letzt Johr, nicht mit mir, du weiß et jo, wie empfind-
lich die dodrin sin, kumm, maach vüran, ich hol schon
mal der Wagen …«
Da bleibt nur:
»Wollt'sch jrad sare!«
Ich schwöre Ihnen, er hat immer noch keinen blassen
Schimmer, wodrum et övverhaupts jeiht, aber mit dem
»Wollt'sch jrad sare« is er schon mal aus dem Schnei-
der dank dem rheinischen Alibi.

Niemals käme er auf die Idee zu fragen: »Wat es dann los? Wohin müsse mer dann?«

Um Jottes willen. Ejal wodrum et sich drieht: Wat passeet, wenn er dat frägt, dat kann er sich lebhaft ausmalen.

Beispiel Oder: Eine neue Couchgarnitur muss her. »Weiße wat, Liebchen, dat wör doch schön, wenn mr do esu e Ledercouch hinstelle täte, dat macht wat her, un schön es et och.«

»Bisse jeck? Leder? Womöglich och noch helles Leder! Um Jottes willen! Do bisse nit zweimol drop jesesse, do hässe at Flecken drin, wat mr nit mih eruskritt, und wenn man dr Fleck erusjekräje hät, sin do esu helle Stellen, wo jeder süht: aha! Do hät einer ene Fleck erusjemaht! Nee, nee, lommer kei Couch nemme, nemmer zwei schöne Sessel, dat es besser.«

»Wollt'sch jrad sare: Wie wör et dann mit zwei Sessel?«

Is dat nit schön? Das ist rheinischer Ehefrieden!

Wat meinen Sie dann, wat do esu ene rechthaberische Sachse für ene Ehekrach jehatt hätt, nur wejen dä Drisscouch:

»Nu warum dnn uf eemol zwee Sessel? Uff mehr als uff eem Sessel gann ich egal nicht sitzen, aber ne Gouch! Das is was Scheenes, da gann mr och mol die Beene hochlechen!«

»Ja das hadd mr gern! Die Beene hochlechen! Un ich gann den ganzn Haushalt alleene machen. Jetzt reichts mr abr. Ich back die Goffr …«

Un esu wigger, dat kennt man ja!

Dat rheinische Dementi geht aber noch weiter. Wenn man z. B. schon mal ein Wort zu viel jesagt hat, hat man ja schon mal, ne, un jetzt macht dat die Runde, wollmermalsagen, aber janz esu sicher, ob man dat wirklich jesagt hat, es keiner, och man sellver nit, weil: wor spät, dä Deckel wor voll un övverhaupts. Da kann dann der Rheinländer, wenn er von unanjenehmen Zeitgenossen quasi zur Rede gestellt wird, zur Höchstform auflaufen:

Beispiel »Dat soll ich jesat han? Kaschmir nit vürstelle, dat ich dat jesat han soll. Ich mein: Man sacht ja schon mal wat, ne, es klar, und donoh wör man fruh, wenn man dat nit jesacht hätt, also manchmol, ne, ewwer esu jet? Nee, dat kann ich niemals jesat han, weil: Esu jet saren ich nie, also dat wör jetzt gar nit, wie sacht man, minge Wortschatz, ne, also dat ich dat jesat han soll – nee. Ich mein: Hätt ich dat jesat, dann müsst ich dat doch bestimmp noch janz jenau wissen, jrad weil ich dat amfürsich niemals ..., ne, und hier: Selbst wenn ich esu jet sare wollt, tät ich et nit, weil, ich mein: Dat sacht mr einfach nit, ne. Hatt ich dieser Tage noch für ming Frau jesat:

›Sach hürens‹, saren ich, ›kannst du dir vürstelle, dat ich esu jet jesaht han?‹ Un do säht ming Frau für mich:

›Nee, niemals, und wenn du esu jet sare tätst, tätst du et anders sare, ewwer dat: nee, niemals.‹

Also wat soll ich do noch sare, wenn ming Frau och sät, dat ich dat nit jesaht han kann, un die es bestimmp kritisch, wat dat anlangt, also die tät dat nit sare, wenn sie denke tät, dat ich dat wirklich jesat han künnt, un wenn *die* sät, dat ich dat nit jesat han, dann stimmp dat och, dann han ich et och nit jesaht, dat kann ich Ihnen sare – *ich* esu jet sare! Nur, hier: Wer wor dat dann, der Ihnen jesat hat, dat ich dat jesat han soll? Ejal wer dat es, wissen Se, wat ich demm sare tät? Demm tät ich ewwer jet anders sare, dat kann ich Ihnen sage, ewwer hallo! Außerdem: Esu jet tät ich och deshalb niemals saren, weil dann heiß et jo jilich: Dä hätt dat jesat, Sie wisse jo, wie de Lück sin: *Ein* falsches Wort und schon sin die sich dat Maul am zerreißen. Nee, nee, do kann ich jot drop verzichte, op dat, wat de Lück sare, dat saren ich Ihnen …«

Also e Dementi vom Trittin oder Kohl es do e Fliejendreck jäje. Diese Virtuosität ist für Nicht-Rheinländer unerreichbar! Dat kann ich Ihnen sagen!

9. DIE VERLEGENHEIT

Natürlich kann der Rheinländer wie jeder andere Mensch in Verlegenheit gebracht werden, weil er etwas nicht weiß. Wer aber meint, er hätte da die – seltene – Gelegenheit, ihn auf dem falschen Fuß erwischen zu können, hat sich getäuscht. Wie sollte man auch den auf falschem Fuß erwischen, der sich überwiegend schwimmend fortbewegt?

Mündet also ein Gespräch in die unangenehme Situation, dass beim Rheinländer eine Wissenslücke offenbar wird und somit nackt vor aller Augen steht, ist er der Erste, der ihr die Scham wiedergibt. Er kann es nicht mit ansehen, wie sie so dasteht, sich windet und versucht, dem preußischen Auge ihre Scham zu verbergen. Kavalier, der er ist, hat er einige Verhüllungsmöglichkeiten. Nur böse Zungen – z. B. der übliche Westfale, wir wissen: der natürliche Feind des Rheinländers – behaupten, er könne nicht zugeben, eine Wissenslücke zu haben.

Zunächst begegnen wir hier wieder der Gegenfrage, als unterster Form der Schambedeckung.

Beispiel »Sagen Sie, der Lastenausgleich in der Diskontierung beim Disagio der Außenhandelsbilanz, was halten Sie davon?« wird gekontert mit: »Wie wor dat?« Oder schärfer – weil es der andere dann wiederholen muss und der Rheinländer sich in der Zwischenzeit wat überlejen kann: »Wie wor dat nochens?«

Fruchtet diese Gegenfrage nichts, das heißt, hat der andere nicht erkannt, dass dies ein erster Versuch der Schambedeckung war und will er das Höschen wieder herunterziehen – jeder Rheinländer hätte sofort schamvoll die Augen abgewandt und das Thema gewechselt, d. h.: zwei Kölsch bestellt –, kommt die aggressive Gegenfrage: »Wie *soll* dat heißen?« Mit dieser Formulierung »soll« wird ein erster Gegenangriff gestartet, weil sie unterstellt, der andere habe nicht korrekt formuliert.

Nun greift der Gegner aber »nochens« ans Höschen der Wissenslücke und zerrt daran. In der Klemme, seine

Wissenslücke jetzt zugeben zu sollen, genau dies aber nicht zu wollen, rettet sich der Rheinländer in den rheinischen Indikativ: den Konjunktiv.

»Sagen Sie, der Lastenausgleich in der Diskontierung beim Disagio der Außenhandelsbilanz, was halten Sie davon?« – »Jo, wüßt ich net …« Spätestens hier sollte der sensible Nicht-Rheinländer aufhorchen und von sich aus zwei Kölsch bestellen: Der Abbruch der diplomatischen Beziehungen ist in greifbare Nähe gerückt. Greift er nun nochmal – allen Warnungen zum Trotz – ans mühsam hochgezogene Höschen, um endgültig seiner Vergewaltigungslust freien Lauf zu lassen, indem er die Frage wiederholt, bleibt dem Rheinländer die letzte Stufe: Er macht ein bemühtes Gesicht, krault mit der linken Hand im Haar und sagt gedehnt und zögernd: »Also im Moment, äh …«

Kein Rheinländer, wer sich jetzt im Gefühl des vermeintlichen Sieges sonnte: Steht doch die Wissenslücke nackt vor ihm. Der wahre Sieger bleibt der Rheinländer, der sich nun, nachdem alle Hüllen gefallen sind, einer »Loss dä Jeck ruhig maache«-Stimmung hingibt, geboren aus der Souveränität des moralischen Siegers, denn: Jemanden esu bloßstellen, dat tät man net, und tät et einer doch, dann is dä … och, lommer dat!

9a. DIE VERLEGENHEITSLÖSUNG

Also wirklich in Verlegenheit bringen kann man den Rheinländer nicht. Und sollte er mal tatsächlich in so einer Situation sein, hat er auch da zahlreiche Möglichkeiten, wieder herauszufinden.

Beispiel Et jitt jo Chefs und Chefs, also esu ne un esu ne. Esu ne sin jo in Ordnung, ewwer esu ne …! Nemmerens an, do es en Bank, so ein richtig feines Teil, also jetzt nicht Sparkasse oder Volksbank, wo du quasi pro Heiermann, den du hinbringst, ein Kölsch usjejowwe kriegst, sondern mehr so Prifatbank, wo unsereins, wenn mr sich do ereinverirren dät, schon automatisch e Jesicht wie en überzojenes Konto kritt, und wenn du da drin bist und nohm Geldautomaten frägst, wirst du anjeguckt, als hättste ein Alt bestellt. Die weiblichen Anjestellten da sehen alle aus wie geliftete Suppenhühner: straff, aber gediegen und esu knusprig wie e paar Schuhe im Rään. Überall Teppichboden, esu dick, datte ohne Schwimmflüjelchen keine Schritt wigger küst, und oben im ersten Stock is en Chefetage, dagegen es dä Vatikan der reinste Asylantencontainer.
Jetz es et esu: In dat Büro vom Chef kommt natürlich niemand erein, den die Vorzimmerdame nicht durchjelassen hat: also strengstes Betretungsverbot für jedermann, domet der Chef in Ruhe arbeiten kann, wat weiß ich: Postleitzahlen nachgucken oder Sanduhren aufziehen, wat weiß ich. Jetzt hat die Bank natürlich auch einen Hausmeister, weil: Et is immer irjendswat: dä Klo

verstopp, weil einer wieder mal Geld statt Klopapier jenommen hat oder so. Der Hausmeister ist natürlich ein richtiger Mann aus dem Volk, quasi esu ene Kaczmarek. Schön. Jetzt hätt dä Kaczmarek morjens früh in der Chefetage wat zu erledigen jehatt, dat Suppenhuhn wor jrad om Klo, jedenfalls: Er steht im Büro vom Chef, und just in demm Moment jeiht die Tür op, und wer steht do? Dä Chef. Der ist natürlich fertig mit der Welt, luurt entgeistert dä Kaczmarek an, von dem er weiß, dat der weiß, dat keiner im Haus ohne Suppenhuhn sein Büro betreten darf. Die Sitevation ist also klar eine, in der der Eindringling sich wortreich zu entschuldigen hat, wenn er den Chef wieder beruhigen will.

Tut das aber der Rheinländer? *Niemals*! Nicht aber etwa, weil er unhöflich wäre, keinen Benimm hätte oder ein ungehobelter Klotz wäre, nein (→ III, 7. Höflichkeit). Er entschuldigt sich nicht, weil er gar nicht in Verlegenheit ist. Und wissen Sie, was er tut? Er luurt einfach singe Chef und demmsing offene Kinnlade an und sagt seelenruhig:

»Amfürsich wollt ich gar nicht gekommen sein!« – und fertig.

Das heißt: Er ist eigentlich gar nicht hier, weil er gar nicht die Absicht gehabt hatte, gekommen zu sein, also: wofür sich entschuldigen?

10. DIE RHEINISCHE LÖSUNG

Kennen Sie – neben der soeben dargestellten Verlegen-heitslösung – auch die rheinische Lösung? Das hat nichts mit Chemie zu tun: Es ist eine Art, zu leben. Die rheinische Lösung ist ein »Gentlemen's Agreement«, bei dem »gentlemen« nur der ist, der dem »agreement« zu-stimmt. Wer ihm nicht zustimmt, hat sich im selben Moment aus der rheinischen Familie ausgeschlossen. Dafür möchte ich zwei Beispiele anführen.

IM GERICHTSSAAL

Hauptverhandlung vor dem Landgericht Bonn. Der ju-gendliche Angeklagte is ene echte bönnsche Jung, der at widder jekläut hätt, hä kann et net sin losse. Vor der Verhandlung halten der Richter, der Staatsanwalt und der Verteidiger im Flur ein Schwätzchen. Über das Wet-ter im Allgemeinen und den Knöllchen-Hagel auf den Straßen im Besonderen. Der Verteidiger sucht die Gunst der Stunde zu nutzen und bringt das Gespräch op dä ärme Deuwel, der Richter aber sagt nur: »Do müsse mer ens sin ...«, dreht sich um, betritt wieder den Ge-richtssaal und eröffnet die Sitzung. Mit finsterem Ge-sicht verfolgt er nun die Beweisaufnahme, sein Blick ist immer wieder vernichtend auf den Angeklagten gerich-tet. Es sieht gar nicht gut aus für den jungen Mann. Wie ein Häufchen Elend sitzt er auf seinem Arme-Sünder-Stühlchen. Da, nach den Plädoyers, steht der Richter

plötzlich auf, geht mit den Worten: »Tja, Jung, dat hässe jetz dovon« auf den Angeklagten zu und verabreicht
ihm zwei schallende Ohrfeigen. Dann sagt er: »Und loss
dich *nie mih* he sin, es dat klar!«

Der Junge soll – schwört der Anwalt, der mir die Geschichte erzählt hat – nie wieder straffällig geworden
sein.

Hätte der Verteidiger versucht, vor der Verhandlung
mit dem Richter zu handeln, dä Jung wör in die Blech
jekumme. Weil: Rheinische Lösung heißt, dass man
sich wortlos darauf verlässt, dat dat schon klappe weed.
Und da kann schon ein Wort zu viel dieses filigrane
Gespinst nichtverbaler Absprachen zusammenbrechen
lassen.

IN DER POLITIK

In der Politik ist die rheinische Lösung der Beitrag des
Rheinlandes zur Demokratie schlechthin. In der Steinzeit entwickelt – vermutlich in den uralten Höhlen in
den Felswänden des Siebengebirges oberhalb von Bonn,
die heute nur mehr sehr schwer zugänglich sind, weil
der Rhein sich immer tiefer in die Erde eingegraben hat;
es gibt in diesen Höhlen Hinweise auf Stammesver-
sammlungen: Zeichnungen an den Felswänden, die zwei
gekreuzte Kölschstangen zeigen und den Kopf eines sehr
alten Mannes mit sibirischen Zügen, sowie Inschriften,
die man als »dä bönnsche Danielus«, »dä Amtwerpes
ussem Neandertal« und als »dä aale Adenauer us Rhön-

dörrep« interpretieren könnte –, in der Steinzeit also bereits entwickelt, wurde die rheinische Lösung dann immer weiter differenziert, bis sie ihre Vollendung in der Neuzeit erreichte. Man könnte sie so beschreiben: Die Verantwortlichen der rheinischen Stämme (heute: Stadtrat und/oder Landtag) kommen zusammen, um die brennenden Fragen der Zeit einer Lösung zuzuführen. Nachdem die Fragen (aber nur sie) auf den Tisch gelegt wurden, erhebt der Anführer (OB, Stadtdirektor, Ministerpräsident, Landtagspräsident etc.) die Stimme und sagt: »Also dann: Jetz weed eetz emol avjestimmp, un dann gucke mer weiter!«

Und irjendswie klappet dann jo och meistens, und wenn net, kann man et immer noch an et klappen kräje. So hat der Rheinländer alle Fremdherrschaften überlebt: die Römer, dä Franzuus, die Preußen und Hitler. Und wenn ich mir anschaue, was dabei herausgekommen ist, kann ich nur sagen: Hut ab, et wor richtig esu.

Hausaufgabe Protokolle einer Stadtratssitzung mit den tatsächlichen Entscheidungen vergleichen, dann wissen Sie, wie rheinisch es hinter den Kulissen zugegangen ist!

11. DIE RHEINISCHE POST

Bei uns kommt die Post stets gegen Mittag. Ich freue mich immer schon darauf. Und auf den Briefträger. Abgesehen davon, dass er eine wunderbare rheinische Frohnatur ist, ist er auch der Vertrauensmann des ganzen Viertels. Er kennt alle und weiß alles.

»Tach Herr Beikircher«, sagt er schon auf der Treppe, »hück es ewwer Poss dabei, mein lieber Jolly. He, vum WDR, dat es esu dick, do sin sicher Verträge drin, ne. Passens bloß op, dat die Sie nit övver dä Desch trecke, ne, ich mein: Bei demm, wat man esu an Jebühren zahlt, muss och jet für Sie avfalle, ne. Die han jo Geld ze basch. Dann es he noch jet vun dr Versicherung, han Sie dann eine Unfall jehat oder wat? Dat es jo immer schlimm, ne, hinge op dr 77, dä es jo unger't Auto jekumme, wat meinen Sie, bis dä dat Jeld jekräje hät, dat woren jo Kilo, wat ich do an Poss nur vun dr Versicherung noh demm jetrage han, dat Porto, wat die do usjejowwe han, dofür hät dä noch eine Unfall han könne. Dann hammer noch he vum Auto, pass bloß op, do es sicher dä Kfz-Sching drin, net dat Sie dat verschlampe, ne, dat bruch mer jo, dat Zeug. Es schön, dä neue Wage, wat Sie do han, wenn dat nur met denne Parkplätz nit wör, also he en dr Stroß ene Parkplatz ze finge, dat es jo unwahrscheinlich es dat jo, jot, Sie han de Karasch, do jeiht dat, ne. Un he hammer noch jet vum ZDF, wat han Sie dann em ZDF jemaat? Han ich nix von jesin, un ich gucke ja schon mal, ne, hab ich Sie neulich auch jesehen, hab ich jestern noch met dr Frau Dingens vun dr 84 drövver jesproche, dat es jo wirklich, also: Wo kriejen Sie dann immer die Ideen her? Un dat stimmp jo immer esu hoorjenau, ne, also wie die Lück manchmol esu spreche, ne, dat es unwahrscheinlich! Also dann, sch-muss weiter, ne, tschöö, Herr Beikircher, bes morje!«

Es dat net schön? Esu jet jitt et nur bei uns em Rheinland!

12. DER RHEINLÄNDER IM URLAUB

Der Rheinländer im Urlaub ist ein Kapitel für sich. Mag der Urlaub für viele Menschen eine Umstellung sein, für andere die Verlagerung der Heimat in heißere Gefilde, für dritte ein präseniles Heimatfluchtsyndrom, für wieder andere eine Gelegenheit, vier Wochen einfach wegzublasen, so dass man nichts mehr von ihnen weiß, Filmriss peng! aus! – so ist der Urlaub für den Rheinländer mehr: Er ist eine Herausforderung. Vor allem für andere. Wir können, grob gesehen, mindestens drei rheinische Urlaubstypen unterscheiden.

Typ A: Alpen, Alm, Kuhgeläute, im Winter Jagertee, mit einem Wort: Ruhpolllllding!

Ort der Handlung: ein Laden, Typ: »Auf der Heide

blüht ein kleines Blümelein und das heißt zwo drei vier EEEdeka!«

Zwei Rheinländer im Adidas-Freizeitanzug – »Jo wat dann sons? Et sin jo Ferien, wat soll ich mich do mem Jackett avplage?« – betreten den Älpler-Laden. Sie haben Hunger.

»Ein Pfund Schwarzbrot bitte.«

»Jo, dös gibt's net.«

»Wie: kein Schwarzbrot?«

»Jo mir hammer halt dös Roggenbrot, dös is aa dunkel.«

»Jo jot, mag ja sein, ewwer dat es Graubrot und kei Schwazzbrot, junger Mann.«

»Jo, nocha hättn mir halt no an Pumpernickel.«

»Bah, ne, bin ich fies für, kann ich net, uäh! Dat nimmp dä Wessfale als Schuheinlare! Dann doch dat Roggen. Un 200 Gramm frischen Holländer.«

»Jo was is nocha dös?«

»Wie: Ihr kennt keine frischen Holländer?«

»Jo … naaa …«

»Jo esset dann …«

Und so weiter. Dieser Typ ist zwar unterwegs, möchte aber essen wie zu Hause. Normal, ne.

Typ B: Er ist entschlossen, die Fremde kennen zu lernen, allerdings nicht um jeden Preis.

Ort der Handlung: Lago di Como. Campingplatz. Bella Italia. Sole. Pizza. Wat weiß ich wat noch all, ne. Ein Benz mit Anhänger schiebt sich auf den Campingplatz. Ein reichlich genährtes Paar mit Kölner Kennzei-

chen steigt aus, Mitte 50, Typ Metzger, so à la: »Dat Fett
lassen ich ewwer draan, dat es jot für die Verdauung,
junge Frau!« Er stellt ihr, als erste Amtshandlung, ein
Campingstühlchen auf: »Do, Liebelein, hässet schon
mal *du* schön, ne« und macht sich am Anhänger zu
schaffen. Marke: »Hier-ziehen-und-das-Zelt-baut-sich-
ganz-von-selber-auf«. Aber: Et klapp net. Er zieht woanders: nüß. Er liest die Gebrauchsanweisung. Er zieht
nochens: och nüß. Langsam aber sicher verheddert er
sich heillos in den Schnüren, die doch auf Zuruf quasi
ein Zelt ergeben sollen. Immer tiefer dringt er in die
Wirrnisse von Schnüren, Ventilen, Schlaufen, Maschen,
Laschen und Nippeln ein. Sie beobachtet derweil mit
stoischer Ruhe seinen chaplinesken Auftritt. Nach weiteren zwei Stunden ist er einem Infarkt nahe: fünf
Schnüre um den Hals, in der rechten Hand eine Reißlei-
ne, in der linken Hand Zündschlüssel, Gebrauchsanweisung, eine Dose Kölsch und zwei Heftpflaster, und den
Fuß auf einem zischenden Ventil: aber immer noch kein
Zelt, das sich »ganz-von-alleine-aufbaut«. Ratlos schaut
er sich in der Fremde um. Da platzt ihr endlich der Kragen, und sie sagt: »Kumm Jupp, schmießens dä janze
Driss in de Lago, mir jon nohm Hotel.« Sprach's und
verschwand.

Das hat Format.

Typ C schließlich ist der, der gnadenlos seine Heimat,
wat saren ich: sing Veedel mitnimmp.

Ort der Handlung: Regen, eine Kleinstadt im Bayerischen Wald. Eine rheinische Mutter ist auf der Suche

nach Textilfarben für die Kinder. Es hat die ganze Zeit geregnet, und sie ist auf die Idee gekommen: Die Pänz können Tischörts bemole: Dat koss net vill, mät Spass, un die Pänz sin us de Fööß. Im kleinen Kaufhaus in Regen fragt sie nun:

»Haben Sie Textilfarben für Tischörts für ze bemoole?«

»Wos?«

»Textilfarben, für Tischörts. Für ze bemoole.«

»Na, dös hammer net.«

»Ja, Sie vielleicht, aberöm: Jitt et dann in Regen dat woanders?«

»Jo, dös glaab i net, gei.«

Und dann kam der Clou: Ein Leben lang hat sie in, sagen wir Bonn, bei, sagen wir Strömer und Emons, einjekauft, einem bekannten Bonner Geschäft für Farben und Papier, das es – ich bin versucht zu sagen: natürlich – nur in Bonn gibt. Und sie stellt nun dem Verkäufer in Regen, ca. 600 km von Bonn entfernt, die entrüstete Frage:

»Jo habt ihr dann in Regen keine Strömer und Emons?«

Wat soll man do noch sare?!

13. DER RHEINLÄNDER ALS FEMINIST

Tach zesamme. Ich sin jrad dobei, jet zum Thema »Männer sind zu faul zum Putzen« ze schrieve, weil … Wat es? Dä Klein hätt en die Buzz jedrisse? Zementens, ich kummen … Also, wie jesagt, ich wollt zum Thema »Männer sind zu faul zum …« Wie: Du finds dä Eimer net? Hinge em Kabäuschen! Wie: Do es nix? Jo wo es dann dr Eimer? Waadens, ich gucke mal em Gästeklo … Dat Thema also »Männer sind zu faul …« Schmierseif? Oh, zementens, die han ich jestern em Keller jesin. Wie: Wat hätt die dann em Keller verlore? Vielleicht wor ich do jestern am putze oder wat! Nee, loss, Liebelein, ich holle Dir flückens die Seif … Ich wollt also, wie jesagt, zum Thema »Männer sind zu …« Och Liebelein, jetzt loss doch dr Eimer, ich mach dat dann später, jo? Wie: Dat kenn ich? Wat soll dat dann heiße? Ich han jetzt kei Zick für ze putze, ich sin am schrieve … Also, dat Thema wor, zementens, ah jo, hier: »Männer sind …« Wie: Dä Aufnehmer es fott? Jo wo es dann dä Aufnehmer? Ah jo, 'tschuldigung, Liebchen, dä han ich in dä Karasch jebruch, vürjestern, vür dat Öl wegzemache, zementens, ich bring dir dat Teil … Ich mein, do jitt et jo vill ze schrieve, zu dem Thema »Männer …« Wie: Et es erledigt? Hässet Putze dranjejovve? Wat? Feedich? Jo, ewwer ich sare jo, dat ich dat später sellver jemacht haben wollt … Wie: Danke für die Hilfe? Nix ze danke, Schatz, ich helfen jo jään mingem Liebchen, ne, wenn et jeiht … Also ich muss jo sare, zum Thema »Männer sind zu faul zum Putzen« fällt mir eijentlich nix ein, ne, weil: Bei uns ze

136

Hus es dat esu partnerschaftlich opjedeeld, do packen ich jenau esu an wie ming Frau, ne, ich sage immer: Arbeitsteilung es dat Jeheimnis einer jlöcklichen Ehe, ne!

14. DIE ARABESKE

Er ist, wie gesagt, der levantinische Mensch schlechthin, der Rheinländer (→ III, 4. Der mediterrane Rheinländer). Er ist der einzige Mensch deutscher Zunge, der den Begriff Geschichtenerzähler wirklich verdient. Diesen Titel verdankt er vor allem der Fähigkeit, aus nichts eine Erzählgirlande zu flechten. Karl Kraus hätte vielleicht gesagt: auf einer Glatze Locken drehen zu können.

Nichts sagen und trotzdem alles ausgedrückt haben, das ist dann allerdings die Vollendung dieser Fähigkeit. Wir können ihr an jedem kölschen Tresen begegnen. Aus Tausenden von täglich neu geschaffenen Gesprächskunstwerken möchte ich eines – wahllos – herausgreifen:

Beispiel »Tach.«
»Jo.«
»Un?«
»Och jo!«
»Wie?: Och jo?«
»Och, frog mich jet Leichteres!«

»Wie dat dann?«

»Jo saren ich doch!«

»Wat dann?«

»Jo ebends.«

»Jo?!«

»Jo ich sare jo: Saren ich doch!«

»Och dat! Klar, ne!«

»Wie?: Klar?«

»Normal, ne!«

»Jo ebends.«

»Und sonst?«

»Och jo!«

»Wie?: Och jo?«

»Jo – et muss, ne!«

»Klar!«

»Normal, ne.«

»Sicher!«

»Obwohl: manchmol …«

»Öhh! (ein rheinischer Vokal der Zustimmung, eher guttural auszusprechen, mit deutlicher ö-Farbung)
Frog man sich jo …«

»Ich ewwer net!«

»Nee?«

»Ö-öhh! (ein rheinischer Vokal der Verneinung, eher guttural auszusprechen, mit deutlicher ö-Färbung)
Obwohl …«

»Öhh? (ein rheinischer Vokal der Fragestellung, eher guttural auszusprechen, mit deutlicher ö-Färbung)
Man weiß et net, ne.«

»Ebends!«

»Wie?: Ebends?«
»Jo ebends, ne!«
»Normal, ne.«
»Öhh! (s.oben)«
»Also dann …«
»Bisse weg?«
»Jo!«
»Maach et jood ne.«
»In diesem Sinne, ne, du och!«
»Jut! Weiß Bescheid, ne.«
»Du och, ne.«
»Bisse Tare.«
»Du och.«

… und noch ein Kölsch und »dat wor et« und das Unglaubliche: Sie haben einander verstanden.

Hä luurt …

»… und ich hebe die Welt aus den Angeln« (Archimedes)

Raum für eigene Notizen

IV. GRUNDLEGENDE ALLTAGSERFAHRUNGEN

1. AUF DEM SPIELPLATZ

Kinderspielplatz – herrlich! Immer noch der Nachmittagsklassiker für junge Mütter und ihre hoffnungsvollen Sprösslinge. Die Mami wär natürlich lieber zu Hause geblieben, Tass Kaffe und die Pänz vorm Fernsehen in den Kinderkanal geschoben, aber vielleicht werden die Kinder wat ruhiger, wenn man bisschen mit ihnen auf den Kinderspielplatz ... Und da sitzen sie dann. Mutter an Mutter und die Pänz em Sand. Die Mütter denken: »Wie kriegen wir die Kinder beschäftigt, damit wir schön jet klaave können?« – und schon jeiht et los:
»Guckemalda, Kevin, die Rutsche! Ohh, will der Kevin da mal runterrutschen, ja? Komm, Liebelein, die Mami hebt dich da mal rauf, und dann kann der Kevin fein erunterrutschen. Un guckemalda, die Schaukel! Da tut der Kevin jetzt aber mal janz fein mit der Mami schaukele, jo?! Und jetzt jeiht der Kevin en dr Sandkasten, hier, es dat Schäufelchen, und jetzt kann der Kevin schön mit dem Schäufelchen spielen, ja? Un da is noch ein kleiner Junge, un der tut dann auch bisschen mitspielen, ja? Un die Mami setzt sich da auf die Bank hin und tut dem Kevin fein zugucken, ja?!«

In Wirklichkeit läuft aber ein ganz anderer Film. Die Pänz fragen sich nämlich: »Wie kriegen wir die Mütter beschäftigt, damit wir in Ruhe spielen können?«

Wie das geht? Ganz einfach. Der kleine Marco nimmt dem kleinen Kevin das Schäufelchen ab. Marcos Mutter kommt anjeflogen:

»Marco, jetzt gib dem Kleinen doch dat Schäufelchen wieder, ja?«

Marco gibt Kevin das Schäufelchen und kriegt vom Kevin dafür eins in die Fresse. Marcos Mutter zu Kevins Mutter:

»Haben Sie das gesehen? Mein Marco hat Ihrem Kleinen das Schäufelchen gegeben, dafür hat der ihn gehauen, jo isset dann?«

Kevins Mutter springt auf:

»Kevin, dat darf man doch nicht!«

Kevin fängk an ze krieche, daraufhin haut ihm seinerseits Marco eins aufs Maul. Kevins Mutter zu Marcos Mutter:

»Da! Han Sie dat jesin? Dat war Ihrer. Ich hab mir das gleich gedacht, weil meiner haut höchstens zurück, angefangen hat der noch nie!«

Marcos Mutter:

»Vor allem hat der nicht angefangen. Ich hab et doch gesehen. Meiner hat janz friedlich ihrem sein Schäufelchen geliehen …«

»Wie: sein Schäufelchen? Das ist unser Schäufelchen!«

»Vor allen Dingen ist das Ihr Schäufelchen. Dat Schäufelchen liegt doch die janze Zeit schon da rum, bis es sich mein Marco geholt hat.«

146

»Geholt! Ph! Dem Kevin hat er's weggenommen, dafür hat minge Kevin ihrer Stinkdrüs eins op die Mütz jejovve.«

»Vor allen Dingen Stinkdrüs, ph! ....«

Marco und Kevin beobachten derweil interessiert den lautstarken Verlauf der Mütter-Diskussion, dann drehen sie sich um: Der eine buddelt mit den Händen, der andere schaufelt den Sand weg, man baut. Die beiden wissen: Mindestens eine Stunde lang haben sie jetzt Ruhe.

2. DIE RHEINISCHE ERZIEHUNG UND IHRE FOLGEN – THEORIE UND PRAXIS

Der rheinische Mensch ist streng antiautoritär ausgerichtet. Er misstraut allem, was gehoben oder autoritär daherkommt, er hat eine feine Nase für Aufgeblasenheit.

Beispiel Da wird einer *Präsident*! Wat weiß ich: Schützenbruderschaft Kessenich oder so. Sein Anzug schwillt um mindestens fünf Nummern, und aufgeblasen schwebt er durch die Lande. Da ist dann kein Rheinländer, den es nicht in den Fingern juckte, reinzustechen, um zu sehen, ob da nur heiße Luft ist oder »ob do jet dran es«!

Der Rheinländer ist chromosomonal antiautoritär. (Übrigens wurde ich in letzter Zeit häufiger gefragt, vor allem von Lehrern: Ja, gibt es denn überhaupt dieses Wort »chromosomonal«? Dazu kann ich nur saren: jetz jo, ne.) Er ist Autoritäten gegenüber ungeheuer sensibel und lässt sie nicht ungestraft, wenn sie meinen, ihn schurigeln zu können.

Beispiel Dafür ist das schönste Beispiel eine wahre Begebenheit, die sich am Pfingstsonntag 1995 im Kölner Dom zugetragen hat.

Es wird ein großes Hochamt zelebriert. Natürlich ist der Dom rappelvoll. Damit es ein würdiges Ereignis nicht nur im liturgischen Sinn wird, führt man die c-Moll-Messe von W. A. Mozart auf. Mit Chor, Orchester und Solisten und sogar ein Dirigent ist dabei! Die streichen sich die Ärm vom Körper und singen sich die Gurgel aus dem Hals, und als der letzte Akkord verklingt, kommt gemessener Applaus auf. Jot, da waren keine konzerterfahrenen Kölner dabei – der Kölsche geht überallhin beten, aber *niemals* in den Kölner Dom –, sondern nur Bergheimer, aber dennoch: Applaus. Da stürmt der hochverehrte Kardinal Meisner ans Mikrophon und verbittet sich diesen Applaus, er entspräche nicht der Würde des Gotteshauses und derlei mehr. Der Kardinal tritt vom Mikrophon zurück, zwei Sekunden Generalpause – und dann: donnernder Applaus aus allen Schiffen des Doms! Das ist das Verhältnis des Rheinländers zur Autorität.

Nun fragt man sich natürlich – oder auf schön Hochrheinisch: »frägt man sich« –, woher kommt denn dieses Antiautoritäre? Und da kann ich nur sagen: Das fängt schon bei der Erziehung der Kinder an. Wo andere zupacken oder, auch schon mal körperlich, führend und lenkend eingreifen, hält sich der Rheinländer ganz zurück. Er hat die Erkenntnis gewonnen, dass man Kinder ihre eigenen Erfahrungen machen lassen muss, wenn man sie zu kritischen, selbstbewussten, antiautoritären Menschen erziehen möchte. Er erzieht chromosomonal antiautoritär und braucht dafür kein Lehrbuch.

So weit der theoretische Überbau. Schauen wir doch mal, wie das in der Praxis aussieht.

Beispiel Mittagessen. Alle sitzen am Tisch, der Kleinste, gerade mal ein Jahr alt, sitzt natürlich nicht am Tisch wie die anderen, wär ja Quatsch, da müsste er ja mit den Ärmchen überm Kopf essen, nein, er sitzt in einer dieser genialen Erfindungen aus Simmerath in der Eifel, die der Menschheit schon großen Segen gebracht haben: im Bonsai-Hochsitz, der in der Eifel zur Karnickelbeobachtung eingesetzt wird. Eins zwanzig hoch, Balusträdchen drum herum. Jetzt nehmen wir mal an, es gibt Spinat. Da hat der Kleine schnell gegessen: ein Löffel rein, fünf raus, fertig ist die Laube. Und schon haben wir den Erziehungsklassiker vor uns, weil: Jetzt steht der Kleine auf. Es kommt Panik auf: Um Gottes willen, was ist, wenn er herausfällt? Man kennt das ja: Tatütataa ab in die Kinderklinik. Jeder Nicht-Rheinländer würde spätestens jetzt zu dem Kleinen stürzen, ihn halten oder sonst wie direktiv eingreifen. Wozu der Rheinländer nur sagen würde: »Dat es jo Quatsch! Wie soll dä Klein do liere, wat Schwerkraft es?« Er bleibt also seelenruhig sitzen. Und erst im letzten Moment, wenn der Kleine schon mit den Armen rudert, bleibt er immer noch sitzen, weist aber – antiautoritär – das Kind auf die Konsequenzen seines Tuns hin, indem er laut, sehr laut, zum Kleinen sagt:

»Gleich fällst du!«

Und, Sie werden lachen: Es funktioniert!

Die antiautoritäre Erziehung, die der rheinische Mensch genießt, hat natürlich Folgen, dieser Baum trägt Früchte, eine schöner als die andere.

Eine der schönsten ist das freie und unbefangene Verhältnis, das rheinische Kinder zu Erwachsenen haben. Nirgendwo sonst ist das so. Nehmen wir doch als Beispiel eine alte, ehrwürdige kölsche Geschichte, wie geschaffen für dieses Thema.

Beispiel In Köln ist es am Regnen, wat heißt rääne, et es am pläästere wie Sau. Folge: Die Straßenbahn ist rappelvoll. Auf einem der Sitzplätze am Fenster sitzt eine kölsche Panz, zehn Jahre alt. Er luurt om Finster erus, es sich dä Rään am beluure und freut sich des Lebens. Stehenderweise baut sich neben ihm eine rheinische Matrone auf. Sie steht! Und wie sie steht. Sie mutiert langsam vom Menschen zum Doppelkegel, der Hals schwillt bis zur Südstadt. Zwei Haltestellen lang schaut sie sich das Spiel an. Dann schließlich raunzt sie den Kleinen an:

»Hürens, wills du nit opston?«

Und da sagt der Kleine in all der antiautoritären Unbefangenheit, die nur rheinischen Kindern eigen ist: »Dä Trick, dä kenn ich. Dann setzen Sie sich he hin!«

3. DAS PRINZIP DES ANTIAUTORITÄREN AM BEISPIEL DES SATZES: »... UND ICH SAGE NOCH!«

Eine bedeutende Frucht am Baum rheinisch-antiautoritären Wesens ist der berühmte Satz »Und ich sage noch!«, wie schon aus dem Mittagessen-Beispiel im vorherigen Kapitel zu ersehen ist. Der Satz entspringt natürlich nicht einer Haltung des Sichheraushaltens, sondern dem antiautoritären Bedürfnis, eben nicht in fremdes Leben gewaltsam ereinpacken zu wollen.

ähnliches Beispiel Do küste ovends noh Hus, die Pänz springe dir entjäje, und eins davon hätt en Riesenbeul am Kopp.

»Um Jottes wille« frägste do, »wat es dann do passeet? Dat es jo e Riesendingen es dat jo!«

»Jo« säht de Mamm, »dä es die Trepp nohm Keller eravjefalle!«

»Dä es die Trepp nohm Keller eravjefalle? Um Jottes wille, wie kunnt dat dann passeere?«

»Hück nommedaach: Mir wollten wat nohm Spillplatz, ich denne Pänz die Jacke anjetrocke, Düür op un mir eraus. Nur: Dä Klein wor jet schneller als mir und lööf dreck noh der Trepp, die nohm Keller jeiht.«

»Jo und konntst du do net dozwesche jon?«

»Sin ich jo! Ich sin dä Klein do an dr Trepp ston, *und ich sage noch: Gleich fällst du – do wor et schon passeet!*«

Das »… und ich sage noch«-Prinzip des Rheinländers ist Legende. Zum Beispiel auch im Alltag:

»Und ich sage noch: Pass op, jilich es se fott, die Bahn – un do wor se fott!«

Jeder bodenständige Richter kann Bände über diesen Satz erzählen, denn bei den Gerichten ist er sogar als eine Art von Beweisführung bekannt. Dummerweise ein Beweis, den nur der Sprechende selbst bestätigen kann, un dat es, wir mr weiß, jet winnig. Aber das »… und ich sage noch« verleiht einer Aussage die scheinbare Bedeutung des Objektiven.

Beispiel Gerichtsverhandlung. Dem jugendlichen Angeklagten wird schwere Körperverletzung vorgeworfen. Er soll vor einer Bonner Gaststätte seinen jüngeren Bruder krankenhausreif zusammengeschlagen haben. Ein Zeuge wird vernommen.

»Also, Herr Dingenskirchen, Sie standen nun mit dem Angeklagten und dessen Bruder vor der Gaststätte …«

»Gaststätte es jot, dat wor en Weetschaff, hier: vür'm Kahle Büjeliese wor dat.«

»Ja sicher, vor dem Kalten Bügeleisen. Nun also, erzählen Sie dem Gericht doch mal, was Sie da beobachten konnten.«

»Ja also beobachten, hohes Jericht, do wor nit esu vill. Ich hatt jo selver noch dat Bloot am loofe, ne, ich konnt do jo kaum jet sin.«

»Sie waren also verletzt. Hm. Waren Sie denn auch an der Auseinandersetzung beteiligt?«

»Nee, nee, hohes Jericht, könnt man nit sare. Ich hatt nur vürher en dr Weetschaff dat Brett vür der Kopp jekräje ...«

»Brett? Was für ein Brett denn?«

»Dat Brettche do, wat de Tür es von hinger dr Thek für noh vür der Thek.«

»Also die Thekenschwingtüre?«

»Jenau dat Teil mein ich, hohes Jericht.«

»Ja und was war denn mit der Thekenschwingtüre? War die denn lose, lag die da so rum oder wie oder was?«

»Jo nee, vürher nit. Ewwer dann hätt dat einer erusjerisse, un ich han et vür dr Kopp jekräje.«

»Wer war das denn nun wieder? War das etwa auch der Angeklagte?«

»Kaschmr nit vürstelle, ich mein: Dä wor jo mit demmsingem Broder dran, ne, do hätt dä keine Ärm mieh frei jehat für dat Brett für avzerieße un mir vür dr Kopp ze knalle.«

»Also war das ein anderer Gast?«

»Muss jo, ne.«

»Ja und wer?«

»Jo dat weiß ich jetzt och nit esu jenau, jedenfalls, wie mir do vür dr Dür vom Kahle Büjeliese wore, do jing dat jo erst richtig los.«

»Also Sie meinen jetzt wieder die Auseinandersetzung zwischen dem Angeklagten und seinem jüngeren Bruder?«

»Jenau zwesche denne zwei.«

»Ja nun wissen Sie ja, dass der Bruder vom Angeklagten ziemlich übel zugerichtet worden ist. Kamen Sie da nicht auf den Gedanken, mal dazwischen zu gehen und die beiden zu trennen?«

»Sin ich jo. Wie ich mir dat Bloot jet avjewischt hatt, do saren ich noch für dä Jupp, wat jo jetz dä Anjeklagte es: Loss dä Jung in Rauh, un do säht demmsinge Bruder für mich: ›Halt dich do erus. Dat es minge Bruder, dä kann mich zerschlage, wie dä will!‹«

»Ja, nun wurde aber die Auseinandersetzung ja, wie wir von den anderen Zeugen wissen, immer dramatischer, bis das Opfer dann schließlich durch die Glastür geworfen wurde. Kamen Sie nicht spätestens da auf den Gedanken einzugreifen?«

»Ja sicher, hohes Jericht. Han ich jo och. Wie dä Jupp, also der Angeklagte, singe Bruder huh am stemme wor, do wusst ich jo, wat kohm, ne. *Und ich sage noch*: Pass op! Die Tür! – do wor dä durch et Jlas!«

4. DER RHEINLÄNDER UND
DIE SCHULE (EINE ABITURREDE)

Also
wenn man esu bedenk
ich wor jo schon immer dojäje:
Mädchen un Jungs
en dr Schull all op einer Bank ...
Sch-meine:
Em Kejelverein simmer och nur Männer, ne
un es och jot esu, weil:
Dat jitt nur e einzijes Durcheineer.
Außerdem:
Die Fraulück treffen suwiesu nur die Bande, ne
jetzt mal so jesehen.
Also:
Wat soll dä Quatsch
oder hier:
Kirche, ne
mulier placeat in ecclesia
heißet
und et es jo net umsonst,
die Kirche weiß ebends zick tausend Johr:
Mit singem Herrjott parat kumme
es Männersach
oder esu.
Dat fängk jo en der Schull schon an:
Mädchen! ph!
dauernd sin sie am Heulen
Rotz und Wasser, ne

oder sie zwicken eine von hinge –
hatt ich als Panz immer schon esu ene Hals.
Für Fußball ze spille
kunnt man sie och net bruche
avschrieve han sie eine nie jelosse
nur im Verpetze
do wore sie jot drin.
Und beim Lernen für das Leben
wat man jo amfürsich
in der Schull hät,
stören sie auch
weil sie noch ze klein sin …
Obwohl:
Dat mit dem Lernen für das Leben,
also ich weiß et net:
Wat ich all für et Levve
nit jeliert han
dat pass op kei Kohhaut.
Hier:
Schmalkaldischer Bund zum Beispiel
weiß ich alles dröwwer
frog ewwer keener noh,
oder ömjekiehrt:
Dä Kohl, ne
sagt ja auch immer:
Ich hatte eine Eins in Hölderlin!
Also möcht ich mal saren:
merkt man nix von, ne.
Oder ebends hier:
Die größte Leistung des menschlichen Geistes überhaupt

wissen Sie, wat dat wor?
Weiß keiner, ne, aber ich!
Hier:
Schlacht bei Marathon!
Dä Jrieche jäje die Kommuniste von domols,
quasi,
also die Perser, ne
dä Saddam Hussein der Antike quasi.
Do hät dä Jrieche jäje jewonne
in Marathon, ne
un do is jetzt einer
die janzen 42 Kilometer
von dem Marathon noh Athen jeloofe
ze Fooß quasi, ne
un do hatte der dä Auftrag
in Athen dann denne do ze sage:
Mir han jewonne!
Jetz es ewwer Altjriechisch sauschwer, ne.
Hier:
»wir haben jewonnen«,
do sin mir in der Schul wochenlang dröwwer jesesse
mit övversetze
bis man dat endlich erusjekräje hät
wochenlang, ne.
Und der Läufer, ne
obwohl Jrieche
und man weiß ja,
wie schwer sich der Jrieche mit Deutsch dät
kohm in Athen an
rude Kopp und kei Luff wie ene Wessfale

und: dä!
Dä wusst et:
nenikekamen
einfach esu
Nenikekamen
Also wie ich dat jehört han
wor ich platt
nenikekamen
ussem Stand
also ussem Loofe quasi, ne
Wat für e Leistung!
Nur –
un jetzt kütt et:
Bruch man dat hückzetare für et Levve?
Wenn ich dat einem sare:
nenikekamen, do denk dä
ich sprechen vum König vun Finnland.
Un wenn man dat all esu süht
dät ich mal sage:
In der Schule lernt man
für das Leben – jot
Ewwer:
Wo kann ich dann esu levve,
wie ich et en dr Schull jeliert han?!

5. DAS PRINZIP DER
   BEFEHLSVERSTÄRKUNG

Eine weitere Konsequenz aus der antiautoritären Erziehung ist das besondere Verhältnis des Rheinländers zu Befehlen. Wenn er schon befiehlt, dann muss er das in ganz besonderem Maße tun, weil er weiß, dass der, dem er befehlen will, antiautoritär erzogen wurde, falls er auch Rheinländer ist, mit dem Ausführen von Befehlen also nicht das Mindeste am Hut hat. Für dieses Problem hat die rheinische Grammatik die geniale Idee der Befehlsverstärkung entwickelt. Sie hat zunächst die zwei einfachen Tätigkeitswörter machen und tu-en (maache un don) getrennt, indem sie ihnen unterschiedliche Arbeitsbereiche zugeordnet hat.

Beispiel Man kann auf der einfachen Befehlsebene sagen: »Don dat!« Man kann auch sagen: »Maach vüran!« *Niemals* aber könnte man sagen: »Don vüran!« Kein Mensch weiß, wieso, aber es geht nicht. Gut, es klingt auch ein bisschen wie spanischer Adel: »Oh, do kütt Don Vüran!«

Man kann aber »Don vüran« deshalb nicht sagen, weil das Wort »vüran« eng an das Wort »maach« gekoppelt ist, dieses ist aber sprachlich zum Befehlsverstärker befördert worden, hat also höhere Aufgaben zu bewältigen als das Wörtchen »don«.

Es gibt zwei Verstärkerstufen mit Hilfe des Wörtchens »maach«.

Verstärker 1:

Einer labert dem anderen das Ohr voll. Der sagt verärgert:

»Jang mr doch fott met dem Driss!«

Unbeirrt erzählt der andere weiter. Da greift das Opfer zur Verstärkung:

»Maach, dat de fottküss, han ich jesaat!«

Das funktioniert meistens. Sollte es nicht funktionieren, muss man zur nächsten Stufe greifen.

Verstärkerstufe 2 ist die Verneinung:

Ein Kind kommt von der Schule nach Hause, die Mamm hätt wärm jekoch, et weed jejesse un schön jespachtelt, un jetzt soll dä Panz die Hausaufjaben machen. Das Kind hat natürlich zu allem Lust, nur nicht dazu. Es breitet langsam all das auf dem Tisch aus, was es zum Hausaufgabenmachen braucht: Buch, Heft, was zu schreiben, Gameboy … Und träumt vor sich hin. Die Mutter versucht es nun zu motivieren – auf der einfachen Befehlsebene:

»Och Liebche, don dich doch jet beiele!«

Ob in China der berühmte Sack Reis umfällt oder die Mutter ermahnt – ejal. Das Kind träumt weiter vor sich hin. Nun greift die Mutter zur ersten Verstärkerstufe:

»Maach, dat et jedon kriss!«

Dä Klein, dä denk nur: Effenberg! und zeigt dä Mittelfinger.

Da greift die Mutter zur zweiten Stufe, der Verneinung, indem sie sagt:

»Maach nit, dat de eine jescheuert kriss!«
Dann läuft die Sache, aber hallo!

Den Abschluss dieser Verstärkerorgie bildet ein Satz,
der zu meinen erklärten absurden Favoriten gehört,
nämlich das unglaubliche Gebilde:
»Maach, dat et sin lässt!«

6. DAS ESKIMO-PARADOX

Beim Fragen gibt es im Rheinland das Eskimo-Paradox!
Wat dat es? Pass op.
Dä Eskimo, ne, der ist ja fortschrittlich. Und da hat
der nun im Zuge der Technik z.B. auch Köhlschränk.
Nur, wissen Sie, wofür dä Eskimo dä Köhlschrank
bruch? Der tut da nicht Zeuch erein, um et kühl zu halten, der tut dat da rein, damit dat Zeuch nicht einfriert!
Und so isses auch beim Rheinländer. Der fragt nicht,
um eine Antwort zu bekommen, der fragt, um eine zu
geben! So es dat. Mag manchem paradox erscheinen, he
es et normal. Das ist übrigens der einzige Punkt, an dem
der Rheinländer und der Hesse (→ X, 3.) etwas gemein-
sam haben.
Dazu kommt, dass der Rheinländer, wenn er fragt, die
Frage so präzise wie möglich stellen möchte, und dazu

gehört natürlich auch dat janze Umfeld, wat zu der Frage, die er amfürsich stellen wollte, führt. Normal.

Beispiel Ich stund in Bonn – ausnahmsweise mal nicht in Kessenich! – im Laden für Wäsche und Kurzwaren. Da stürmt eine Frau mittleren Alters erein, schiebt mich quasi zur Seite und sagt:

»Tach zesamme, ich wollte nur mal jefragt haben, weil: Ich meine: Ihr seid doch eine Laden für Ungerbuzze, ne?«

»Ja sicher, steht ja draußen drauf: Wäsche und Kurzwaren!«

»Ja sicher steht dat draußen drop, weiß ich, ich wohn jo he, ne, nur, sch-meine: Kurzwaren sin jo och Söck oder Knöpp oder wat, und dat is nit, weswäje ich fragen wollte, ich wollt nur kurz jefragt haben, weil, also dat es esu: Dä Franz, also jetzt nit dä Franz, sondern demmsing Frau, et Ellie, werden Sie jetzt nicht kennen, ne, gehbehindert, ne, und da macht man dann schon mal Einkäufe für, ne, ich meine: Man hilft sich ja, wo't irjends jeiht, ne, wer weiß, ob man nicht mal selber drop anjewiese, ne, jot, jedenfalls, obwohl: Dä müssten Sie eijentlich kennen, also dä Franz, ne, dä kütt jo he immer vorbei, morjens, weil dä es jo seit Jahren es dä jo Daach für Daach do hinge om Eck beim Zarette-Pitter, ne, weil, do hätt dä, wobei: Dat es jo och erstaunlich, ne, dat dat dat hück noch jitt, unwahrscheinlich, ne, ich meine damals, in der schlechten Zeit, do wor dat jo normal, dat man do mem Zarette koofe, jot ejal, spillt jo kei Roll, jedenfalls, dä Franz, dä jeiht Daach für Daach nohm Zarette-Pitter für die ›Express‹ für ze koofe, un do hätt dä, sch-meine: Sicher kauft der die ›Express‹, ewwer dodrum drieht et

sich jetzt nit, dat es weil: Do steiht jo dem Franz sing
Fläsch Schabau, ne, beim Zarette-Pitter unger der Thek,
ne, schön fein Etikettche met dem Franz singe Name
drop, un do jeiht dä Franz erein und sacht: Pitter, däße
mir eine? Und dä Pitter jitt dem Franz die ›Express‹ un
holt die Fläsch für dä Frühschoppen, ne, und dann
macht dä do schön eine Strich op die Fläsch, domet dat
dat sing Ordnung hätt, ne, und do es et jetzt ebends
manchmal esu, dat dä Franz sich ebends noch einen und
dofür hätt dä Zarette-Pitter jetz die Stöhl, wobei: Stöhl
es jot, ich hatte demm ja schon vor Jahren jesagt, dat dat
met denne Stöhl jo kei Manier mieh hätt, also dat es en
Schand, esu Stöhl, Näjel eraus und wackele wie dem
Franz sing Zängk, sch-meine: Der Laden läuft jo, do hätt
der sich och paar neu Stöhl ereinstelle künne, ejal, jedenfalls, dä Franz, wenn dä sich dä zweite Schabau jenehm-
migt, obwohl: Nicht dass Sie jetzt ein falsches Bild kriejen, ne, dat es keine Suffkopp, dä Franz, also nit mieh als
normal, ne, also normal weed do eine jepitscht, die ›Express‹ unger der Arm, und dann es dä Franz at widder
zu Hus, ne, aber, willse maache, av und an tut sich dä
Franz eine Nachschlag, ich meine, et Ellie sacht jo immer: je nohdemm, wie minge Franz us dä Düür jeiht,
weiß ich schon: Hück sin et widder zwei, ne, ich meine:
Dat weiß dä Franz gar nicht, dat dat dat Ellie schon seit
Jahren jewahr jeworden es, ne, dä denkt immer noch,
dat dat nur dä Zarette-Pitter weiß, ne, ich sare immer:
Männer und ihre Geheimnisse! Do es en Klobrill eine
Panzerschrank dojäje! Jedenfalls, un dat es ein- oder
zweimol die Woch, setzt sich dä Franz op eine vun

demm Zarette-Pitter sing kapottene Stöhl und dat es, wat ich frage wollt: Wat koste dann bei üch die Ungerbuzze? weil, wenn dat bei üch nit esu düür, dann kann ich mir dä janze Weg noh der Stadt für nohm Hettlage für et Ellie och spare, ne, dat wör dann .... Wat es? Sibbe Mark? Jo dat es ewwer ... Och, luurens do, dat es jo dä Beikircher! Also dat es jo ei Dingen! Dat es ewwer schön, dat ich Sie mal, live, ne, quasi, sonst immer nur om Fern oder em Radio, och! ich hab Sie jetzt gar nicht jesehen, ne, dat es ewwer och, ich meine: Bei Lück wie Sie muss unsereins jo immer oppasse, ne, nit dat man dann plötzlich von Ihnen, wie heiß et, zitiert wird om Fern, ne, also dann, nix für unjot, war schön, ne, und nit dat Sie mich jetzt em Radio, ne, obwohl: Es och ejal, Sie saren jo immer so nett: Esu isser, dä Rheinländer ...«

Und lächelt mir ein Herz zu, rauscht ab und war verschwunden. Es dat nit schön?!

7. RHEINISCHE FITNESSSTUNDE

Bonner Hallenbad, Fitness für Senioren – natürlich ist das Fitness auf rheinische Art. Ich sin do mit minge Pänz am plantsche un strampele, op eimol heiß et: »Alles eraus aus dem Becken, do kütt jetzt Fitness für Senioren erein.« Schön, mir eraus. Und wat kohm: Quasi im Füsiliermarsch, äh Defiliermarsch, 16 Senioren, jemischt, stramm im Badeanzug und paffdich! erein in et Becken. Am Beckenrand der Trainer, schön in Weiß met einem Pfeifchen am Hals, und die aal Lück jewwe sich dran und schwimmen los. Ei Ründchen, zweites Ründchen. Da sagt der Trainer: »Schön, jetzt janz jemächlich weitermachen, ich komme gleich wieder«, und ab war der durch die Mitte. Im gleichen Moment is Ruhe im Teich, die Herrschaften versammeln sich all in der Mitte, hocken sich fein im Kreis in et Wasser, un los jeiht et:

»Saach, häss du dat hück beim Mittagessen mitjekriegt, die aal Keuenichs, wat die dem Neuen von Tisch sieben für Augen jemacht hat? Also ich daacht, mich hacken se. Ein Blick, mein lieber Herr Jesangsverein, wenn dä Neue och nur eine Funke Saff im Dingens hätt – ich weiß et nit, also wenn mich eine Mann jemals esu anjeluurt hätt, ich glaub ich hätt ... ich hätt ... ich weiß nit, wat ich hätt ...«

»Jo, jo, *ich* weiß wat du hätts! Nüß hätts du, dat kann ich dir sage. Ewwer davon av, ich hatt dat jesinn, nur ich konnt jar nit verstonn, wat dat aal Keuenichs an demm jefunge hätt. Du leven Jott, dä soß jo schon esu do, als mööt man ihm dreck dä Sarg anmesse, nüß dran an demm, ewwer och jar nüß, also ich hab ja von so Schütteljerüsten noch nie vill jehaale, ich mein: Wo willse dich an esu einem Mann festhalten, wenn dä schon beim Hinluure ömfällt.«

»Jo, do sääste jet, un wie dann dat Keuenichs noh demm erövver is un säht: ›Keuenich mein Name, ich wollte Ihnen nur sagen, falls Sie noch wat Nachtisch haben wollen, den müssen Sie sich da hinten om Wägelchen kriegen, oder soll ich Ihnen gleich wat mitbringen, ich bin ja auf dem Weg‹, also do bin ich ja tot umjefallen.«

»›Om Wägelchen kriegen‹: Zum Schreien, dat aal Keuenichs wenn et op vürnehm macht, hehe, sch-sinnens jespannt, obs dat wat jitt mit denne zwei …«

Und zwei Köpfe weiter:

»Ich hattet ihm noch jesagt, dat hätt keine Zweck, et jitt övver 400 Taxifahrer in Bonn, wat willse dich dann do noch mit dingem Wagen dozwischedrängele, ich meine, ich kenn dat Jeschäft, sch-sinn jo sellevs 40 Jahre lang jefahren, ne un dat woren bessere Zigge als wies hück.«

»Jo un jetzt? Wat is dann jetzt?«

»Jo weiß ich, Umschulung oder esu, ich hatt ihm jedenfalls jesagt: Schwiejersohn hin oder her, wat ich zu vererben hab, dat kriejen die Enkelchen und fertig, es jo suwiesu nit vill, bei den Preisen im Heim, ne …«

»Pscht! Do kütt er!«

Und schwupp schwammen die Herrschaften wieder im Kreis. Der Trainer war zurückjekommen. Noch ein, zwei Runden schwammen die Senioren herum, putzmunter und quietschvergnügt. Der Trainer pfiff dann ab, eine Stunde war vorbei, und er dachte sicher: »Da sieht man, wie gut Schwimmen für Senioren ist. Eine Stunde im Becken und alle sind fidel.« Dass die Senioren klammheimlich sein Körperprogramm in eine rheinische Fitnessstunde – Klaafe hält jesund! – umfunktioniert hatten, wäre ihm wohl nie in den Sinn jekommen.

»Wie: Köpper?!«

8. TOD AM OSTERMONTAG

Manchmal schlägt das Leben wie ein Blitz ein. Ausflugs-
lokal im Rheinland. Ostermontag. Das Restaurant ist
proppenvoll mit Mittagsgästen. Plötzlich steht ein älte-
rer Herr auf, schwankt leise, geht zur Tür und bricht zusammen. Ein Aufschrei geht durch den Saal. Eine Hand-
voll Menschen kümmert sich um den Herrn, die Wirtin
rast ans Telefon. Notarzt. Ein paar bange Minuten ver-
streichen, der ältere Herr hat offensichtlich einen Infarkt erlitten, alle fühlen sich aufgefordert, irjendswie zu
helfen, aber wer ist schon aus dem Stegreif Kardiologe.
Nun ist dieses Lokal tagsüber nur zu Fuß zu erreichen –
es liegt weitab vom Verkehrsfluss. Ein wunderschöner
Waldweg zieht sich durch die Wälder des Siebengebirges, ungetrübt vom Lärm der Autos. Geht man diesen
Weg zu besagtem Lokal, macht sich ein Gefühl in einem
breit wie Uhland: »Droben stehet die Kapelle ...« Oder
esu. Jedenfalls es et schön.

Natürlich macht sich deutlich Erleichterung breit, als
das Tatütata zu vernehmen ist und ein paar weiße Kittel
in den Saal fliegen. Die Kittel beugen sich über den
Herrn, erstarren, erheben sich langsam, dann sagt einer:
»Zu spät.«

Die Wirtin:

»Jo un jetzt?«

»Wie: und jetzt?«

»Jo wat soll ich mit dem Mann do maache?«

»Jo, lev Frau, dä es duut.«

»Jo, dat sin ich och, ne, ewwer wat jetzt?«

»Jo weiß ich och net, lev Frau, hellefe künne mir dem och at ni mih.«

»Dat weiß ich, ewwer nemmt der Mann doch mit, he kann jo keener mieh op der Klo jon, dä liegt jo do em Weg.«

»Mer dürfe dä do ewwer net mitnemme.«

»Wie: Mir dürfe dä do net mitnemme? Wat soll dat dann heiße?«

»Jo mir sin en Amblanz, ne, Duute dürfe mir net mitnemme.«

»Jo wofür seid ihr dann jekumme?«

»Jo mir daachte, dä es noch am Levve, ne, do wör dat jo in Ordnung jejange, ewwer esu ...«

»Jo ewwer der *wor* jo noch am Levve für paar Minute.«

»Ja sicher, ewwer jetzt ni mih, ne.«

»Jo ewwer dä es jo noch wärm, do könnt ihr dä jo noch mitnemme, wat soll dä Quatsch?«

»Wärm jo, ewwer duut, ne, un mir dürfe nur Lück mitnemme, die noch am Levve sin.«

»Jo und wenn üch jetzt einer em Wage avnippelt?«

»Jo dat es jet anders, do wör dä jo noch am Levve, jewäß, wo mir dä injelaade han, dat jeiht.«

»Ewwer dä he es jo quasi och noch am Levve, do künnt ihr jo ...«

»Nee, lev Frau, nix können mir, dä es als duut, do lööf jaa nüß mih.«

»Jo wat soll ich dann jetzt ...«

»Lev Frau, dat es net ze ändere, dat es Jesetz: Krankenwaren nur für Lebende, Leichenwaren für Duute. Ihr müsst jetzt ene Bestattungsungernehmer holle, dä darf dat. Mir dürfe dat net.«

»Dat darf doch net wohr sin. Dat es jo nur der Weg von hie nohm Krankenhus, ihr fahrt der Weg jo suwiesu, do künnt ihr jo der Mann do mitnemme, wör quasi en Jefälligkeit, mein Jott, habt jo Platz jenug em Waren.«

»Nix jeht, lev Frau, dä Mann es un bliev duut, un do es dä Leichenwaren zuständig. Dat es Jesetz und feedich. Atschöö.«

Vier Stunden lag der tote alte Herr noch in der Tür zur Toilette, bis endlich zwei dezent gekleidete Herren kamen, die aus Krimis sattsam bekannte Bahre unterm Arm – übrigens: Wussten Sie, dass man diese Bahren zusammenklappen kann? Was jedem Bestattungsunternehmer einen todsicheren Auftrittsgag verschafft: Man denkt an nichts Böses und Simsalabim! ist plötzlich eine Totentrage da! – vier Stunden also hat es gedauert, bis der arme alte Tote endlich von staatlich vereidigten, gesetzlich zuständigen, in der Erledigung sämtlicher Formalitäten erfahrenen Hohepriestern des Todes auf eine Bahre gehoben, in ein Auto geschoben und abtransportiert werden konnte. Was für ein Land muss das sein, das so streng zwischen Noch-Lebenden und Schon-Toten unterscheidet?

Was für fähige Juristen muss dieses Land haben, die so feinsinnige Transportgesetze überlegen?

Was für ein hohes Ethos muss so ein Land haben, das in der Lage ist, selbst in der bedrängtesten Situation daran zu denken, dass möglichst viele Menschen an der zu leistenden Hilfe verdienen?

Wie viele Formulare muss wohl Freund Hein ausfül-
len, bevor er einen Deutschen heimholen will?

Also, ich dät sare: In diesem Fall waren – allem An-
schein zum Trotz – keine Rheinländer beteiligt. Denn
ein einzijes »Wat soll dä Quatsch? Erein met dem
Mann, un keine hät jet jesin!« wör billijer jewäst, oder?!
(→ Das rheinische Grundgesetz)

9. RHEINISCHES MITGEFÜHL

Aber hier, es gibt auch andere Beispiele – nämlich für
dat rheinische Mitjeföhl. Tant Trautchen es jestorben.
Ich mein: war mir klar, dat dat esu kommen musste, wo
doch dat Tant Trautchen domols noh Hamburg jehierot
hätt, ewwer, willse maache. Jetzt wollt dat Tant Trautchen aber im Tod quasi wieder zurück noh Hus, mir also
nohm Bestattungsunternehmer für alles uszesööke: Kää-
ze, Sarg, Blömcher un esu.

Und wie mir do esu om Sarglager sin, herrlich, die
wundervollen Eichensärge, also ich muss saren: einmalig, dat massiv Holz, kee Furnier, nix. Oder hier: Schwe-
den-Sarg mit Inbus-Schlüssel, do bisse duut, legst dich
erein, und dann musse do noch von innen dä Sarg zu-
driehe, und wenn der Sarg schief liegt, klappt dat janze
Spill auseinander wie der Kleiderschrank mit der Jalou-

sientür, furchtbar, nee, ich sare immer: Esu eine Sarg muss massiv Holz sein, dat is jo quasi für die Ewigkeit, ne, jedenfalls: mir do am ussööke, ewwer irjendswie hätt dat dem Bestattungsunternehmer nit jefalle, ich meine: Der kannt jo dat Tant Trautchen, hatt et jo in Hamburg avjehollt und hehin jefahren, also jetzt die Leiche, ne. Und wie mir do hin und her am övverläje sin, da sagt der Mann plötzlich:

»Also ich weiß et nit. Ühr Tant Trautchen: esu ei klein Fräuchen. Do wör doch esu eine Eichensarg vill ze mächtig für!«

Und bei den Blumen auch. »Dat dät et och für 100 Mark winnijer – dat süht jo doch keine!«

Das ist das rheinische Herz!

War schön – und mir hatten noch wat jespart.

10. ÜBERLEBEN ALS BAUUNTERNEHMER (RHEINISCH UND ÖVVERHAUPTS)

In manchen Berufen ist es gar nicht so schwer, zu überleben, in anderen aber schon. Bauunternehmer ist so ein Fall. Wir wissen ja alle: Bauunternehmer ist ein Beruf, der grundsätzlich am Existenzminimum dahinvegetiert. Einem Bauunternehmer einen Auftrag zu geben ist ja quasi kein Auftrag, sondern ein Akt christlicher Nächstenliebe. Und wissen Sie, worin das Risiko, also quasi die Schlinge um der Hals, beim Bauunternehmer besteht? Im Kostenvoranschlag, falls der schriftlich sein muss.

Dat is ewwer och en Risiko! Hier: da sagst du: Ich hätte gerne einen Anbau für nach hinten eraus, holst den Bauunternehmer und sagst: Hier, sieben Meter lang, drei breit und zwei fuffzich hoch und ohne Klo, weil dofür kann ich jo in die Küch jon – wat kost dat? Und da misst der und macht der und dann krisste dä Brief und da steht drin: mit ohne Klo 97.000, aber ohne Kippfenster; mit Klo 98.500, ewwer unjekachelt etc. pp. Schön, sagst du, 100.000 quasi, weil paar Mark liegt es ja immer drüber, dafür aber mit jekacheltem Kippfenster. Ungerschriff, fertig. Dann kütt dä Bagger für der Aushub, schaufelt einmal, schaufelt zweimal, dann jitt et *KRAWUMM*, der Bagger liegt beim Nachbarn om Dach, weil er die Gasleitung ausjehoben hat, un der Baggerführer wor am rooche. Tja, jepitscht! Die Rechnung für die Zarettenpackung vom Baggerführer hat jetzt der Bauunternehmer am Hals, weil: schriftlicher Kostenvoranschlag mit Ungerschriff!

Un wat do sonst noch all passeere kann, dat pass op kei Kuhhaut.

Die Pyramiden sind auch so ein Fall. Meinen Sie wirklich, der alte Ägypter hätte jemals vorgehabt, solche Felsengebirge in die Welt zu setzen? Niemals! Wo doch dem Ägypter die Leichen und ihre Ruhe heilig waren. Nee, dat wor anders eröm. Das sollte zwar eine Pyramide sein, aber in die Äd erein! Der Pharao hat für der Bauunternehmer jesagt: Machste einen schönen Aushub, 40, 50 m in der Sand erein, tus'se die Wände fein mit Steinen abdecken, domet mir net, wenn ich do drin lieje, der janze Sand in die Augen läuft. Dann tus'se mich do tieferlegen, und damit kein Grabräuber spitz kritt, dat ich mit dem janzen Gold do drin bin, tus'se oben mit Brettern bündig abdecken, Sand dodrop und fertig. Schön. Nur: Die Baustelle war weit draußen, der Bauunternehmer hatte in der Stadt zu tun, kurz und gut: Der Polier hat die Pläne falsch herum jehalten, Spitze nach oben und wat wor: hatten die plötzlich diese Pyramiden-Teile am Hals. Wat wor? Der Bauunternehmer musste dann vorne noch paar Sphinxen hinstellen, domet et ussüht, als wör et Absicht jewesen. Oder hier: Eiffelturm Paris is och esu ene Fall. Der Bauunternehmer, der Ing. Eiffel, vermutlich jebürtig aus Kall oder Kalterherberg, hatte eine Skizze für einen handlichen Briefbeschwerer jemacht. Und weil der aus Platin sein sollte, massiv, hat er den Preis darunter jeschrieben: 1 : 100.000. Also: ein Stück kostet 100.000 Francs. Der Polier krallt sich dä Zettel und hält den Preis für der Maßstab: 1 : 100.000, also ein Zentimeter gleich 100 Meter. Un dä! Solche Beispiele jitt et ze basch. Und immer sind sie auf Kosten des Bauunternehmers gegangen. Da kommt natürlich Freude auf im Laufe der Jahrhunderte. Und Panik. Nun gibt es auch im Rheinland Bauunternehmer. Und wat is? Denen geht es gut, satt sehen sie in die Welt, wohlgenährt machen sie am Sonntag Ausflüge mit der Familie (nohm Rolandsbogen zum Beispiel), und

Stress ist ein Fremdwort. Warum? Weil sie ihre eigene, rheinische Überlebenstechnik gefunden haben: den *rheinischen Kostenvoranschlag*.

Wie das geht? Hier eine Geschichte.

Wir sind umgezogen. In eine wunderschöne Altbauwohnung in Bonn, ming Frau, die Pänz und ich (wär ja auch blöd, so ganz allein, ohne Frau & Kinder). Und da war ein Wohnzimmer, wat weiß ich, 2000 Quadratmeter, also riesig. Irjendswie. Nun hatte ich da meine Arbeitsecke und wor da am Schreiben die halbe Nacht. Problem: In der Flur, für nohm Klo ze jon, konntste nur durch dat Schlafzimmer. Jetzt will man da nicht immer stören, normal. Also hatte ich eine geniale Idee: Bevor ich durch dat Schlafzimmer laufe, dann durch die Tür und kurz vor Koblenz links in der Klo, könnte man ja in der Wand einen kleinen Durchbruch machen, Tür erein, fertig. Dann jeh ich do eraus, drei Meter und fertig ist die Laube. Jetzt war ich damals noch extrem unerfahren in solchen Sachen und habe den größten Fehler gemacht, den man bei so was machen kann: Ich habe diese Idee meiner Frau erzählt. Wir Männer wissen ja: Erzähl deiner Frau wat von Durchbruch in der Wand, und du hast sechs Monate später ein neues Haus da stehen. Jot. Wusst ich noch nit.

Ming Frau säht: Es ist alles organisiert, morgen um sechs kommt der Bauunternehmer, dann kannst du dem alles sagen, und der macht das dann. Schön. Nächster Tag, 18 Uhr. Ming Frau is einkaufen, es klingelt. Ich jeh an die Tür, wer steht da? Der Bauunternehmer. Ich kann den wirklichen Namen ruhig sagen, dat tut dem nicht weh, der alte Häuser, Altbausanierung in der zweiten Generation, 140 Kilo und einen Schlüsselbund an dä Buzz mit Ochsenziemer: als tät ihm die halbe Stadt jehören. Ich drück dem also auf, und er kütt die Trepp erop, die Wohnung wor em Hochparterre. Ich will ihn schon hereinbitten, da bleibt er im Treppenhaus stehen und sagt:

»Nee, zementens, bevor ich jet anpacke, muss ich ierschtens luure, ob der Bau dat überhaupt hält.«

»Wie: Hält?!«

»Jo: Statik«, sagt er.

Ich kriege schon einen Riesenschreck. Statik, so viel war mir als Anfänger klar, bedeutet Geld. Die Summe hinter dem Dipl.-Ing. vor dem Namen ist bei denkmalgeschützten Altbauten gut für eine Null pro Buchstaben. War hier aber anders. Der alte Häuser stellt sich hin, zwei Meter vor der Wohnungstür, guckt die Treppe erauf, guckt die Trepp erav, luurt an de Deck und sagt dann:

»Dat hält!« Fertig.

Wie ich ungläubig schaue, sagt er noch:

»Nach zwei Generationen Altbausanierung riecht man, ob ein Bau hält.«

Da hatte ich schon mal paar zehntausend Mark gespart!

Jetzt gehen wir also in die Wohnung erein, und er nimmt im Wohnzimmer der Zollstock und fung an ze messe. Ich dachte immer noch: Es geht um die Tür – er misst aber die ganze Wand ab, dann hinten die Wand mit dem Fenster nohm Jaade erus und schließlich oben an der Decke. Ich denke mir, Anfänger der ich war: Jot, muss so sein, vielleicht will der noch die Dachrinne durch dat Wohnzimmer in dat Klo ableiten – kann ja sein. Er misst und schreibt, inzwischen hatten mir et bald sieben Uhr, und ich stund auf heißen Kohlen, weil ich zur Vorstellung musste. Also wollte ich das Verfahren abkürzen und sage:

»Jot, jetzt han Sie jo die ganzen Maße, wat Sie brauchen, dann können Sie mir dat ja faxen, ich muss jetzt weg.«

»Wat: faxen?«

»Jo wat dat kost.«

»Kostenvoranschlag?? Schriftlich???«

Ich ahnte, dass ich dabei war, einen ungeheuren Fehler zu begehen. Ich wusste immerhin schon so viel vom Rheinland, dass mir klar wurde: Zementens, mir sin em Rheinland, dat es wie Neapel. Also deeskaliere ich direkt und sage:

»Nee, Herr Häuser, dat brauche ich nicht schriftlich, um Jottes willen, ich muss nur ungefähr wissen, wo mir do landen, wenn mir do der Durchbruch machen. Ich muss jo der Sparkasse saren, wat die mir dafür bereitstellen müssen.«

»Ah so«, säht he, »Kostenvoranschlag.«

»Jo, aber nur so über den Daumen.«

»Jo«, sagt er, »Kostenvoranschlag.«

Und dann kam der rheinische Kostenvoranschlag. Er baut sich mit seinen 140 Kilo im Wohnzimmer auf, guckt sich um und brummelt dann vor sich hin:

»Also do muss die janze Wand erus, dat sin zwöllef Meter, do muss ich ene T-Träger ereinziehen, do bruchen ich mindstens fünnef Mann für und einer für die Tür opzehaale, dann kütt hinge die Wand erus für die Terrass nohm Jaade, do muss ich ei Jerüst opbaue, do bruchen ich vier Mann, für dat Jerüss für ze hale und einer, wat mem Bessem unge fegt, dat sich die Nohborschoff net beklagt, dann müsse mr do bovve an der Deck die Kernbohrung maache für die Trepp nohm Kinderzimmer, bruchen ich drei Mann für dä Bohrer für ze haale und einer für dat Kabel in die Steckdos ze däue … tja« – sagt er, und ich denke: Jetzt kommt eine Zahl. Es kam aber der rheinische Kostenvoranschlag: »Tja, *wat mag dat kosten!*«

Mehr war nicht aus ihm herauszukriegen. Ich konnte gucken, wie ich wollte – und ich kann gucken, dat kann ich Ihnen sagen! – aber – nix! Wie er dann sah, dass ich ob dieses Voranschlages doch etwas ratlos war, erbarmte er sich meiner und rang sich zur rheinischen Vertrauenszusage durch. Er legte mir eine Hand auf die Schulter und sagte: »Mir kumme schon parat!«

Und das war es dann: Wenn Sie sich auf diese Vertrauenszusage verlassen, sind Sie gut beraten. Et es wie Neapel. Wenn du das »Mir kumme schon parat« vernommen hast, dann kannst du dich in Neapel ins Taxi setzen oder im Rheinland eine Wohnung renovieren lassen – et es auf jeden Fall jot.

11. FALLROHR UND
SCHWIMMESTRICH

Derselbe aale Häuser, der Bauunternehmer, ist übrigens noch in anderer Hinsicht ein schönes Beispiel für rheinische Zuverlässigkeit. Die bereits erwähnte Mauer wurde herausgerissen, Träger kamen erein, und aus der Altbauwohnung war innerhalb von ein paar Monaten quasi ein neues Haus im Haus geworden. Wobei diese Entwicklungen zwangsläufig sind, sie sind ab einem gewissen Punkt gar nicht mehr individuvell steuerbar. Als nämlich die Wand abgerissen war, kam natürlich die Frage auf: Wo kommen jetzt die Elektroleitungen und die zwei Wasserleitungen hin? Von dem Fallrohr janz zu schweigen, wat do durch die Wand jeloofe es – wobei die noch mit Zetteln durch dat Haus jelaufen sind:

»Mir müssen an die Fallrohre, also drei Stunden bitte nicht der Klo benutzen.«

Wat wor? Die Keuenich, wat über uns jewohnt hat und immer so nach Schweiß jerochen hat, dat man am liebsten der Kammerjäger jehollt hätt, hat sich immer tierisch dodröwwer opjeräch, dat uns Töchterchen schon mal in et Treppenhaus jerufen hat:

»Frau Keuenich, en Paket es für Sie do! Deospray und Domestos für der Klo!«

Wo ich immer jesagt hab:

»Frau Keuenich, jetzt regen Sie sich doch nicht auf, dat sin Pänz, mein Jott, da muss man doch Verständnis haben.«

Und sie immer wat von Nachspiel und Jericht jesagt hat, jot: normal. Also die Keuenichs muss die janzen drei Stunden om Klo jesessen sein! Später hat sie wat von »Herr Beikircher! Dat tut mir aber Leid, ich hatt ewwer och die Drießerei, ich wor sterbenskrank und bis dä Aaz kohm, hatte mr Middaach!«

Jedenfalls: Mir hatten die janze Baustell esu jet von unger Wasser, quasi, un dä janze Driss jing in et Holz erein und dat alte Holz, dat saugt ja auf, also dat es unwahrscheinlich, jedenfalls: Der aale Häuser sagt dann:

»Nutzt nix, dä Boddem muss erus, do kippen mr ene Schwimmestrich dröwwer, fertig is die Laube. Und do könnt Ihr dann ene schöne Steinboden dropläje losse, han ich im Moment em Anjebot, wirklich: einmalig.«

Kurz und jot: Der Boden hammer eruskloppe losse, und jetzt sollte der Estrich erein. Jetzt wor dat jo en Altbau. Dat heißt: Der Boden sah so aus: alle 70 Zentimeter ein Holzbalken und dazwischen Lehm mit Stroh jemischt, fertig.

Sieben Uhr früh. Die Lück mem Estrich sin do und saren:

»Do könne mr keene Estrich dropklätsche, weil: Der Lehm und dat Stroh zwische denne Holzbalke do, dat hält nit, do lööf uns dä janze Estrich in der Keller.«

Wat jetzt? Ming Frau dä aale Häuser anjeroofe. Der kam auch und stund en hallev Stund später em Wohnzimmer. Beluurt sich dat janze Spill und stellt sich dann – ich sage nur: zwei Generationen Altbausanierung, da weiße Bescheid! – mit seinen 140 Kilo zwischen zwei

Holzbalken auf das Lehm-Stroh-Jemisch, schaut die beiden Maurer an und sagt:

»Dat sin ming Fööß! Dat sin maximal 15 Quadratzentimeter. Dat sin 140 Kilo Punktbelastung. Und? Stonn ich im Keller? Also bitte!«

12. WARTEN AUFS CHRISTKIND

Ein ganz normaler Heiligabend-Nachmittag. Sie schmückt die Tanne, er kramt im Flur im Kabäuschen.

»Sarens, Liebelein, wo hässe dann et Lametta?«

»Em schwazze Kattong, Liebchen.«

»He es ewwer keine schwazze Kattong, Liebelein.«

»Sicher es do ene schwazze Kattong! Dreck hingerm rude Koffer, Liebchen.«

»He es och keine rude Koffer, Liebelein.«

»Wie: He es keine rude Koffer? Dä rude Koffer wor immer do, dreck vür dem schwazze Kattong mem Lametta, Liebchen.«

»Ewwer he es keine Koffer un keine Kattong!«

»Dä Koffer wor ewwer immer do. Wo hässe dann dä Koffer hinjedon?«

»Ich han dä Koffer övverhaupts net anjepack. Meins du, ich jing an ding Saache? Dat han ich mir zick Johrzehnte at avjewennt!«

»Wat soll dat dann heißen?«

»Dat soll heiße, dat ich mich im Levve nit an ding Unordnung jewenne kann und dat ich deswäje die Fingere vun losse!«

»Un dat sähs du mir jetz? Noh 35 Johr? Do hät man sich avjeplag, do hät man e Levve lang opjeräump, do hät man für all ei Plätzche jeschaffe, domet du et schön häs, do schmück man sich am Baum die Finger wund, un dann esu jet …«

»He: Ming aal Schohn, die fottjeschmisse jehüre däte, un dreck dodrunger ei Kasten Kölsch, *es dat Ordnung?* Un donewwe die Kiss mem Heffpflaster, *es dat Ordnung?*«

»Esu sin die Männer: Dat Einzigste, wat sie künne, es: Froge stelle! Ewwer Antwort jewwe: Do kannse ei Levve lang drop waade! Weiß du, wat du mich langsam kanns? De Mai piefe, du jecken Doll. Un dä Baum kanns du dir och at selver schmücke. Ich jon noh ming Mutter!«

Paff! Dür zo. Jetz ei Schnäpsche, für sich ze beruhige, dann flück dä Baum jeschmück. Un wenn sie nohm Stündchen noh Hus kütt – it wor jet Huhwasser luure –:

»Do besse jo, Liebelein, dät mr Leid« und »Fröhliche Weihnachten, Liebchen« un e Büzzje. Normal!

13. WEIHNACHTSMARKT

Azvent! Weihnachtsmarkt! Duft von Glühwein, Kerzen und Tannenbaum. Silberhelle Kinderstimmen aus den Lautsprechern. Da wird einem so richtig weihnachtlich ums Herz. Hören wir uns doch einfach mal um:

»Nee, Marcel, jetz es et jot, du wors at dreimol om Karussellche, dat reicht – Minsch, Marieche, pass doch op, luurens do, dä janze Ketchup om Ärmel vun demm neue Pullöverchen – nee, Marcel, do kannse bidde un beddele, wie de wills, ich han kei Jeld mih für dat Drisskarusellche – Tach, Frau Keuenich, jaa, herrlich, ne, et es immer wieder schön he om ... – Marcel! Marcel! Kumm sofort bei dr Mamm, ewwer hallo, es et dann die Möglichkeit, klimmp dä Jung einfach op et Päd vun demm Karussell – Nee, Frau Keuenich, bruchen ich net, ich han jo noch dä aale Schmuck von ming Eldere, esu schön jitt et jo hück nit mieh – Mariechen! Bliev mir met dä Woosch von, ich han minge Mantel erst jestern us dä Reinigung – Marcel! Net do dranpacke! Dat es Jlas, dat jeiht ... Dä! Jetz hammer dä Driss! Wat es? 29 Mark? Dat bissje Jlas? Wie: mundjeblasen? Jo un? Han ich schönere ze Hus. – Minge Jung hät dat doch net mit Absicht, ich bitte Sie ... Nix! Von weje 29 Mark, keine Jrosche krieje Sie vun mir, wat müsse Sie dat Zeuch och esu wigg vürre hindrapeere, dat muss jo falle, hier: Ich han Zeuge – Frau Keuenich, han Sie dat jesin? – Nee, Marieche, du kriss kei Fritte mieh – Marcel, loss lieje! Um Jottes wille, jetz hät sich dä Jung en die Fingere jeschnigge. Dat sin Sie schuld, hier: Bloot. Kumm Liebe-

lein, brauchst nicht zu weinen, die Mama tut dir do zu
Hus e fein Pflästerchen drop, un dann es et jot ... 29
Mark! Ph! Die han sie jo nit mieh all he om Weihnachts-
maat ...«

Tja: Süßer die Glocken nie klingen!

14. RHEINISCH-DADA

Dass der Rheinländer gerne spricht – normal. Dass er
aber auch unglaublich hartnäckig sein kann, überrascht.
Wo er doch ansonsten in allen Lebensbereichen esuuu
flexibel ist! Und wenn sich das paart: Rededrang und
Hartnäckigkeit, dann kommt das Folgende heraus.

»Sarens, jestern han ich dä Dingens jetroffe, wie
hieß der nochens, dä Fuss us dä Maxstroß, du kenns dä
och ...«

»Wemm dann?«

»Dä med de fussije Hoor – us dä Maxstroß ...«

»Dä kenn ich net.«

»Sicher kenns du dä, dä Dingens, jetz sach doch
schon ...«

»Jo ich kenn dä ewwer net.«

»Doch, sicher, Herrjott wenn mir jetz nur dä Name
infalle dät, hier: dä Fuss do ...«

»Ich weiß net, wemm du dann meins.«

»Sicher weiß du dat, der wor jo immer met dem Dingens zesamme, och Jott, jetz loss mich doch net esu hänge, wie heiß dä dann ...«

»Jo ewwer ich saren jo: Ich kenn dä nit.«

»Doch kenns du dä, sicher, hier: dä Fuss ... us dä Maxstroß ... ich han et op dr Zung, dä immer esu komisch lööf, kumm, jetz sach doch jilich dä Name ...«

»Ich kenn dä nit.«

»Und obs du dä kenns, dä wor jestern noch, wor dä em Dingens ...«

»Wo dann?«

»Hinge, em Dingens, also dat mir jetz dä Name nit infalle will, jetz hilf mir doch ...«

»Jo ewwer ich weiß net, wemm du meins.«

»Doch, sicher, Herrjott, dä wor jo noch mit uns zesamme en dr Dingens domols, hier: dä Fuss, dä kleine, die Stinkdrüs do, sach doch ...«

»Kann ich ewwer nit.«

»Sicher kanns du dat, dat wor, wo mir noch esu jelaach han, hinge em Döppe, weiß du nit mieh?«

»Enee.«

»Jo es et dann ... Dat mööts du ewwer noch wisse, dat wor, wo Ding Frau noch jesat hät, jetz wör et ewwer Zick für noh Hus ze jon un mir ...«

»Ahso, du meins dä Fuss?«

»Jo sicher, dä Fuss!«

»Us dä Maxstroß?«

»Jenau – dä mein ich!«

»Dä kenn ich net!«

15. KRIEG IM NEANDERTAL

Wissen Sie, dass es immer noch einen heimlichen Krieg gibt zwischen Köln und Düsseldorf? Bonn mit dabei, klar! Dieser Tage musst ich nachts von Köln noh Düsseldorf. Nein, nicht wejen Spass, wejen Arbeit. Wer will schon wejen Spass noh Düsseldorf! Ich stieg in ein Taxi. »Die Adress kenn ich net«, sagte der Taxifahrer. »Ewwer kein Problem: Die Kollejen in Düsseldorf helfen mir sicher om Kanal 2 weiter, die tue ich dann anfunken.« Wir also los. Kurz vor Neuss meldet sich mein Fahrer bei den Düsseldorfern:

»Ich sin hie in Nüß Süd un muss do un do hin. Wo es dat dann?«

»Wo küst du dann her?«

»Us Kölle.«

»Dann passens op: fährse jetzt in Norf erunger und dann immer wigger jradus, dann besse do.«

Wir also herunter, immer geradeaus und stehen nach zehn Minuten in der Pampa.

»Nee«, sagt mein Fahrer, »hie kann et net sinn.«

Und fährt weitere zehn Minuten herum, um sich an einer Tankstelle zu erkundigen. Die lachen sich halb tot, weil: Wo wir hinwollten, war am anderen Ende von Düsseldorf. Mit einer halben Stunde Verspätung kommen wir schließlich an. Meine Entschuldigung: »Krieg der Städte« wurde akzeptiert. Nach meinem Auftritt musste ich wieder zurück nach Köln. Ich also wieder in et Taxi, diesmal ein Düsseldorfer Fahrer.

»Die Adress kenn ich net«, sagt der Fahrer. »Ewwer

kein Problem: Die Kollejen in Kölle helfen mir sicher
om Kanal 2 weiter, die tue ich dann anfunken.« Gesagt,
getan.

»Ich sin hie om Kreuz Köln Nord un muss do un dohin. Wo es dat dann?« Ich musste Richtung Zoo.

»Wo küst du dann her?«

»Us Düsseldorf.«

»Dann passens op: fährse immer wigger, und dann
am Zollstock links, dann besse do!«

Und wissen Sie, wo ich hinmusste? Nach Longerich!

Anmerkung für Westfalen Zollstock liegt im Süden
Kölns, Longerich ist einer der nördlichsten Ortsteile dieser wunderbaren Stadt, die sich einem nur erschließt,
wenn man offenen Herzens in ihr lebt und sich in ihr
treiben lässt, gleichsam schwerelos sich dem Lebensfluss
der Kölner anschließt, was natürlich nur kann, wer über
eine ähnliche mentale Leichtigkeit verfügt wie der
Rheinländer, eine Eigenschaft, die leider oder zum
Glück nicht jedem der deutschen Sprache Mächtigen
gegeben ...!

16. DER COMPUTER

Ich han ene Computer. Normal, ne. Un do sitzen ich dran un sin am schrieve. Un do es et av un an esu, dat dä Computer mät, wat hä will. Un do kriejen ich zevill. Un do froren ich dä Computer:

»Wat häs du dann? Wodrum klapp dat dann net?«

Un do sät dä Computer:

»Power error. Replace any key for shut up!«

Un dat verstonn ich net. Un do hätt ich jetzt en jroß Bitt an all die Soff-Määr Hersteller em Rheinland: Wie wör et dann mit enem kölschen Computer?! Ich dät die Firma »ZEMENTENS-Computer« nenne, domet schon em vürhinein klar es, dat dä Computer och sing Zick bruch.

Un wenn ich dä anstelle, es dat ierschte Bild: »Zementens, ich sin noch net parat!«

Un dann:

»Also dann, frog mich jet.«

Un dann don ich ihm jet injewwe, un dann sät hä:

»Och frog mich net!«

Un wenn ich et nochens versöken, sät hä:

»Do muss ich ens nohluure!«

Un wenn mir dat ze lang duurt, un ich all die Knöpp drücken, wat do sin, sät hä:

»Ich han keen Brill, do duurt dat länger, Herrjottnochens.«

Un wenn hä dann endlich parat es, sät hä:

»Also dann, do es dat Zeug. Un jetzt?«

Un wenn ich noch jet han, kütt:

»Nee, nee, zementens, eins nohm andern, ne, ich
kann och net mieh als wies arbigge!«

Un wenn ich jet ze lösche han, sät hä:

»Prima! Fott domet! Han ich jet mieh Platz hie en dr
Kiss!«

Un wenn ich jet, wat jelöscht es, söke will – man weiß
jo: Dat es dä Albtraum övverhaupts, wenn man ene
Computer hät: ene falsche Knopp jedröck un dat Zeug
es jelöscht! –, dann sät hä:

»Ich weiß net, wo dat es!«

Un wenn hä wiggersöke soll, strahlt hä:

»Ich weiß, wo dat es: Dat es fott!« (→ Art. 4 des
rheinischen Grundgesetzes)

Ich meine: wör doch jot, oder?!

17. ANNA, MING DROPPE!

Also
ich muss immer wieder saren:
Wat die Ärzte und überhaupts
die Akademiker, ne
also eigentlich die
die et besser wissen müssten
wat die sich immer wieder dranjeben
um irgendseene Quatsch ze verzappe

dat pass eijentlich op kei Kohhaut mieh
jetzt mal so jesehen, ne.
Hier:
Medekamenten Dingens, also
Tabelettenjewohnheit und esu
un dat dat schädlich wör
also
da muss man ja saren:
Die Menschheit hat Fortschritte jemacht
aber wie der Fortschritt auch läuft
et jeben immer wieder esu paar Besserwisser
die dann sagen:
Nein, halt, stopp!
Dat es alles jar net esu jot.
Ich meine:
Ich frare sie mal:
Wofür haben mir dann die Tabletten erfunden
wenn dat jetzt alles falsch sein soll?
Wenn ich nur mal dran denke:
Damals, ne
so vor 50.000 Jahren, ne
do sin mir ja auf den Bäumen jesessen,
war ja auch schön, ne
die Banane es einem dreck in der Mund ereinjewachsen
und dat all
aber irjendswann es man do runterjeklettert
und es hat sicher auch schon damals
irjend so einen Blödmann jejeben,
der dann jesagt hat:
Nee, dat wor kein Fortschritt und Dingens, ne

wat ene Quatsch, ne
irjendswann wären mir do jo erungerjefalle
wie Fallobst, ne
Wat meinen Sie
wie dat wiehjedon hätt
und domols jow et noch netens Aspirin, ne
Und der Mensch hat ja dann
über Feuer und Rad ebends auch
im Laufe der Zeit die kleinen Tabeletten erfunden
damit es nicht mehr wehtut
also der Fortschritt und dat all, ne
Und inzwischen ist der Mensch ebends so weit
dat et für alles eben Tabeletten, Spritzen un Droppe
und esu gibt
Ich meine: Dat es doch schön!
Man ist ja heute inzwischen esu weit
dat man ohne die Tabeletten un Droppe
wie soll ich saren
nix mehr quasi, ne
wie soll ich saren:
Früher, ne
da is der Mensch einfach ömjefalle
duut, aus und fertig, ne
Heute kriegt er paar Tabeletten
und ab jeiht die Poss, ne
Dat is quasi wie Benzin, ne
weil:
Wie damals der Schöpfer den Menschen
jetzt quasi erfunden hat, ne
da gabs ja noch nix –

und dann hat sich der Mensch
jetzt Schritt für Schritt quasi
weiterentwickelt, ne,
wurde immer komplizierter
vom Pääd in et Auto
vom Einbaum in die Rakete nohm Mond, ne
hat dann Bomben erfunden,
damit dat schneller geht als mit einem Speer
außerdem kann man ja dann
ebends mehrere auf einmal …, ne
Is jo auch Fortschritt, ne
weg von dem, wie soll ich saren
vorsintflutlichen Mann-gegen-Mann-Konzept
Sch-meine: Für all dat Neue war der Mensch
ursprünglich gar nicht für gebaut, ne
Ewwer domet er jetzt all dat Neue verträgt
hat der Mensch dann die Tabeletten erfunden.
Dann jeht dat wieder, ne
Und in dem Moment is ja dann auch klar
dat der Mensch diese Tabeletten braucht, ne
Also quasi täglich
weil, wer weiß:
Er tät sonst vielleicht tot umfallen
oder vom Baum wie Fallobst, ne
quasi, ne
Also hier z. B.
um nur ein paar zu nennen, ne:
Diabolika für höher springen und schneller laufen
Antiandrogene für den neuen Softie und
Aphrodisiaka, damit er wieder kann

Energie-Pillen, damit er fliegt
Beta-Blocker, damit er aber nicht abhebt
Schlofmittel, damit er die lange Flugzeit überschläft
Schmerzmittel, damit die Landung nicht wehtut
Beruhigungspillen, damit er dem Piloten vertraut
Schilddrüsenbremser, damit ihm net die Augen aus dem
Kopf fallen
Westfale muss man geboren sein –
kann man nicht werden, ne! –
Halluzinogene, damit er, falls er nicht fliegt,
zumindest denkt, er tät fliegen
Antidepressiva, damit er nicht traurig ist, wenn er merkt,
dass er nur jedacht hat, er tät fliegen,
in Wirklichkeit aber gar nicht geflogen ist
Anästhetika, also Narkosepillen, damit er nicht merkt,
dass er im Sarg liegt
und vielleicht Ästhetika, damit er sich den Sarg schöner
sieht –
und da kommen die Ärzte daher und sagen
dat wör all schlecht?
Ich bitte Sie
dat kann man doch net machen:
Dem Kind erst der Schnuller jeben
und dann sagen:
Du darfst aber nur jeden zweiten Mittwoch
im Jahr einmal dran lutschen
Der Fehler nämlich
der die Antipillenprediger machen
is der:
Sie tuen denken,

dat man Tabeletten un Droppe nur nehmen darf
wenn man krank es
für wieder gesund, ne
Nee! Dat is völlig falsch!
Tabeletten braucht der Mensch
um überhaupts leben zu können
dat is et nämlich.
Der Arzt tut heutzutare
quasi Leben verschreiben,
wenn er verschreibt, ne
Außerdem:
Der Stress in der Praxis
hält der Arzt ja auch nur aus
weil er zwischendurch
mal an der Schrank gehen kann, ne
Entweder die kleinen roten Pillen
oder ebends dat klassische Aufbaumittel von Dujardeng
oder ebends Remy Marteng
Ich sare immer:
Wer die Welt einteilt
in Heiler und Patienten
muss sich nicht wundern
wenn er nur noch Kranke sieht, ne
Also dann:
Wo sin ming Tabelette?!!! Anna, ming Droppe!!!

18. TÜNNES, SCHÄÄL
UND HARRY HEINE

Heinrich Heine gilt den Literaturwissenschaftlern als der Erfinder der Heine'schen Ironie. Ja, welcher denn auch sonst! In Wirklichkeit ist es aber so, dass Heinrich Heine nicht etwa eine eigene Art von Humor erfunden hätte, er hat lediglich den klassischen rheinischen Humor in Verse gefasst. Nichts liegt dem Rheinländer ferner als falsche Romantik. Er hat ein feines Ohr für falsche Töne.

Beispiel Tünnes un Schääl stehen auf der Deutzer Brücke und starren auf den Rhein. Da sagt Tünnes:
»Och Schääl, ich dräumen. Ich dräumen: do unge wör ei Schiff, un op demm Schiff wör ei Kiss, un in dä Kiss sinn lauter Diamante un Jold und Silber, un ich dät eravspringe op dat Schiff, un dä janze Schatz wör ming, un ich hätt ming Levve lang kei Lass mieh!«
»Jo?« sät dä Schääl, »ei Schiff? Wo dann?«
»Do unge.«
»Un ei Kiss met Diamante?«
»Jo.«
»Hürens Tünn, wenn du minge Früngk bes: Kumm, jevv mr doch ei paar Diamante!«
»Du Jeck: Dräum dr doch selver en Kiss met Diamante!«

So ist er, der rheinische Humor: Im letzten Satz, in der Pointe gnadenlos realistisch und wunderbar.

Ebenso bei Heinrich Heine – und das ist das Rheinische an ihm:

»Das Fräulein stand am Meere
und seufzte lang und bang
es rührte sie so sehre
der Sonnenuntergang.

Mein Fräulein! Sei'n Sie munter
das ist ein altes Stück
hier vorne geht sie unter
und kehrt von hinten zurück.

Übung Die zweite Strophe mit rheinischer Betonung lesen. Dann dagegen die erste Strophe!

19. RHEINISCHE KULTURPOLITIK

Also komisch ist es schon mit unseren Städten, ihren kulturellen Institutionen und ihrer Kulturpolitik: Alles soll schön sein und groß sein und alle Welt in Staunen versetzen. Und da wurde und wird dann gebaut und gemacht und getan: Theaterhäuser, Opernhäuser, Orchestergräben, Museen mit und ohne Schokolade und Streifenkarten im Verkehrsverbund. Und dafür braucht man ja auch Menschen: mit und ohne Mützchen, mit und ohne Stimme, welche, die was zu sagen haben, und welche, die nix zu sagen haben, solche, die nix sagen sollten, und solche, die immer das Maul aufreißen. Und da ganz oben drüber braucht es dann noch einen Menschen, der das jeweils Schöne und Große und Staunenswerte gestaltet, in Schwung hält und für alles geradestehen muss. Wenn et wat jeworden is. Aber, un jetzt kütt et: Immer, wenn et wat jeworden es, wor et keine von he! Und dieser Satz gilt nicht nur in Köln. Er gilt überall im Rheinland.

Warum das so ist? Also: Da wird quer durch die politischen und Verwaltungsinstanzen geplant, entschieden, verworfen, wieder geplant, neu entschieden oder besser: überhaupt nicht entschieden, weil man ja erst mal gucken muss. Und dann stellt sich die Frage: Jo, wer soll dat dann eijentlich machen? Die Headhunter werden ausgeschickt, um geeignete Kandidaten für dieses Schöne und Große und Staunenswerte zu finden. Und endlich gibt es auch eine mehr oder weniger große Liste mit mehr oder weniger berühmten Namen. Nur: Alle sind sie von auswärts. Und dann heißt es: Quatsch! Mir bruche keine Fremde, mir han he Lück jenug, wat dat künne.

Aber dann ist es doch immer wieder so, dass es heißt: Lommer doch leever eine Fremde nemme, weil:

1. Dä kennt he keiner esu jenau, so dat mr, wenn jet anders läuft als wies jeplant, sare kann: Dat konnt ja kei Minsch ahne! Oder: Jo, wenn mr *dat* jewusst hätte!

2. föhlt mr sich einem Fremden jäjenövver och net esu verpflichtet wies zum Beispiel einem vun he, wat mr schon von klein an kennt. Un eine Fremde kann mr och

schneller wieder erusschmieße! Dahinwojejen bei einem vun he immer dat Entsorgungsproblem es.

3. kann mr eine Fremde och besser betuppe, weil: Dä kennt uns jo och nit esu jenau! Do kann mr gucke, ob mr nit noch esu ei paar aale Tricks us dä Mottekiss aktiveere kann für dä für op et Kreuz ze läje!

4. fällt he op die Nas, kann mr sage: Dä wor nit von he. Hät he Erfolg, wor he immer schon einer von uns. Esu einfach es dat.

Nun esset jo esu: Wenn da einer ein so wichtiges Amt bekommt, muss man auch über Konzepte reden.

Und do es jetzt esu eine Kandidat am schrieve un am schrieve, eine Seite nach der anderen, um schöne kulturpolitische Konzepte vorstellen zu können.

Die kulturpolitischen Konzepte von rheinischen Städten aber, insbesondere von Köln, sind sehr knapp und prägnant. Da wird der Ausgeguckte einbestellt – aber erst, wenn er schon fest eingestellt ist, nit dat he em letzte Moment avspringk! –, und sowie er im Laufe des Gesprächs die Frage stellt, was denn die Stadt konkret von ihm erwarte, wird ihm feierlich gesagt: »Musse gucke!«

So frei sind hier die Künste!

Damit aber nicht genug, denn der Hauptanteil der Zusammenarbeit zwischen einer Stadt und dem neuen Mann beginnt jetzt. Und auch hier ist das Konzept der Zusammenarbeit zwischen einer Stadt – jetzt nit nur als Stadtverwaltung, sondern övverhaupts als Minsche en dä Stadt – und einem Kulturmacher einfach und effektiv (da stecken ja Jahrhunderte an Erfahrung dahinter):

Wenn der Erfolg bleiben soll, muss man den, der erfolgreich zu werden verspricht, gründlich prüfen. Das heißt: Man muss ihm schön sorgfältig einen Stein nach dem anderen in den Weg legen. Packt er's: jot! Packt er's nicht: Sühste, ich hab et jo immer schon jesat!

Esu einfach es dat em Rheinland!

20. DER RHEINLÄNDER
IM BUCHLADEN

Man könnte nicht sagen, dass der Rheinländer Büchernarr wäre. Dennoch käuft er sich schon mal so ein Teil. Ich hab mich mal in der Laden ereinjestellt, um zu gucken, wie das rheinische Büchergeschäft so abläuft. Hier einige Originalzitate (alles Sätze, die genau so gefallen sind!).

Fangen wir vorne an, da, wo der Kunde der Laden betritt. Seine Wünsche sind vielfältiger Art. Das geht von Kurzwaren:

»Wo sind bitte die Goldmann-Taschentücher?«

über den täglichen Bedarf:

»Ist hier die Tagebuch-Abteilung?«

bis hin zu Hehlerware:

»Wo haben Sie denn hier die Raubdrucke stehen?«

Oft sind die Wünsche des Kunden weitab von einer kaufmännischen Sicht der Dinge:

»Kann ich Videokassetten auch zur Ansicht bestellen?«

Oft aber auch präzise, klar und nicht erfüllbar:

»Guten Tag, haben Sie Fäden?«

»Bitte?«

»Fäden, verstehen Sie, Fäden!«

»Nein, nur Bücher!«

»Danke, Wiedersehen!«

Normal!

Manchmal ist in der Frage auch ein neues Literatur-
Konzept enthalten, das überdenkenswert scheint:

»Ich suche Gedichte, so ’ne Anthologie, aber keine Ly-
rik«

dicht gefolgt von der Gegenposition:

»Wo haben Sie Gedichtbände – so lyrische?«

In dieser Abteilung sind denn auch die Autoren anders sortiert:

»Wo steht denn Fontane? Unter T?«

und:

»Herder, Piper, Fischer … wo sind denn die anderen
Autoren?«

Manchmal ist er ratlos. Da steht er im Laden, er will
ein Buch abholen, weiß aber nicht, wo, er schaut sich
verzweifelt um und fragt: »Können Sie mir sagen, wo
ich mich hinrichten kann?«

Dagegen sind manche Wünsche von Kunden sehr ver-
ständlich. Und das gleich aus doppelter Sicht: aus litera-
rischer *und* kaufmännischer:

»Ich wollte dieses Buch umbringen!«

Nun ist er also drin im Laden, nehmen wir mal an: Er hat sogar die richtige Abteilung gefunden und versucht, dem Buchhändler klar zu machen, was er sucht. Wir wissen: Dieses ist ein schwieriges Feld. Die Frankfurter Buchmesse schüttet uns jährlich mit zehntausenden von neuen Titeln und Autoren zu, Funk, Fernsehen und Presse verstärken die Verwirrung, und das Literarische Quartett ist auch nicht immer *der* Wegweiser.

Es geht ihm also einiges durcheinander im literaturbenebelten Hirn. Und heraus kommt dann eine Mixtur, die göttlich zu nennen eine Untertreibung wäre.

Da war einer im Kino, z. B. in »Der sich den Wolf tanzt«, und was will er haben? Natürlich

»Den Steppwolf von Hesse«.

Ein Autonarr sagt:

»Ich hätte gern den Fiesta vom Hemingway«,

ein Asket sucht

»Der Mann ohne Ansprüche von Musil«

und ein Karnevalsmuffel von

»Mitscherlich: Die Unfähigkeit zu feiern«.

In einer Zeit, in der eh alles irjendswie miteinander zusammenhängt, völlig in Ordnung.

Und dass einem im Zeitalter der Abkürzungen und Organisationen manchmal was durcheinander gerät, wer mag da richten?

»Ich suche von Lessing: Nato der Weise«

oder

»Unesco: Die Stühle!«

Oft aber ist es so, dass die Bücher offensichtlich in den falschen Abteilungen herumstehen.

In die Abteilung: Ratgeber Geld gehört ein Werk wie:

»Ich suche von Theodor Storm: Der Schimmelpfennig.«

Zur Science-Fiction:

»Caesar: Bellum galacticum«.

In die Reiseabteilung:

»Goethe: Iphigenie im Taunus«. Ich meine: Jot, hä wor jo us Frankfurt, ne, es sei denn, dass sich dahinter doch eher ein Bildband über den alten Ford Taunus …

In die Art-déco-Abteilung gehört, wer von

»Dante: Die göttliche Kommode« sucht.

Wo aber steht von

»Bert Brecht: Mutter Teresa«?

Oder:

»Molières Eingebildeter Franke«?

In diesen Zusammenhang, also zur Literatur für den kleinen heimlichen Tisch in der Porno-Nische, gehören auch Werke wie:

»Mahmoody: Ohne meine Mutter geht es nicht«

und das geniale, das Lebenswerk einer Autorin absolut auf den Punkt bringende:

»Ich suche von Anaïs Nin: Die verbogenen Früchte«!

Zum Glück gibt es da noch die Reise-, Atlanten- und Geographie-Abteilung. Sie ist gut für Bestseller wie:

»Ich hätte gern nen Globus – aber nur von Europa!«

Oder, etwas weltläufiger:

»Ich brauche eine Weltkarte auf der hauptsächlich die asiatischen Länder sind.«

Die entrüstete Frage:

»Haben Sie denn keinen Stadtplan vom Siebenge-
birge?«

ist eine Kartätsche von ähnlicher Durchschlagskraft
wie der Kunde, der aus der Terra-X-Serie »Von Atlantis
bis zum Dach der Welt« sucht, und das in die Worte
kleidet:

»Bitte einmal von Atlanta bis zum Drachenfels!«

So isser, der Rheinländer, und fragt noch nicht mal
nach der Rückfahrkarte!

21. KITEKAT & CO.

Mir passiert es meistens beim Essen.

Der Lachs ist auf der Gabel, der Mund schon halb geöffnet, da: »Mensch! Klar!« explodiert die große Erkenntnis in meinem Kopf. Der Lachs platscht in die
Soße, egal, es geht um Wichtigeres. Mein Blick wird gla-
sig, meine Frau kennt das schon und isst seelenruhig
weiter, die Kinder kommentieren meinen Ausbruch
mit: »Das legt sich wieder!«

Ich aber bin ganz aufgeregt. Warum habe ich bisher
nie gesehen, was so klar auf der Hand liegt? Whiskas,
Kitekat, Sheba – was hab ich mich jahrelang über die
Werbung für diese Produkte aufgeregt! Drei-Sterne-Fast-
Food für miauende Samtpfötchen! Als wäre jede verhät-

schelte Kissen-Diva ein kleiner Gaumen-Paganini und jeder abgerissene Kater Karlo ein Bonsai-Siebeck. Der bundesdeutsche Schnurribald weiß ja gar nicht mehr, was Mäuse sind. Gut, die trippeln auch nicht mit dem Petersilienzweig im Schnäuzchen herum, der so appetitanregend das Sheba-Amusegeule verziert.

Plötzlich aber – und wie immer: mitten im Essen – sehe ich klar vor mir, wie das alles zusammenhängt. Es geht gar nicht um Katzen, es geht um uns! Die Werbespots sind verschlüsselte Infos für eine immer größer werdende Gruppe von Bundesbürgern, denen das Gute im Einfachen, das Teure im Billigen schmackhaft gemacht werden soll. Gut 12 Millionen sind älter als 65 Jahre, davon leben ca. 2,5 Millionen in Haushalten mit einem Monatseinkommen von 1000 Mark und weniger – und genau um die geht es. Wie war es denn bisher? Verschämt drückten sich die existenzminimierten alten Menschen um die Fleischtheke und ließen die zittrigen Augen über die unerschwinglichen Genüsse schweifen. Dann schlichen sie an das Regal vor der Kasse – jede Stadt, nicht nur im Rheinland, hat in den entsprechenden Vierteln Läden, wo das Katzenfutter unmittelbar vor der Kasse steht – und erstanden heimlich das Döschen Whiskas, für das man nicht mal Butter braucht, wenn es in der Pfanne schön brutzeln soll, als Fleischersatz.

Jetzt aber ist Schluss mit dieser Heimlichtuerei! Die Fressnäpfchenfüller haben einen neuen Markt entdeckt, den sie konsequent aufbereiten – und dafür sollten wir ihnen dankbar sein. Ist das Katzendöschen erst mal michelinfähig, kann es auch der ärmste Rentner erhobenen

Hauptes kaufen. Für mehr oder weniger eine Mark (*eine Mark*!) brauchst du auf keinen Genuss mehr zu verzichten. Hase, Forelle, Leber, Gans – alles ist erreichbar. Dose in die Pfanne, Maggi drauf (um den Baldriangeschmack etwas zu übertünchen) und auf den Teller damit. Natürlich mit dem obligaten Petersilienzweiglein. Ist das nicht wunderbar? Wo der Staat versagt, springt die Industrie ein. Der alte Mensch soll nicht leben wie ein Hund, und wenn er nur eine Mark ausgeben kann, dann bekommt er seine drei Sterne eben auf dem Katzentischchen serviert! Was in den Döschen ist, braucht man auch nicht mehr zu beißen, das zergeht einem förmlich auf der Zunge. Selbst daran haben unsere Altenfreunde, die Hersteller, gedacht. Na bitte! Und die teuren Brillengestelle auf Kosten unserer überlasteten Krankenkassen – »Mein Gott, Omi, das ist schon die dritte Brille in dieser Woche, die du kaputtgesessen hast!« – sind auch hinfällig, denn die Nase reicht allemal, um das zu finden, was auf dem Teller ist.

Jetzt wünsche ich mir nur noch, dass sich Profis wie Siebeck und Bocuse Gedanken machen, wie man ähnlich preiswert die Döschen verfeinern kann. Vielleicht doch einen Hauch Doppelherz als *finish* über das Ganze zerstäuben? Gut kommt sicher auch ein Klecks *geriatric pharmaton* an der Ente, das hat so eine Ahnung von Ersatzhonig. Den Teller dann schön auf dem monatlichen Rentenbescheid abstellen (das Auge isst ja mit, gell!), dann ist der Genuss perfekt. Dank euch, Whiskas, Sheba, Kitekat und wen es sonst noch auf diesem Markt gibt – danke! Jetzt habe ich keine Angst mehr vor dem Alter,

vor einem vergessenen Leben in einem billigen Bretter-
verschlag in einem Kölner Mietskeller, jetzt freue ich
mich richtig darauf!

22. DER FIESE RHEINLÄNDER

Ach, da muss ich aber arg Luft holen. Ja, natürlich, den
gibt es auch, den fiesen Rheinländer, willse machen. Das
ist der Rheinländer, der immer wieder als Beispiel für
alle aus der Kiste gezogen wird, der Schluzi, der nur auf
seinen eigenen Vorteil bedacht ist, der Rosstäuscher,
der sich und anderen ewig was vormacht, um nicht
erkennen zu lassen, dass sein Gesicht eine Fratze ist, der
scheinbar Leutselige, dessen größtes Glück es ist, auf
Kosten anderer Leute selig zu werden. Er steht wie du
und ich am Tresen, und man muss ihm schon genau zuhören, wenn man sein wahres Ich entdecken will. Er
lacht gerne, wenn auch meist auf Kosten anderer …

Beispiel »Wenn man esu bedenk,
wat der Minsch all imstand es
zu tuen
oder
zu lassen
also dat is immer wieder erstaunlich, ne.

Hier:
om Mond fliejen, ne
oder ebends: dat nicht zu tuen
also, wie soll ich saren:
Wenn jetzt einer zu mir köhm un dät sare:
Du kanns morje nohm Mond
wör beides schwer:
Es zu tuen oder es zu lassen, weil:
Ich wüsst dann in dem Moment jar net esu jenau …
und wenn man dat jetzt emol weiterdenkt
tun und *lassen*
also do weiß man manchmol net mieh
ein und aus, ne.
Dieser Tare zum Beispiel
hab ich jelesen
mit dem Sellevsmord, ne
also die Statistik, ne
un dat dat also am wenigsten im Rheinland
un am meisten im Norden
wo ebends mehr Protestanten
als wies normal Gläubige, ne.
Ich meine:
Dat fällt ja sicher keinem leicht,
jetzt also dat Leben
und obendrein dat eijene, ne
einfach abzublasen, ne.
Sch-meine: is ja ein großer Schritt, ne
un do frägt man sich jo:
Wie kohm dat dann eijentlich, ne?
Hier:

beim Jupp von uns Stroß
domols
ich meine: Klar, der hatte keine Schangse, ne
und dat dieser Mann jetzt do
quasi
zum Äußersten jegriffen hätt:
normal
Hat man ja Verständnis für:
Vater unbekannt, Mutter e Rievkoochebood
hä johrelang en dr Blech wejen kläue
un dat all
mit dem hatte man ja jahrelang
kein Wort mehr jewechselt
in uns Stroß, ne
normal
Also dat der dann irjendswann sagt:
Tut mir Leid, ohne mich
jot
in dem Fall
obwohl
et hät jo och beim Jupp
Momente jejowwe
wo et schön wor:
Hier: beim Straßenfest domols zum Beispiel
hät dä Jupp eene nohm andere usjejowwe
musste man dem natürlich zuprosten
normal, ne.
War nicht leicht
vor aller Augen esu jemandem zuzeproste
ewwer ejal

hat man einfach jemacht, ne.
Aber wie der dann sternharelsvoll
newwe dä Wööschtschebood
in der Mülleimer jefalle es
und mir dä dann erusjetrocke
Senf und Curry un dat all
wat haben mir do jelaach, ne.
Sch-meine:
Dat sin jo Momente im Leben
do erzählt man sich ja jahrelang von
und wie dann die Rede wor
dat dä Jupp dem Beueler Mädche do e Kingk
aanjedrieht,
sch-meine: Da hat man dann schon mal dat ein
oder andere aufmunternde Wort
für dä Jupp parat jehatt, ne:
Tja Jupp, musse gucken, ne
Pänz koste Jeld, hehe
und dä wusst nit mih in un us, ne.
Sch-meine: Er hatt jo och nix an die Fööß
ewwer och jar nix, ne
dat do dann schon mal die Verzweiflung
Herr über einen wird
normal, ne.
Ewwer sich deshalb gleich dat Leben nehmen
also ich weiß et net
aber so is der Mensch ebends:
Der eine nimmt sein Schicksal auf sich
der andere wirft et weg, ne
un do jetzt der Protestant ebends

leichter als wies der Katholik, weil:
Dä Protestant muss ja alles alleine traren,
wo unsereins mal kurz in der Beichtstuhl ereinschaut
un dä Fall hätt sich, ne.
Aberöm: Komisch bleibt et trotzdemm:
Dat der eine ebends wat tut, ne
und der andere genau datselbe lässt
also sich zum Beispiel dat Leben nehmen, ne
aber ich sare immer:
Et es wie't es
willse machen, ne.«

Clown fotografiert

Zwerge werden fotografiert

Raum für eigene Notizen

V. GRUNDLAGEN DER FREIZEITGESTALTUNG

1. DER RHEINLÄNDER UND
DIE FEIERTAGE

»Also
wenn man esu bedenk:
Feiertage
es jo eijentlich komisch
Sch-meine: Do sollte man jo eijentlich feiern
heißen ja: Feier-Tage
feiern dät ewwer keine, ne.
Nur: Nicht arbeiten
dat dät jeder
Aberöm: Isset schon feiern
wenn man nicht arbeitet?
Ich weiß et net.
Außerdem:
Wenn an enem Feiertag
überhaupts keine mih am arbigge wör
jetz mal janz avjesehen dodevon,
ob die fiere oder net,
wenn also jar keine mih am arbigge wör
dat wör jo dä *Zusammenbruch* schlechthin, ne.
Hier:

die Poss, et Krankehuus,
obwohl:
Bei den beiden wör et net esu schlimm, ne,
Weil:
jetzt mal anjenommen:
Et stirbt einer an einem Feiertag
em Krankehuus, ne
also ob man do jetzt
eine Daach früher oder später jewahr weed
dat do eener avjenippelt hät
es jo amfürsich ejal, ne
jetzt mal so jesehen.
Nur:
Em ›Kahle Büjeliese‹
wat ming Stammweetschaff es
do wör jo dann och at keine mih am arbigge
Also: am zappe, ne
die hätten jo dann och at zo
wie hier: die Firma Dingens, ne,
wo man immer sagt:
Dingens & Co.
morjens jeschlossen, nohmiddaachs zo!
Sch-meine:
Dat wör jo en Katastroph, ne!
Weil:
Ich bräucht dann zwar
am Feiertag net ze arbigge
ewwer: Ich könnt
noch netens fiere
dat ich net arbigge muss!

Un zu Hus
do mät dat Drinke
äh, dat Fiere
keine Spass, quasi
obwohl:
Dat es im Jrunde jo och komisch, ne
wenn man dat jetz emol
konsequent zu Ende denk:
Also dat mit dem Drinke un Fiere
un dat dat quasi eins es, ne
Also do wör jo jetzt
der höchste Fierdaach der
der man am mihtste ›fiere‹ dät, ne
logo
wenn man ihn ewwer esu intenseev fiere dät
dann dät man vun demm Fierdaach
övverhaupts nüß mieh jewahr weede
von wejen Heidewitzka un esu, ne
un do wör natürlich die Frage
obs dat jetz och im Sinne des Erfinders es
quasi
also mal rein theoretisch, ne
hehe
Und do es jo noch jet:
Feiertare, ne
es jo jet Festes em Kalender
Sch-meine:
Do kann man sich jo schon wochenlang
vorher
drop freue

dat dä Fierdaach kütt,
von demm man später weiß,
dat man von demm nüß mieh weiß, ne, hehe
Jot
hat man mindstens vorher wat jehabt davon
un dat weiß man ja
im Zweifelsfall schon Jahre im Vorhinein
dat ebends dann und dann der Feiertag es
oder wor, ne
und do schaffen die Armleuchter
plötzlich dä 17. Juni av
Mir nix dir nix
Einen Feiertag!
Ein Verbrechen es dat!
Ich meine: Jot,
Tag der deutschen Einheit
wor mir amfürsich ejal, ne
Aber et wor doch immerhin ene Feiertag!
Hätten die jo umwidmen können:
›Tag der deutschen Reinheit‹
meinshalben
als Bollwerk jejen dat beljische Kunsbier
wo man nur Kopping von kritt.
Dat wör et doch jewesen:
›Tag der deutschen Reinheit‹
mit Zwangsbesuch deutscher Brauereien
meinshalben.
Wör jo och pädadingens wertvoll
damit die Pänz sin künne
wat dat für wertvoll Zeug es

wat man sich do
Ovend für Ovend
in der Schädel ereinkipp
es jo quasi reine Natur, ne
Also wenn Sie mich frore:
Für mich es un bliev
dä 17. Juni
ene Feiertag
aber hallo!
Un övverhaupts:
Wo Sie jrad sare: ›Feiertage‹
Es jo suwiesu e Kapitel für sich
Hier:
3. Oktober es esu ene Fall!
Wissen Sie
wat dat für e Daach es?
Ja sicher
Wiedervereinijung
ewwer dat mein ich net.
3. Oktober:
do sin die hillije Bröder Ewaldi für zuständig.
Wer dat wor?
Hier:
Dat woren zwei Bröder
dä een schwazze Hoor
dä andere wieße Hoor
die sin domols irjendswie
quasi övver die Muur
noh Sachsen
für um die Heiden do hinge

en dr normale Jlauben ereinzutaufen
Quasi esu en Art Wiedervereinijung em Jlauben
wat jo dann später dä Luther
alles mem Aasch ömjeschmisse hätt.
Jedenfalls:
die zwei Ewaldi erein noh Sachsen.
Jetz wor dä Sachse ewwer domols
janz fies drop:
Dä wollt dat net.
Ich meine:
Wenn die Sachse domols jewusst hätte
wat all em Lauf der Jeschichte
op sie zokütt –
ich jläuwen:
Esu vill Wasser für ze däufe
hätten die niemols jefunge.
Ewwer: willse mache.
Also dä Sachse wollt sich dat net
jefalle losse
flück paar Keulen jeschnitz
un wat wor:
Paff! denne Ewaldi-Bröder
övver dä Kopp jehaue –
woren die feedich.
Un wat dann üvverich wor
vun denne zwei Bröder
es dann noh Kölle jekumme
nohm St. Kunibert.
Un do sollen mir dä 3. Oktober
ens fiere als wies wenns nix jewäs wör?!

Ich weiß et net!
Jetz es et ewwer andererseits esu
dat dä Bayer immer noch
zwei, drei Fierdaach mieh hät
als wies mir.
Ich meine:
Dat kann man sich net jefalle losse!
Un wenn schon ene Mord
ich bitte Sie: *ein Mord*!!
an denne zwei Ewaldi-Bröder jot es
für ene National-Fierdaach
do könnt ich
och met jet opwaade.
Hier:
10. Oktober:
St. Gereon bezahlt die Erfindung des Bierdeckels
mit singem Levve
21. Oktober:
St. Ursula jründet die wieße Flotte
naves ubiorum – neandertalenses
dä Köln-Düsseldorfer
dat rein feministische Ungernehmen
Immerhin:
11.000 Jungfrauen als Mitarbeiterinnen
scheitert ewwer an der männlichen Konkurrenz:
dem Müllemer Böötchen.
14. Oktober:
Et Ajrippina jeiht vun Kölle noh Rom
un führt do dä Rusemondaachszoch ein
met Pechfackeln un allem Pipapo

un dä Nero
demm Ajrippina ihr Jung
es Karnevalsprinz.
7. Dezember:
40 Millionen Johr Kölner Bucht
eijenhändig usjebaggert vum Antwerpes
domols Präsident vum Karnevalsverein:
›De jecke Neandertaler‹ –
Un dat wören
wie jesacht
us dä Lamäng
vier Daach
wo man fiere künnt.
Ich meine:
Fierdaach es Fierdaach
un wenn do von do bovve
dä Rejierung ze winnich für jedon weed
muss man sich ebends sellver helfe
Pross!«

    Übung Alle Feiertage in der Familie, en dr Stroß, em Veedel, en dr Stadt, in der Region, im Land, in der Welt aufschreiben und – einhalten!

2. E KRÄTZCHE VUN WEIHNACHTE

Weihnachten! Heiliger Abend! Un dat all. Herrlich, ne! Aber: Wat es met denne, die dat Pech han, usjerechnet op dä 24. Dezember ihre eijene Jebootsdaach fiere ze müsse? Allzu oft jeiht dat in dem janzen In- un Uspackrausch unger.

Ich kannte einen, der dieses Dilemma rheinisch-verschmitzt gelöst hat. Er war Hornist in einem großen klassischen Orchester im Rheinland. Ein Mensch, der wegen seines Witzes und seiner Warmherzigkeit bei den Kolleginnen und Kollegen sehr beliebt war. Er lud Jahr für Jahr seine Freunde gegen Mittag am Heiligen Abend zu einem »kleinen Geburtstagsumtrunk« ein. Und weil er so beliebt war, wollte ihm keiner einen Korb geben. Nun tischte er aber ein Buffet auf, dass sich der Tisch bog, reichte erlesene Getränke und schon mal ein Kölsch dazwischen, sprühte vor Humor und Anekdoten und zauberte eine Atmosphäre, dass jeder darüber die Zeit vollkommen vergaß. Gegen sechs Uhr klingelte das Telefon: Die ersten besorgten Ehefrauen klagten ihre Männer ein.

»Kumm, noch e Kölsch für dä Weg«, »Op eenem Been kann mer net stonn«, »Esu jung kumme mer nit mieh zesamme« und »Noch eene für dä Baum für ze lösche« un esu wigger. Ergebnis: Jahr für Jahr verließen die Freunde hochbeschwingt seine Geburtstagsfeier, um auf leichten Flügeln zu Hause zur Bescherung einzusegeln. Und man kunnt ihm noch net ens die Krätz an der Hals wünsche, weil: Et wor jo singe Jebootsdaach! So hatte er alles erreicht, was er wollte: Er hatte einen schönen Geburtstag. Weil: Dat keener esu richtig stief wor, dodrup hätt hä immer e Äujelche jehat. Er wollt jo, dat die all et nächst Johr wieder dabei sin.

Zudem: Er hat dadurch sicher so mancher Familie den leider üblichen Heilig-Abend-Streit erspart. Und im Zweifelsfall war *er* ja das schwarze Schaf. Selbst diese Rolle hat er freiwillig übernommen. So waren's alle zufrieden.

Und jetzt emol iehrlich: Et wor net die schlächteste Idee, ne?!

3. DIE RHEINISCHE DANKBARKEIT

Kennen Sie die rheinische Dankbarkeit? Nein? Richtig! Nichts fällt dem Rheinländer schwerer, als Dankbarkeit zu zeigen. Nicht dass er nicht dankbar wäre. Nur mit dem Zeigen hat er seine Probleme. Und das nicht etwa deshalb, weil er ein ungehobelter Klotz wäre, sondern deshalb, weil er es grundsätzlich für selbstverständlich hält, dass man ihm zur Hand geht, ihm hilft oder ihm einen Gefallen tut. Er hat eine Unmenge von Floskeln zur Hand, wenn es darum geht, jemanden um etwas zu bitten: von »Don dat« über »Sid esu jot un doot dat« bis hin zum konditionalen »Wenn ühr esu jot wört, mir jet ze Jefalle ze don«. Nur wenn es dann geklappt hat, fällt ihm nichts mehr ein. Er wird dann zwar leicht großspurig, da fließt der Champagner in Strömen, oder es kommt eine Runde Kölsch nach der anderen, aber ein einfaches »Dankeschön« kommt ihm nicht über die Lippen.

Besuchen Sie einen Rheinländer und bringen Sie ihm z. B. ein wunderschönes Stückchen Kuchen mit; er wird wahrscheinlich sagen: »Och Kuchen! Hammer erst jestern jehatt.« Aus. Oder eine Flasche Champagner. Er sagt: »Han ich zwei Flaschen von im Köhlschrank stonn.« Oder einen Strauß wunderschöner Pfingstrosen. Er sagt: »Hammer em Jaade och. Schön.« Ist der Schenkende auch Rheinländer, kennt er das, ist keineswegs beleidigt über die beiläufige Behandlung seines Mitbringsels und wird es von vornherein entsprechend beiläufig präsentieren: Er stellt die Blumen dreck in der Spül. Aber ein bisschen nagt es dann doch, wenn einer so gar kein Dankeschön über die Lippen bringt. Und nach dem Besuch wird er seiner Frau sagen, wenn die wissen will, wie denn die Blumen angekommen seien: »Dä hätt noch netens ›Leck mich am Aasch‹ jesat.«

4. DER RHEINLÄNDER IM THEATER

Ich saß in Bonn im Theater. Auf dem Spielplan stand ein Spionagestück von John Le Carré. In Maßen spannend, aber immerhin. In der Reihe vor mir ein leicht rheinisches Ehepaar mit der klassischen Rollenaufteilung: Er musste ihr ständig mitteilen, was er sah, was ihn in die undankbare Rolle des »Kompetenten« driften ließ, der alle Fragen beantworten muss, was nur zum Triumph für die Fragende führen kann – aber das kennen wir ja.

Sie: »Jo, es dat jetz ene Spion oder es dat keine Spion?«

Er: »Weiß ich doch net, dä hät nüß davon jesagt.«

Sie: »Siehste, dann muss dat doch ene Spion sin, weil: Die sare dat jo nie.«

Er: »Wat sare die nie?«

Sie: »Dat sie ene Spion sin.«

Er: »Dat können die och net sare.«

Sie: »Warum dann net?«

Er: »Weil dann jeder denke dät: Dat es ene Spion. Un wenn dat jeder denk, können die nit mieh spioneere, weil dann jo jeder wüßt, dat dat ene Spion es. Do dät den ja keine mieh spioneere losse oder esu.«

Sie: »Außerdem: Der süht jar net us wie ene Spion.«

Er: »Du jecken Trin, kann jo och jar net, dat es jo ene Schauspieler.«

Sie: »Jo ebends: Dä mööt noch vill mieh wie ene Spion ussin.«

Er: »Also dat es jo jetz völliger Quatsch: Hückzetare süht doch keine Spion mieh us wie ene Spion. Luurens, dä Wolf, ne, dä süht jo och net us wie ene Spion, und dä wor jo ene Erzspion, wor dä, ne.«

Sie: »Dä Wolf kann jar net wie ene Spion ussin, weil der selber jo jar net spioneet hät. Dä wor nur dä Chef von denne Spione im Osten domols, ne, dä wor quasi als Spion jar net berufstätig.«

Er: »Dat es jo, wat ich die janze Zick sare: Hückzetare süht keine Spion mieh us wie ene Spion. Dä Wolf och net. Un dä Schauspieler op dä Bühn do unge ebends och net, is jo klar.«

Sie: »Jo, bei demm es dat klar, weil dä noch nie werklich spioneet hätt, der es jo Schauspieler. Ewwer: Wenn dä jetz als Schauspieler ene richtije Spion am spille is, dann mööt dä noch vill mieh ussin wie ene richtije Spion et dät, domet man demm jläuwe kann, dat dat, wat hä am spille es, ene richtije Spion es.«

Er: »Jo, … äh …«

Sie: »Oder es dat jetz doch keine richtije Spion?«

Er: »Wer dann? Dä Schauspieler?«

Sie: »Nee, dä Mann, dä dä Schauspieler do unge am spille is.«

Er: »Du mäs mich noch janz raderdoll mit dingem Spion hin, Spion her. Jetz es dat Stück am Engk, und ich han noch jar net mitjekräje, ob dat jetz ene Spion wor oder net.«

Sie: »Wer?«

Er: »Dä Mann, dä dä Schauspieler am spille wor!«

Sie: »Weil du och keine Spion bes.«

Er: »Wat soll dat dann heißen?«

Sie: »Jo wenn du jetz ene Spion sin däts, jesetzt der

Fall, dann dätste wissen, wie dat Stück usjeiht und ob dat jetzt ene Spion is oder net.«

Er: »Ngnhnnnhnnn ...«

5. STRASSENBAHN – ICH WEIß ES NICHT!

Alle Welt spricht davon, wie schwer es sei, jemandem heutzutage etwas zu schenken, geschweige denn, ihm eine Freude zu bereiten. Alle haben alles, heißt es, und das wird wohl so sein. Ich wüsste jedenfalls – beispielsweise – keinen anderen Grund für die verbissenen Gesichter im Weihnachtsrummel. Und allenthalben wird beklagt, dass die gute, alte Zeit, in der man noch mit einem kleinen Geschenk, ja, mit einer kleinen Geste die Gesichter der Menschen zum Leuchten gebracht habe, vorbei sei. Mag ja alles stimmen. Im Rheinland jedoch stehen die Dinge anders. Hier kann man noch mit Nichtigkeiten die Menschen erfreuen.

Beispiel Ich steige morgens in die Straßenbahn ein. In Bonn.

Die Bahn wackelt los. Und da muss mich der Teufel geritten haben, denn ich sage laut vor mich hin:

»Also, ich weiß et net.«

Der Satz ist noch nicht verhallt, da dreht sich einer neben mir um und sagt:

»Jenau. Do saren Sie jet. Wenn man dat all esu süht, ne, also ich weiß et och net.«

Eine Frau mischt sich ein: »Wie: Ich weiß et net?«

»Jo Jott, junge Frau«, sagt der Zweite, »ich könnt et net anders sare. Wenn mich eener frore dät, ich könnt net esu sare un net esu, ich könnt nur sare: Ich weiß et net.«

Ein Vierter springt ein: »Der Mann do hätt janz räch: Man weiß et net, ne.«

Die Dritte wieder: »Also dat es jo Quatsch, mit dem ich weiß et net, ich weiß et net. Normal jitt et dat jo jar net, sch-meine: jot, sicher, manchmol, ne. Ewwer doch net einfach esu, ne. Sch-meine: Man kann jo net immer nur saren ich weiß et net.«

Ein Fünfter: »Nee, lev Frau, net immer, ne, net immer, ewwer et jeben Dinge, ne, die sin net esu un die sin net esu, un do kann man jo normal nur saren ich weiß et net, weil man't ebends nicht weiß, ne, esu es dat nämlich.«

Eine schrille Stimme kontrapunktiert: »Jo jo jo, wenn man üch Mannslück frägt, ne, dat Einzigste, wat ihr könnt, es ich weiß et net! Un mir müsse dann gucken, wie mir domit parat kumme. Also ich saren immer: wat mit üch Mannslück loss es: Ich weiß et net.«

Ein Siebter: »Sehen Se, junge Frau, jetzt saren Sie et jo sellevs.«

»Wat saren ich sellevs?«.

»Dat Sie't net wissen, weil dat ebends esu es, dat man nur saren kann: Ich weiß et net.«

Ein Achter näselt sich in das Gespräch ein: »Wat es dann eijentlich loss hie? Wodrüm drieht et sich dann?«

Der Siebte: »Ich weiß et net.«

Die Nase: »Ah so jo, sch-meine, klar, ne, kann man jo och net.«

Die Frau: »Wie: Kann man net?«

Die Nase: »Weil man 't net kann.«

Die Frau: »Jo wat dann?«

Der Achte: »Ich weiß et net.«

Und innerhalb kürzester Zeit war die ganze Bahn heftigst dodrüwwer zejange. Und ich stellte mir vor: Et jeben Sätze, die sin wie e Virus. Ansteckend wie Steckschnuppe oder Laache. Lass ihn im richtigen Moment raus und du kannst eine ganze Republik lahm legen. Die Straßenbahn hielt am Bundeskanzleramt. Ich bitte Sie: Wenn dieser Satz damals zum dicken Kanzler geflogen wäre – nicht auszudenken. Helmut Kohl hätte dagestanden, natürlich vor gerade laufenden Kameras, und gesagt: »Also … meine Damen und Herren, und das kann ich hier, an diesem Ort, in aller Deutlichkeit sacken: Ich weiß es nicht.«

Andererseits: So ungewöhnlich wäre das nun auch wieder nicht gewesen. Un övverhaupts: Dä wor jar keene Rheinländer, also bruchte dä dat och net ze wisse.

Jo wat dann? – Ich weiß et net!

6. DIE WUNDERKERZE

Wenn einer das Herz am richtigen Fleck hat, dann ist es egal, was für einen Beruf er ausübt. Das habe ich einmal in Bonn am Heiligen Abend erfahren. Weil – wie wir beim Frühstück merkten – im obergärigen Bereich erhebliche Lücken klafften und weil Heiligabend auf einen Donnerstag fiel – was eine lange Durststrecke geschlossener Läden bedeutete –, machte ich mich mittags auf den Weg zu unserem Getränkeladen. Dieser liegt in der Nähe des Schlachthofs, der ist in der Nähe vom Güterbahnhof, und der wiederum liegt direkt neben dem, äh, wie soll ich sagen … Also: Ich komme dahin und lande in einem kleinen Stau, just an der Stelle, wo es links zum Laden und rechts zum Güterbahnhof geht. Der Stau entstand, weil vor dem Eckhaus gut 30 bis 40 Männer auf der Straße herumstanden – was nicht das normale Bild an der Ecke ist. Das normale Bild ist: Auto parken, Mantelkragen hochschlagen, im Haus verschwinden, 20 Minuten später mit hochgeschlagenem Mantelkragen wieder herauskommen, ins Auto springen, abdüsen. Nichts peinlicher, als eine Begegnung vor der Tür mit einem Bekannten: »Tach Herr Martens, wie wor et dann?«! Warum standen die Männer auf der Straße? Ich weiß es nicht, vermutlich war noch geschlossen. Ich schließe auf und sehe: Es kommt Bewegung in die Männer. Warum? Eine Mitarbeiterin des Etablissements führt gerade das Hündchen Gassi. Sie lässt den kleinen Kläffer zu Boden, und da muss einer der Männer etwas Despektierliches gesagt haben. Ich habe es nicht gehört.

Ich habe nur gesehen, wie sich die Liebeswalküre plötzlich aufrichtet, die Männer anblitzt, um dann laut und absolut verächtlich zu sagen: »Dat hammer jään: ze fuul für ze Hus dä Boom opzestelle, ewwer he sich die Wunderkääz usblose losse!«

7. »AUSGEHEN« –
RHEINISCHES KNEIPENLEBEN
IM INTERREGIONALEN VERGLEICH

Wir hatten ja schon dodrüvver jesprochen, dat der Rheinländer gerne erausjeht, also gerne öffentlich lebt (→ III, 4. Der mediterrane Rheinländer → III, 5. Arbeit und Privatleben). Und wenn man do mal guckt, wie dat woanders ussüht, also do sin jo Welten dozwesche.

Wobei ich dat Wichtigste gleich als Erstes sagen möchte: Wenn der Rheinländer erausjeht, ejal ob en die Weetschaff, in Oper, Konzert oder Kabarett, dann tut er dat, weil er sich freuen will. Nirgend sonst kütt dat Publikum so positiv in der Saal erein als wies em Rheinland. Und man muss sich dann schon anstrengen, wenn der Abend ein Flop werden soll. Aber dat jetzt nur nevvebei. Gucke mer uns doch am Beispiel Gasthaus/Kneipe/Weetschaff mal an, wie et woanders es.

Wien: Grinzing, Heuriger, wer schwärmt nicht davon. Dä Laden es proppevoll mit Japanern, Amerikanern, Koreanern, un dozwesche tatsächlich och e paar echte Weana. Nun, woran erkennt man sie? Dazu muss man wissen: Der Wiener geht ins Gasthaus oder zum Heurigen, entweder um zu raunzen oder um zu singen. Am liebsten beides gleichzeitig. Wie sieht das aus? Sobald die Musik anfängt zu spielen – mei Vaterl war a Weanerin –, fängt er an mitzusingen. Wenn's nicht schön ist, raunzt er:

»Hearstes dös is da vielleicht a Saubagage, de Musika kennan jo net amoi die Geign richtig hoidn, wahrscheinlich lauta polnische Gfrasta, de was sie do bei uns eingschlichn haben, schleichts euch, Saubagage, Jessas, waun i denk, wie des früha woa, do wars no leiwand beim Heurign, oba heut?«

Wenn et aber schön is, fängt der Wiener direkt an zu weinen. Rotz und Wasser.

»Naa, hearst, is des schee. No, is des net herrlich? So was gibt's eben nur bei uns in Wean, nur beim Heurign gibt's so was, weil do da Mensch a Mensch is wia sunst nirgends, hearst. Do gibt's kan Schlager net, ka Disco, dös is Weana Musik dö was aam ins Heazz geht, das ist das Erbe Wiens an die ganze Welt, hearst.«

Falls Sie mal zum Heurigen jehen sollten: Don Sie sich lieber nevve die Japse setze, sonst kannste dat Jackett verjesse, außerdem trink ich der Wein lieber unverdünnt und net quasi als Jespritzten, wenn mir do esu ene Wiener in et Jlas am flenne es.

Ganz anders der *Bayer.*

Der Bayer sitzt im Gasthaus. Er sitzt und schweigt. Und schweigt und sitzt. Dann sitzt er wieder und schweigt. Wie jesagt: weil der Bayer ins Gasthaus geht, um allein zu sein. Aber Gasthaus: Die Bezeichnung ist in Bayern glatter Betrug. Weil: Du musst schon sehr viel Glück haben als Nicht-Bayer, um erstens einen Platz und zweitens jet ze drinke ze krieje.

Do es mitten im Lokal ein Riesentisch. Stammtisch natürlich, darf keiner draan. Da sitzt inmitten fetter Qualmwolken der Bayer mit Gamsbart. Vor sich eine Art Eimer, jefüllt mit Wasser un e bissje Schaum drop. Weiter passiert nix. Es ist wie ein lebendes Bild. Stundenlang. Un du sitzt donevve un bis op die Bedienung am waade, ewwer do tät sich nix. Es kann dir aber passieren, dass nach einer halben Stunde Wartens die Kellnerin sich plötzlich vor dir aufbaut und dich anherrscht: »Sie, wenns nix drinka, brauchens fei net af unsere Stüahl umanandasitza, gei, außerdem wird da, wo Sie sitzen, heut eh net bedient, gei. Oiso gemma, gei!« Ja, da bist du fertig mit der Welt. Nur in München, wo der Bayer sich schon ein bisschen an Nicht-Bayern gewöhnt hat, is dat anders. Du hast dich noch net richtig hinjesetzt, do hässe och schon der Liter Bier vür dir ston, obwohl du nur en Tass Kaffee han wolltst. Jetzt aber nicht den Volkszorn reizen. Do jitt et nur: entweder zahlen und gehen oder die Plörre en dr Hals.

Der *Schwabe* dagegen: Der hockt und bleibt.

Die Tische im schwäbischen Gaschthaus sind rechtwinklig ausgerichtet und sauber poliert. Messerscharf gebügelte Tischtücher, so gestärkt, dass man sie hobeln könnte, zwingen die Hände auf den Tisch. So fühlt er sich wohl, der frisch gebügelte und appretierte Schwabe. Mit einem Gesicht wie a Maultäschle bringt ihm die Kellnerin sein Achtele Wein, am liebsten Trollinger, weil der so schön schwermütig macht. Und dann hockt er davor und bleibt. Da könnte die Welt untergehen, er bleibt. Wo der Schwabe sowieso nur eine wirkliche Katastrophe kennt: wenn es Daimler nicht mehr gäb. Erste Anzeichen für diese Katastrophe sieht er schon und brummelt vor sich hin:

»Beim Daimler werret jetzt au scho Leut entlasse …«
Tröstet sich aber und sagt: »Hano, s Lääbe in der Türkei isch sowieso billiger!« und bleibt hocken. Isst du als Fremder Maultaschen, darfst du bleiben. Mach dich aber darauf gefasst, dass der Schwabe, wenn er an deinem Tisch vorbeikommt, mitleidig auf deine Maultaschen schaut und sagt: »Dahoim isch es besser!«

Der *Hesse* dagegen wibbelt und drängelt.

In seinen Wirtschaften wird Äppelwoi getrunken. Äpelwoi gärt. Auch im Bauch. Also ist der Hesse ständig in Bewegung. Sitzt an langen Tischen, wippt hin und her, was die Hesse Schunkele nenne, aber mit dem richtijen Schunkeln hät dat esu vill ze donn wie Musik hüre mit schnellem Vorlauf. Wie er babbelt, so trinkt er aach. Schwupp roi un de nächst Bembel uffen Tisch. Ein Tipp: Hände weg vom Äppelwoi – es sei denn, sie haben ein Wohnklo ze Hus, wo man et auch paar Tage aushält!

Der *Westfale* wurzelt.

Er küüt en de Weetschaff erein, schlingt ein paar Wurzeln um der Stuhl und hält sich an der Herforder Tulpe fest. Zwischendurch immer wieder ein Klarer, am liebsten natürlich Kartoffelschnaps, und irgendswann, meist so jejen halver zwölf, springt er plötzlich auf, lacht und tanzt – soweit er es kann – und es außer Rand und Band. Fünf Minuten lang. Dann sagt er entweder: »Junge, Junge, das war vielleicht ein toller Abend« und jeiht, oder er setzt sich wieder hin, un dat janze Spill jeiht von vürre los. Also ich tät sage: Irjendswie anders, aber nicht wirklich unsympathisch.

Hausaufgabe Buch weglegen und sofort – nein: direkt – in die nächste Wirtschaft »op ei Kölsch« gehen!

Kegelabend

VI. GRUNDLAGEN DES GLAUBENS

1. DER NORMALE GLAUBEN

Die letzten Dimensionen des rheinischen Menschen erschlössen sich einem nicht, vergäße man etwas ganz Wichtiges: seine Seele. Der klassische Rheinländer ist Katholik. Er ist es selbst dann, wenn er – durch ein widriges Schicksal – in eine andere Konfession hineingeworfen sein sollte. Eine der Auswirkungen des heimlichen Katholiken in jedem Rheinländer ist, dass er sich – heimlich, versteht sich – zeitlebens mit einem Thema herumschlägt, auf das es keine Antwort geben kann (vielleicht tut er es deshalb?): Was kommt denn danach?

Und es vermischen sich ihm Heidnisches und Volksglauben, Beamtenherz und Anarchie.

Beispiel Also wenn man sich mal frägt
sch-meine: sollte man ja av und an
net dat et über einen kütt
wenn et esu wigg is, ne
Wie soll ich saren?
Hier:
der Zweifel, ne

also der richtije Zweifel,
net dat: »Ich weiß et net« oder esu
nee, nee, der richtije tiefe Zweifel,
der plötzlich in einem is un bohrt und frisst
und eene janz rappelig mäht.
Lassen Sie mich mal so saren:
man is ja jetäuft, ne
also normal oder – evanjelisch
und do möcht man jo jetzt irjendswie
wie soll ich saren.
Hier:
Tant Trautchen, ne
is ja letzte Woch von uns jejangen worden
und da möcht man jo jetzt sicher sein
dat die im Hüben
oder is dat jetzt Drüben?
Ejal,
dat die einem net die janze Zigg übern Weg läuft, ne
hab die suwiesu nie leiden können, ne
Sch-möchte mal so saren:
Falls man mal nicht mehr sein *sollte*
und man kommt do an die Himmelstür, ne
klopft höflich an
und do jeht dann wollmermalsaren oben
klein Fensterchen auf
esu oval, ne
»Bitte hier sprechen«
und do kütt en Stimm und sagt:
»Wat für Glauben sind Sie dann?«
und man sagt: »Wie?: Wat für Glauben? Normal, ne«

»Wie: normal?! Wat soll dat dann heißen?«
»Also, wie heißet, römisch dingens
katholisch, ne«
Und so säht die Stimm:
»Jo fein, römisch katholisch, ne, aber:
im Himmel sind nur Quäker!«
Baff! Tür zu un aus, ne.
Ja – sch-meine – *weiß man's?*
Könnt jo sein, ne!
Wör jo dann blöd in dem Moment, ne:
Hat man ja sein Leben lang falsch jeglaubt
und muss dann quasi unverrichteter Dinge wieder ab,
ne.
Und do wor ich dieser Tare
beim heilijen Antonius
weil: Dat is bei uns der Heilije
also wie soll ich saren:
Wenn man wat verloren, ne
dann jeht man nohm hl. Antonius, ne
und der tut dat dann finden
Schlüssel zum Beispiel, ne
nohm hl. Antonius jejangen
Kääz an
dann jehste noh Hus und do liejen sie dann
die Schlüssel
dat is ebends bei uns praktisch
weil:
Et jeben für quasi jede Lebenssituvation
dä zuständije Heilije
janz ohne Büro, ne

dat einzigste Formular is quasi die Kääz!
Hier: Akupunktur is so ein Fall, ne.
Also do is dann der hl. Sebastian zuständig, ne
der mit den Pfeilen überall, ne
Oder hier!:
Ich mache ja seit 13 Johr immer dat Jrillfest
im Sommer, un do ränt et dann schon mal, ne
is also immer quasi en Risiko, ne
und do jehen ich immer vorher nohm hl. Laurentius
Sch-meine: Den hat der Römer domols jo och quasi also
mehr auf dem Rost, ne, mit Drehspieß, ne
quasi Gyros, ne
jetzt mal so jesehen
und ich dohin, Kääz an:
Wat soll ich Ihnen saren?
Mir is in all den Jahren noch kein einzijes Würstchen je-
platzt, ne!
Und do wor ich dieser Tare also beim hl. Antonius
und hab dem jesaat:
Ich hätte minge Jlauben verloren
Sch-meine: Wor jet jestrunz, ne
also: übertrieben, ne
Aber: Man muss der Mann jo motiviert kriejen
hätt jo vill am Balg.
Hab aber jetzt nichts von demm jehürt
und do jeht einem die Frog jo nimih ussem Kopp eruss:
»Wat is dann der richtije Jlauben?«
Also mit oben Ereinkommen Paradies-Garantie sozu-
saren?
Büjeleisen, ne

dat is och esu en Fall:
Wenn ich en Büjeleisen kaufen will:
Stiftung Warentest nohjeluurt, ne
und wo dann zwei Kreuze und dat »sehr jut« is
da bin ich dann auf Nummer sicher, ne.
Oder hier!:
Versicherungen – datselbe Spill:
Versichern tuen einen jo all, ne
aber et jeben ungerschiedliche Jesellschaften, ne.
Nur: Wie is dat jetzt mit dem Jlauben?
Sch-möchte mal so saren:
Glauben – ja! Aber: Wo isset am jünstigsten?
Wenn man also mal überlegt, wo dann dat Plus wör
bei den einzelnen Glauben, ne
Stiftung-Warentest-mäßig
damit man dat dann rechtzeitig jlauben kann
um in der Himmel erein zu kommen, ne
also do wör ja
bei *uns*
also dat Plus bei der Beichte, ne.
Beichte is Klasse, ne.
Also: Wie soll ich dat erklären:
Händewaschen – dat is jenau derselbe Fall:
seit 30 Millionen Johr kütt der Mann ovends
von der Arbeit noh Hus, will an sing Frau draan und
hürt:
»Wat häss du dann für dreckelije Finger! Pack mich net
an!«
Sch-meine klar: Autowerkstatt, ne, oder früher
in der Steinzeit dat Steinöl

klar: Pranken wie Sau, ne.
Aber zickdemm et jetzt die Seife jitt:
kein Problem, ne.
Man kütt von der Arbeit noh Hus
Finger jewaschen und – drauf, ne
jetzt mal so jesehen.
Nur der Westfale
sofern katholisch
der is do anders, ne
hätt mir dä Norbert Alich verzallt
och esu ene rheinische Sokrates, ne.
Der Westfale jeht in der Beichtstuhl
beichtet alles brav
will das aber dann *nie mehr* wieder tuen!
Das muss man sich mal vorstellen!
Nie mehr wieder!
Jo wofür jonn ich dann in der Käfig erein, ne?
Jut, also dat wör bei uns quasi dat Plus.
Wat hammer dann noch?
Jo hier: der Protestant
also sch-meine
hat man sich jo dran jewöhnen müssen
durch die Jahrhunderte
Obwohl: esu nackte Jebetsbunker,
keine Heilijenbildchen
kein Sebastian
kein Laurentius
also ich weiß et net:
Da kommt bei mir kein Jlauben auf.
Dat is wie:

Sonntagsmesse ohne Frühschoppen, ne
man bruchet zwar net
ewwer is doch schön!
Und dann hätt der Protestant jo keine Beichte
muss jo alles mit sich selber ausmachen, ne
dat verhärmt!
Sch-meine: Dat sieht man dann im Alter:
Do wird ihm dann die Haut fahl und grau, ne
der Mund hängt nach unten
also, wenn sie mich froren:
Der alte Protestant, der tut einem Leid, ne!
Jut, wat is dann noch:
Zeugen Jehovas
also: wör mir unanjenehm, ne
immer vor der Kaufhalle stehen, ne
Obwohl:
Ich hab jo zick 14 Johr dat Hezzleiden, ne,
dat Hezzwasser in den Beinen, ne
und da darf ich ja ärztlicherseits also
darf ich jo keine fünf Minuten jetzt
ston oder liejen oder sitzen,
immer muss ich mich bewejen, ne
also wenn die jetzt dat »sehr gut« kriejen täten:
Bräucht ich dann nicht zu glauben, weil:
hätt ich en Attest für.
Wat is dann noch?
Klar, dä Mohammedaner, ne:
Also do wör für mich dat Plus im Glauben beim Himmel
also im Himmel vom Mohammedaner, ne,
do is der Teufel los

jetzt mal als Mann jesehen
Also die Weiber: Die müssen morjens aufräumen
und dann kochen
esu weit esu jood
aber abends müssen die wieder abhauen
klasse, ne
also irjendswie
der Himmel als ewije Kejelbahn
Sch-meine: warum dann net?
Und der Teppich
sch-meine: Der soll nicht dat Problem sein
dä kritt man om Second Händ.
Tja
bringt einen alles nicht weiter:
weiß keiner
wo jetzt der richtije Glauben, ne.
Sie och net, ne?
Dat is ebends dat Problem des Zweiflers:
Wer wirklich zweifelt –
der is allein
Jon ich nochens vorbei
beim hl. Antonius
vielleicht dat der in der Zwischenzeit jet jefunge hätt
und wenn et paar Schlüssele sinn,
ne
Himmelsschlüssel meinshalben,
kann man ja mitnemme,
ne
Wat soll et dann?
Also dann

in diesem Sinne
bis die Tare ne
maht et jod
bis nohm Krieg um sechs im Kelch, ne.

2. DER RHEINLÄNDER
UND MARTIN LUTHER
(EINE PREDIGT)

Ein Kabarettist, ein Spaßmacher also, steht vor Ihnen,
und in dieser Rolle komme ich mir ein bisschen vor wie
Franziskus von Assisi – daran, dass ich seine Berufsbe-
zeichnung »Heiliger« weggelassen habe, merken Sie,
dass ich mich bemühe, respektvoll mit Ihnen umzuge-
hen. Obwohl Sie als Protestanten ja amfürsich – aber
lassen wir das. Also: Auch dä hillije Franziskus hatte in
seinen großartigen Mahnbildern etwas sehr Kabarettisti-
sches – oder was sonst sollte man sagen, wenn einer
dem Papst zu imponieren versucht, indem er ihm erzählt, ihm habe geträumt, dass die Mauern des Petersdo-
mes einstürzten, er aber habe alles wieder irjendswie
hingekriegt. Damals aber hat man den Träumen noch
geglaubt, sie waren ein Fenster zu Gott. Was ich von
meinen Träumen nicht behaupten kann – ich möchte
schon Respekt vor Gott behalten können.

Ich dachte, es wäre doch mal hübsch, aus den wunderschönen Briefen Luthers das ein oder andere vorzulesen. Luther mit eingebautem Schmunzeln sozusagen. Daraus ergibt sich so manche spielerische Möglichkeit. Wat wär zum Beispiel gewesen, wenn Luther nicht im strengen Thüringen im Kloster gewesen wäre, sondern, wollmermalsaren, in Walberberg? Wäre aus ihm nicht mit einiger Wahrscheinlichkeit eine Mischung aus Augustinus und Kardinal Frings geworden, den die Kölner übrigens liebevoll »Singe Sack-Zement, Erz-Josef Kanal-Frings« nannten? Konsequent wie Augustinus, aber barock-liebevoll gemildert vom rheinischen Bewusstsein um das Relative in allen Dingen?

Oder: Wat wär jeworden, wenn er seine Thesen nicht in Wittenberg, sondern an die Tür von St. Kunibert in Köln jetackert hätte, sagen wir mal: nicht am 31. Oktober, sondern am 11.11.? Wie ich die Kölschen kenne, wären sie im Elferrat jelandet. Aber: Es wäre vermutlich gar nicht so weit gekommen, weil er bis dahin schon so vom rheinischen Bazillus infiziert gewesen wäre, dass er den Tetzel hätte Tetzel sein lassen, den Tauschhandel »Die ewige Seligkeit im Sonderangebot gegen eine geringe Ablassgebühr« als bösen Schüttelscheck durchschaut und ihm wahrscheinlich entgegengehalten hätte: »Maach, wat de wills, Tetzel, ewwer nit mit mir.« Und der Fisch wäre gegessen gewesen. Weil es im Rheinland viele Wege zur Seligkeit gibt: »Muss jeder selber wissen.«

Solche Gedanken zogen durch meinen Kopf, als ich die Feder spitzte und die ersten Sätze für diese Predigt fand. Dann hätte ich Ihnen noch ein bisschen was Neckisches aus Luthers Briefen vorgelesen, dass er zum Beispiel nie vergaß zu erwähnen, er hätte mit Freunden da und dort auch Bier und Wein getrunken – natürlich nicht ohne den obligatorischen Hinweis: aber nicht viel – was man halt seiner Frau schreibt, damit sie ruhig schlafen kann. Oder: Das Bier sei so schlecht, dass er sich schon wieder auf zu Hause und das von seiner Käthe gebraute Bier freue.

Doch dann fing ich an zu blättern und zu lesen: Lebensgeschichte, Briefe, Zeitgenossen. Dabei wurde mir immer klarer, dass ich erst mal mein Verhältnis zu meiner eigenen Kirche klären muss, bevor ich über diesen Großen etwas sagen kann – geschweige denn über ihn zu scherzen.

Ich stieß auf einen Satz von Erasmus von Rotterdam, der da lautet: »Luther hat in zwei Stücken gefehlt, nämlich dass er dem Papst an die Krone und den Mönchen an die Bäuche gegriffen hat« – und da wusste ich, was ich Ihnen hier in dieser evangelischen Kirche erzählen möchte.

Ich möchte Ihnen nämlich in ein paar kleinen Erinnerungsskizzen aus meiner Zeit im Heim in Bozen, das von Franziskanern geleitet war – daher meine Verehrung und Sympathie für den großartigen und sicher ein bisschen jecken Franz von Assisi –, meine Sicht der Welt der Mönche schildern. Und ich möchte ein paar satirische Anmerkungen zur Organisation »Katholische Kirche« machen dürfen.

»Da, wo ich herkomme, ist man noch wallfahrten gegangen, in schweren Fällen auf den Knien, den ganzen
Berg hoch bis nach Weissenstein, oder hat Kreuze quer
durch die Republik geschleppt, oder Messen für die Armen Seelen lesen lassen, ganze Klöster haben jahrhundertelang davon leben können, und wenn es wieder gut
war, haben sie der Maria ein Herz aus Silber treiben lassen, in dem sieben Schwerter stecken mussten wegen
der sieben Schmerzen Mariä, und in den Maiandachten
haben wir Kinder immer beten müssen: ›Unter deinen
Schutz und Schirm fliehen wir, o heilige Gottesgebärerin‹, und am Ritten haben sie eine Muttergottes mit einem riesigen Schirm in die Kirche gemalt, und darunter
Bauern, damit die nicht im Regen stehen müssen, immer habe ich mich gefragt, was Gottesgebärerin heißt,
weil es mich so an das Insekt, die Gottesanbeterin, erin-
nerte, und in den Josefi-Novenen war ich auf dem Chor
und habe mit meinem Kinderalt die ganzen Josefslieder
gesungen, eines sogar von Karl May (oder haben die
Mönche das nur behauptet, um uns Jungs ans Singen zu
kriegen?), die Melodie astrein von Schubert geklaut, aber
fast alle Kirchenlieder des letzten Jahrhunderts sind ja
bei Schubert abgekupfert, zur höheren Ehre Gottes, und
in der Kirche warteten die Bozner während der einstün-
digen Predigt von Pater Leopold nur auf den Satz: ›Und
wenn dereinst mein Auge bricht, wenn mein Herz zu
schlagen aufhört, oh auch dann, lieber Josef, bitte für
mich‹, weil er danach, im selben Leierton, den Stellen-
markt vorlas: ›Ein braves Mädchen aus dem Sarntal
sucht eine Stelle als Hausmädchen bei einer guten Boz-

ner Familie‹, oder: ›Eine kranke alte Boznerin sucht ein
junges gläubiges Mädchen aus dem Tal als Dienstmäd-
chen‹, und das Wort ›gläubig‹ sollte bedeuten, dass die
Arbeit um Gottes Lohn sein sollte, aber manchmal waren auch andere Inserate dabei: ›Eine gute Ehefrau bittet
in schwerer seelischer Not um Fürbitte, dass ihr Mann
wieder vom Weg der Sünde abkommt und zu ihr zurück-
findet‹, huiii! Da ging aber die Phantasie los bei uns
Jungs auf dem Chor, wo ist der Weg der Sünde?, gibt's
da etwa eine Abkürzung?, und kann man da vielleicht
auch hin?, und was spielt sich da wohl ab?, und der Edi
vom Sopran machte obszöne Zeichen, was uns nicht
daran hinderte, mit treu-gläubigen Augen zum Organis-
ten zu schauen, einem kleinen Pater, der uns immer
über den Kopf streichelte, aber oft genau die Sekunde
zu lang, als dass man es für pure Nächstenliebe hätte
halten können, dafür gab er aber in der Schule Zeichen-
unterricht und malte die wahnsinnigsten Marienbilder
mit Kreide auf die Tafel: so schöne Augen, so volle Lippen, so ein reines Gesicht und der Faltenwurf! Aber hallo! Das waren Bilder, die es an subtiler Erotik mit jedem
Franz Stuck aufnehmen konnten, was sage ich, sie waren
raffinierter, weil versteckter. Später haben sie ihn in ein
anderes Kloster strafversetzt, weil er in einigen Fällen
wohl doch zu lange über den Kopf gestreichelt hatte, wie
der Pater Hainold, der als absolute Bombe einschlug,
als er an unsere Schule kam, weil er sofort uns vierzehn-
jährigen Kindern alles über Sex erzählte, allerdings nur
aus handwerklicher Sicht, was uns Masturbationsmeis-
tern anfangs rote Ohren, dann aber nur noch ein müdes

Lächeln abnötigte, so gut wie wir konnte er nicht sein als Geistlicher, dachten wir uns, bis er eines Tages sich besoffen redete und erzählte, dass er im Kloster der Beichtvater seiner Kollegen sei, und dass diese Sünde der Selbstbefleckung auch ab und zu dort stattfände, zum Beispiel beim Pater Forsitius, der aber war einer unserer verhasstesten Lehrer, und ab da gab es bis zur Matura kein Halten mehr: Jedes Mal, wenn Pater Forsitius was sagte, was auch nur die leiseste Assoziation in diese Richtung erlaubte, war er reif – und er wusste nie, was wir gegen ihn hatten. Und wie das alles und anderes herauskam, haben sie auch den Pater Hainold strafversetzt, das muss ja ein lustiger Haufen geworden sein in diesem Kloster am See, und das alles nur wegen der Sublimierung der Triebe …« (aus: K. Beikircher: Notti. Bonn 1992)

Nach dieser Klostersättigung bin ich erst mal aus der Kirche ausgetreten, um dann aber wieder zurückzukommen, weil ich die Überzeugung gewonnen hatte, dass es um die Bergpredigt und nicht um den Vatikan geht. Und plötzlich hatte ich ein satirisches Bild vor Augen, das mich sehr bewegte: die Kirche als alte, etwas verwelkte Frau – der Typ Frau, der alles hinter sich gelassen hat, weil sie begriffen hatte, dass man ohne Not auf fast alles Zwischenmenschliche verzichten kann und dass man dann erst frei wird für Macht und ähnlich große Dinge –, die in einem Weidensessel sitzt, der genauso elastisch quietscht, wie ihre Haut quietschen würde, wollte man sie streicheln. Eine ernste, zeitlos alte, vielleicht auch böse Frau. Sie sitzt nun da und lässt ihre Vergangenheit in einer Art Brabbelmonolog Revue passieren (Vorsicht! Satire!):

»Wenn man was erreichen will, muss man konsequent seinen Weg gehen. Damals, als alles anfing, hatte ich allerdings noch nicht die rechte Vorstellung davon, was einmal mein Weg sein würde. Dass Blut geflossen ist, gut, das war schon eine ganz gute Voraussetzung für das, was danach kam. Sie glauben nicht, für wie glaubwürdig man gehalten wird, wenn man den Blutnachweis erbringen kann. Die Menschen sind so leichtgläubig. Ob Samurai, Pol Pot, Karl der Große, Goebbels oder die Inquisition: Der Mensch glaubt nur an das, wovor er Angst hat, und da ist Blut allemal das beste Argument. Im Ernst: Hätte sich der freundliche jüdische Magier nicht ans Kreuz nageln lassen und hätten in seiner Nachfolge Petrus und wie sie alle hießen nicht ihr Blut gelassen, ich weiß nicht, ob ich damals überhaupt entstanden wäre. Na ja, Schnee von gestern: Die Umstände waren so freundlich, mit Pfeilen, glühenden Rosten, Pechfackeln und heißem Öl nach mir zu werfen. Es gab allerdings auch Irritierung in meiner Anfangszeit durch östliche Stelenmagier und durch diesen afrikanischen Bischof, Augustinus, überhaupt: Diese wahrheitsliebenden Fanatiker, was haben die mich Energie gekostet auf dem beschwerlichen Weg zu meiner Institutionalisierung! Zum Glück hat der Bischof Augustinus doch noch die Zeichen der Zeit erkannt und mit seinem Gottesstaat sich zu Recht und Ordnung bekannt. Nun, damals glaubte ich noch, mich im Einzelnen, im Individuum manifestieren zu können: ein Irrtum. Wenn man in Äonen rechnet, ist das Leben des Einzelnen im unangenehmsten Fall ein Pickel: Man drückt ihn aus und desinfiziert ihn mit ›Apage Satanas‹ oder spricht ihn heilig und schaut nach der kirchenrechtlichen Morgentoilette wieder beruhigt in den Spiegel. Nun, ich schweife ab. Ich habe also lange gebraucht, um zu verstehen, dass mein Atem der von Jahrhunderten ist, also: darauf zu vertrauen, dass Blut der Zement langlebiger Ideologien ist.

Ich weiß noch, wie berauscht ich vom ›Jetzt-ist-es-erreicht‹-Gefühl war, als mir die geniale Fälschung ›Konstantinische Schenkung‹ gelungen war. Ach, wie kurzsichtig! Dann, in meiner schläfrigen Pubertät – in der Zeit vor Karl dem Großen –, spannte ich *peu à peu* meine Netze über Europa aus. Aber erst nach Karl dem Großen – der sich ja so freundlich für mich bei den Sachsen eingesetzt hat – dämmerte mir langsam meine wirkliche Aufgabe, nein, mein eigentliches Ziel: *Macht* zu haben. Ich war schließlich so berauscht von diesem Gefühl, dass ich Macht – die ich ja nun hatte – für das Wichtigste hielt, ohne zu begreifen, wie vergänglich diese irdische Macht ist, weil sie ja an reale Menschen gebunden ist. Dieser Trugschluss hat mich Jahrhunderte gekostet. Ich hätte mir das Konzil von Trient, die herbe Reaktion auf Luther und die ganzen Scheiterhaufen der Inquisition – was für eine Energieverschwendung! – sparen können, wenn ich früher begriffen hätte, dass diese Geselligkeit mit der menschlichen Macht der falsche Weg war. Erst die Renaissance brachte mich darauf, dass es hinter der

Macht etwas Größeres gibt, das man erreichen muss, wenn man Zeitlosigkeit anstrebt: Man muss *tabu* werden, in jeder Hinsicht unfassbar und unangreifbar. Wenn man das ist, werden sich die Ängstlichen nicht mehr gegen mich erheben, und die Gescheitesten werden entdecken, wie vergeblich ihr Kampf gegen mich ist, bis sie das aber begriffen haben, werden sie keine Kraft mehr haben, Wesentliches zu tun.

Gestatten Sie mir eine Prise Stolz: Ich habe es geschafft. Ich bin zum Tabu geworden. Keiner will mich wirklich abschaffen. Ich habe hinter dem Schreien des Blutes das Flüstern der Angst entdeckt: Ich wispere mich in die Köpfe und bin da. Kaum spürbar, aber da. Es gibt keinen Menschen auf der Welt, dem ich nicht im Kopf wäre. Selbst wer mich bekämpft, kämpft immerhin gegen mich! Gesetzgeber, Philosophen, Menschenfreunde, Revolutionäre – alle habe ich sie eingebunden in die Auseinandersetzung mit mir. So sitze ich heute als Made im Hirngedärm der Menschen. Leise und immer präsent.

Natürlich gibt es dann mal ein Tagesfieber, kleine Irritationen: die Friedensleute, die Theologen der Befreiung, die Küngs und wie sie alle heißen. Ich werde sie überwinden. Es ist ein bisschen so wie in dem, was die Menschen Leben nennen: Ich bin die geschiedene Frau, die zufrieden ist, dass er seiner Neuen dauernd von mir erzählt. Solange ich in den Köpfen bin, bin ich, oder, wie ich früher gesagt hätte: *dicar ergo sum*.

Vor einem allerdings habe ich Angst: dass da eines Tages einer kommt, einer mit Gewicht, und wörtlich nimmt, wofür ich einzustehen vorgebe. Es wäre mir sehr unangenehm, auf die Bergpredigt festgelegt zu werden. Das hatte seine Zeit, damals. Aber heute? Ich weiß nicht, was passiert, wenn das eintrifft. Ob das der Tag ist, von dem die Offenbarung spricht?

Na ja, bis dahin ist es sicher noch weit und außerdem: Wozu hat man Personal?!«

Um nun auf Martin Luther zurückzukommen. Er hatte ein Problem, das jeder Katholik kennt, wenn er vom Kinderglauben zu einer reiferen Form finden will: Es hat ihn gefuchst, dass die katholische Kirche ihre Gläubigen aus diesem Mutterdunst einfach nicht entlassen will, dass sie sich über sie stülpt wie diese Mütter, die einem noch die Flusen vom Anzug pflücken, bevor man zur Vereidigung als Bundeskanzler geht – weil sie einen immer noch im Matrosenanzügelchen sehn.

Der Gedanke der Renaissance, dass der Mensch für sich selbst verantwortlich ist – ein Gedanke, der aktueller ist denn je, allgemein und im Leben eines jeden von uns –, hatte von Luther Besitz ergriffen und sicherlich viel zu dem beigetragen, was er getan hat. Nur wenn ich die Verantwortung für mich übernehmen kann, habe ich die Freiheit, mich Gott zu überantworten.

So ein Gedanke ist heute noch vielen Katholiken zu radikal.

Nur: Verantwortung für sich selbst zu übernehmen ist – aus meiner Sicht – unabdingbar an eine Voraussetzung geknüpft, die neben dem Verzeihenkönnen zum Schwersten gehört, was einer in diesem kurzen Leben erreichen kann: Vertrauen haben zu können.

Erlauben Sie mir, darüber noch ein paar Gedanken zu äußern.

Mich hat immer schon in der Politik und in der Kirche gefuchst, wie leicht sich diese großen Worte immer anhören und wie leicht man sich zu ihnen bekennen kann: Liebe, Verzeihen, Vertrauen – ja sicher, normal.

Meine erste Irritation in diesem Punkt hatte ich als Student in den 68er Jahren, als ich mit dem SDS auf die Straße ging, um für die Emanzipation der Frau zu demonstrieren. Drei Stunden war ich auf der Straße. In der Zeit musste der Haushalt natürlich weiterlaufen: Einkaufen und Spülen. Dreimal dürfen Sie raten, wer das erledigt hat – klar, meine damalige Freundin.

Und so ist es mit den anderen großen Werten auch.

Sie taugen nur dann etwas, wenn sie bis zum Frühstücksei reichen. Liebe ist ja nicht: »Ja schön, Schatz, im Moment haben wir keine Zeit füreinander, weil ich in der Praxis so viel zu tun habe, aber guck mal, das sind doch nur ein paar Jahre, aber dann, wenn der Laden erst mal richtig etabliert ist und läuft, dann ist sicher auch mehr Zeit und dann machen wir zwei es uns richtig schön, ja?!« Nein, Liebe ist hier und jetzt, und wenn es ein Kuss überm Frühstücksei ist.

Oder: Kriegsgegner sein ist nicht nur, ein Plakat gegen die Zustände in Rwanda und Zaire. Kriegsgegner sein ist auch, den Prozess gegen den Nachbarn wegen des zu hohen Baumes, der die Sicht verdeckt, zu stoppen, jetzt, und hinzugehen, zu klingeln und zu sagen: »Vielleicht geht es auch anders, lassen Sie uns darüber reden.«

Und da komme ich wieder auf das Vertrauen. Ich finde, dass wir alle seit langem daran kranken, nicht mehr zu wissen, was Vertrauen bedeutet. Und ich meine, dass dies eine der Wurzeln für all die Kriege im Kleinen und im Großen ist, unter denen wir leiden.

Vertrauen ist radikal und voraussetzungslos. Das richtige Vertrauen ist etwas, das ich leiste, ohne nach Beweisen zu fragen. Es ist damit das höchste Risiko, das ich eingehen kann. Das macht Angst. Und Angst wiederum macht kleinlich, misstrauisch, aggressiv. Aber Angst ist nur eine Warnlampe, die mir sagt: »Vorsicht, jetzt wird es riskant« – mehr nicht. Wenn ich tue, wovor ich Angst habe, ist sie plötzlich weg! Jeder von uns kennt das.

Vertrauen, ich meine das wirkliche, radikale, ist wie die Geschichte von Roland Topor, einem polnischen Schriftsteller und Zeichner, der in Paris lebt:

Sein Vater floh 1942 vor den Nazis nach Bordeaux. Dort wurde er im Sommer 1943 von der SS aufgegriffen und zusammen mit seinem vier- oder fünfjährigen Sohn in den üblichen Viehtransportzug nach Theresienstadt gesteckt. Natürlich wusste jeder der Juden, die in diesem Zug zusammengepfercht waren, wohin die Reise geht. Der Zug fährt los, und irgendwo mitten in Frankreich hält er auf offener Strecke an. Ein französischer Personenzug kommt ihnen entgegen und hält ebenfalls auf dem gegenüberliegenden Gleis. Durch den Türschlitz sieht der Vater im anderen Zug einen Mann, der ihn anschaut. Er winkt ihm, der öffnet das Fenster, und der Vater wirft den kleinen Roland diesem ihm wildfremden Menschen durch die Luft einfach zu.

Übrigens: Beide leben heute noch und haben sich gefunden.

Das aber ist nicht das Wesentliche. Das Wesentliche ist diese Sekunde des Vertrauens.

Wer dieses Vertrauen hat, bringt keine Juden um und pflegt keinen Ausländerhass. Wer dieses Vertrauen hat, kann verzeihen und sich versöhnen. Wer dieses Vertrauen hat, ist Mensch und kann sich dann auch – aber erst dann – frei dafür entscheiden, Vertrauen zu Gott zu haben. Und ist es dann noch wichtig, ob er katholisch, evangelisch, Buddhist oder Mohammedaner ist? Ich glaube nicht.

3. DER LEBENS-ENTWURF

Weil dem Rheinländer alles Definitive verhasst ist wie dem Teufel das Weihwasser, ist auch sein ganzes Leben in seinen Augen nie ein abgeschlossenes Ganzes, das linear von der Geburt dem Tode zustrebt; vielmehr ist es immer nur ein Entwurf, der in jedem Moment viele Zukünfte hat und auch rückblickend viele Vergangenheiten aufweist. Aus der Tatsache, dass ihm die Dinge und das Leben nie abgeschlossen erscheinen, rechtwinklig

und ausgebildet, zieht er eine Energie, die andere, sä-
hen sie es denn, vor Neid erblassen ließe. Dies bedeutet
auch, dass er immer voller Pläne, Wünsche und Hoff-
nungen ist, die – im Jrunde, um eine rheinische Relati-
vierung zu gebrauchen – nur eines kleinen Schubses be-
dürften, um in die Tat umgesetzt zu werden. Dem steht
– zum Glück und andererseits – das rheinische Phlegma
gegenüber, das dafür sorgt, dat dat Leben ebends doch
in den Bahnen abläuft, die »irjendswie jedem zujrunde-
jelegt sinn«.
So sinniert er am Lebensabend:

Beispiel »Wenn man nur ein bisschen,
nur so ein bisschen mehr Zeit
(es geht ja um ein ernstes Thema, das fängt man hochdeutsch an)
also da könnt man ja, ne
könnt man
et is einfach weil
irjendswie, ne
Sch-meine: wenn man dat all mal
sch-meine: wenn man Auren dofür hätt
also wenn man dat all mal
wie soll ich saren
niederleren also irjendswie
schrifflich fessschreiben, ne
jut: sch-meine:
wenn ma-t kann, ne
also: ich
sch-könnt jo

also Wälzer könnt-sch jo
allein wat sich do all
um einen eröm, ne
irjendswie avjespillt
und wenn man dat all mol
und hier: man sellevs jo och, ne
jetzt mal so jesehen
also –
sch-meine immer:
man müsste dat all – irjendswie
der Nachwelt, ne
Also: wat dann später kütt, ne
dat die do och
also
dat dat net der Verjessenheit
sozesaren – wie heißet
anheim
jenau
Sch-meine:
falls man mal nicht mehr sein sollte
wör man jo dreck froh drum
dat man dat domols all fessjehalten, ne
dat is wie wenns mans heutzetare, ne
liest man ja schon mal
wie die früher un dat all, ne
also schon mal allein wat ich allein
also jetzt nur mal von mir herjesehen, ne
also wat sich do schon all
im Laufe der Zeit
also – zesammejetrare hätt

Also dat allein
wör jo schon
wie soll ich saren?
Also
Interessant, ne
et is nur
ebends
die Zeit, ne
also
wenn man nur ein bisschen, ne
nur so ein bisschen mehr Zeit, ne
also do könnt man ja
könnt man, ne.«

Raum für eigene Notizen

VII. DEMOKRATISCH-PHILOSOPHISCHE GRUNDLAGEN

1. KONJUNKTIV –
DIE RHEINISCHE LEBENSFORM

Alle Sprachen kennen den Konjunktiv, die Möglich-keitsform. Warum also nicht auch der Rheinländer? (→ I, 8) Die rheinische Grammatik Ist der Konjunktiv allerdings allen anderen Sprachen ein Mittel, auszudrücken, dass etwas im Bereich des Möglichen oder Unmöglichen liegt oder zu liegen hat, so ist er dem Rheinländer mehr: Der Konjunktiv ist seine eigentliche Lebensform.

»Panta rhei, hätt esu eene jriechische Philosoph domols jesaat, dä Herkules, nee, dä Heraklit, ne, der jo och die Dachpapp erfunge hätt, ne, also alles is im Fluss, alles bewescht sich, nüß blievt esu, wie et is, ne, wat soll ich in dem Moment mim Indikativ? Wör ich jo beklopp, ne!«

Der Konjunktiv ist das Schaumkrönchen auf dem Glas Kölsch, unaufdringlich, aber lebensnotwendig. In ihm kann er alles sagen, was ihn bewegt, und hat trotzdem die Gewähr, dass er nicht festgelegt werden kann.

Natürlich wird diese Vorliebe für den Konjunktiv oft angegriffen. Da heißt es, er, der Rheinländer, verwende ihn deshalb so gerne, weil er immer danach trachte, sich ein Hintertürchen offen zu halten, durch das er entschlüpfen wolle. Quatsch! Der Rheinländer braucht kein Hintertürchen – der Rheinländer *ist* Hintertürchen.

Beispiel Das fängt bei scheinbar indikativischen Redensarten an. Er überlegt, wann die Hochzeit war: »Also dat wor, zementens, '48, nee, '49, Moment, '48 wor dä Rään, '49 wor der heiße Sommer, dat muss, jetzt lassen Sie mich net lügen, dat muss also …« »Lassen Sie mich nicht lügen!« Das muss man sich mal auf der Zunge zergehen lassen. Eine Redensart, die sogar die Möglichkeit eigener Wahrheitsverdrehung prophylaktisch dem anderen aufs Auge drückt! »Jo ich hätt jo net, ne, ewwer dä do …!«

Natürlich gibt es auch die Verwendung des Konjunktivs streng nach der Zeitenfolge, der Römer hat ja lange genug hier gewirkt, also: »consecutibo tempodumm, ne«.

Beispiel A fragt: »Wie isset dann?« B hört aber nicht hin, dreht sich nach einer Weile zu A und fragt: »Wat hässe jesaat?« »Wie et dann wör!« Meisterhaft! Wer hätte an dieser Stelle jemals so korrektes Deutsch erwartet?

Zur Unterstützung seines konjunktivischen Lebens verwendet der Rheinländer gerne das Hilfszeitwort »tun« – im Gegensatz zu allen anderen deutschen Zungen, die sich in solchen Fällen lieber des Hilfszeitwortes »werden« bedienen: »würde« ich mal sagen. Nicht so der Rheinländer. Er sagt: »Tät ich mal saren. – Aber ob ich et dann wirklich saren tät, dat tät ich mir nochens überlejen.« Er macht das Mädchen in der Kneipe an und sagt: »Wie wör et dann mit uns zwei?« »Ich tät dat ewwer net.« »Wie?: Ich tät dat net?« »Do hinge is minge Mann.« – Was ein Glück, es war ja nur Konjunktiv! Drei Kölsch und der Fall »hätt sich«, was in diesem Fall rheinischer Indikativ war. Klar?!

Ganz penibel wird er, wenn er in indirekter Rede etwas schildert, um nur ja den Eindruck zu vermeiden, die in seiner indirekten Rede sprechende Person könnte »möschlischerweise mit ihm prifat, also quasi ihm sellevs« verwechselt werden: »Jestern trof ich ding Frau, und et hätt jesaat, et tät verdammp vürsichtig sein, wenn et in dinger Haut stecken tät, weil wenn du nochens noh Hus kumme tätst, dann tät et dich verkammersöölen, dat et sich jewäsche hätt. Sch-meine: Sch-sare nur, ne, *et* hätt jo jesaat …« Wer mag da dem Überbringer solcher Botschaften noch an die Gurgel gehen wollen? Vielleicht hat der Rheinländer zu oft im Laufe seiner wechselhaften Geschichte fremde Botschaften überbringen müssen und daraus die Lehre gezogen, dass man damit nicht vorsichtig genug sein kann, will man vermeiden, am seidenen Faden fremder Worte aufgehangen zu werden. Der Römer hat ihn zu Hermann dem Cherusker geschickt, Napoleon zu Blücher: »Also dä Römer schick mich, Ihr sollt uphören mit der Steinewerferei, dä janze Limes jeht kapott« – und: sssing! war er schon um einen Kopf kürzer. Solche Erlebnisse gehen in die Gene und in die Sprache. Da lernt man Vorsicht!

Also bleibt er, auch wenn er beleidigt, gerne konjunktivisch: »Du Arschloch … hätt ich bald jesagt!« und schon ist die Beleidigung in den Bereich der Möglichkeiten verwiesen – und ob es tatsächlich eine wird, hängt ganz vom anderen ab. »Sch-hätt jo nur, ne, sch-hab ja net!«

Wird er selber beleidigt, und zwar indikativisch, hat er auch so seine Möglichkeiten.

Beispiel A sagt zu B: »Weiß du, wat du für mich biss?« – ein Satz übrigens, der immer von aggressiv nach oben gerichtetem Kopfnicken unterstrichen wird – »Weiß du, wat du für mich biss? – Eene Piefekopp, wenn du mich frogs!« »Dich frog ewwer keener, hehe!« Oder geradezu philosophisch in seinen konjunktivischen Abgründen: »Weiß du, wat du für mich biss? Eene Piefekopp, wenn du mich frogs!« »Dat *wüßt* ich ewwer!« Kennen Sie, liebe Leser, einen »Piefekopp, der von sich jewusst hätt, dat er eene wör?« Ich nicht.

Nur wenn etwas völlig irreal, ganz unmöglich und absolut unwahrscheinlich ist, dann tritt im Rheinland mit Fanfaren der Indikativ auf den Plan. Vielleicht, weil des Unmögliche genau das ist, was hier täglich passiert.

Beispiel Eine uralte Geschichte: Tünnes kommt zu Schääl an die Wohnung und klingelt. Schääl brüllt durch die Tür: »Ich sin net zu Hus.« Woraufhin ihm Tünnes von draußen antwortet: »Dann is ja jot, dat ich jar net jekumme sin.«

2. DIE RHEINISCHE KRITIK

Da heißt et immer: Der Rheinländer wäre unfähig zu Kritik. Er könnt dat nit, weil er sich aus allem eraushalten dät, weil ihm suwiesu all dat ejal wör, wat nit dreck mit ihm selver ze don hät, und weil er et sich mit keinem verderbe wolle dät. Heißt es. Ich meine: So was kann nur sagen, wer den Rheinländer nicht kennt und wer obendrein auch nichts mit ihm zu tun haben will.

Denn in Wirklichkeit ist die Kritikfähigkeit des Rheinländers
1) unbestechlich und
2) ständig präsent, außerdem
3) geht sie in mehreren Stufen vor sich.

Zu 1) Die Unbestechlichkeit der Kritik

Da braucht man nur in einen Laden ereinjehen, wollmermalsaren: C & A, Abteilung für Übergrößen. Et Finchen es sich jet am ussööke un et Trautchen es mitjejange, weil sich dat Finchen nit esu sicher es und weil dat Trautchen die ältste Fründin vum Finchen es. Dat heißt: Dat Finchen kann sich op dat Urteil vum Trautchen verlassen. Und wie sieht dat aus?

Et Finchen jeiht mit esu einem blauen Teil, oben fein wat avjesteppt, Modell: »Hebt die Büste, ohne die Taille überzubetonen«, in dat Ömtreck-Kabinchen erein. In dä Zick söök et Trautchen schon mal wat Besseres aus, weil, es klar: Et Finchem es demmsing beste Fründin, da muss man schon mal selbstlos sein können. Et Finchen kütt erus ussem Kabinchen –

Übrigens, ist Ihnen schon mal aufjefallen, dass es nur zwei Orte gibt, wo die Frauen keine Männer dabeihaben wollen, weil diesen Orten ein gewisses Sichschämen innewohnt? Dat es dat Ömtreck-Kabinchen und dä Beichtstuhl. Wenn sie aus dem Beichtstuhl erauskommen, streichen sie sich immer, ausnahmslos, kurz und verschämt der Rock glatt, wenn sie ussem Ömtreck-Kabinchen erauskommen, streichen sie sich die Haare glatt. Ebenso ausnahmslos. Nirgendwo sonst gibt es für die Frau diese kleine klassische Schrecksekunde, in der sie grundsätzlich verunsicherbar ist. Weil: An beiden Orten hat sie sich ausgezogen, ich meine: *wirklich* und nicht auf Wirkung bedacht, und beim Verlassen dieser beiden Orte muss sie erst mal ihr öffentliches Bild wiederherstellen. Das geht schnell, wir wissen es, aber die Sekunde, bis dat alles wieder in Ordnung ist, ist die Sekunde, wo Frauen plötzlich einfach nur – Menschen sind, un do bisse für eine Moment janz schön ... Jot, lommer dat – et Finchen also eraus us dä Kabin, guckt sich wat unsicher nohm Trautchen um, dat Trautchen kütt och sofort anjefloge, blinzelt kritisch und setzt dann zur rheinischen Kritik-Meisterleistung an:

»Jaa, schön, dat es ein schönes Kleid, ne, könnt man nit anders sagen, nee wirklich, schön, dat Blau, dezent un doch nicht aufdringlich – obwohl, do en dr Hüft, ich mein, do wör et jet spack, ne, jot, kann man ändere, sicher, hinge om Reißverschluss klein Dreieckchen ereinjenäht, hätt sich dä Fall, ne, obwohl, ob et do noch esu vill Stoff en demm Muster jitt, ewwer dann, sicher, es schön, dat Kleid, ne, nee wirklich, Finchen, ich dät et sage, klar ... obwohl – kann nicht jeder tragen! ... Ich mein, dat macht dich wat älter ...«

Natürlich zieht et Finchen noch ein paar andere Kleider an, wat ihm dat Trautchen usjesöök hät, kauft dann aber natürlich dat blaue von eben, weil, wie jesagt: Auf das Urteil einer guten Freundin kann man sich immer verlassen!

Zu 2) Die ständige Präsenz der Kritik

Der Rheinländer hat viel gesehen im Laufe der Geschichte. Alle haben ihm was vorzumachen versucht: der Römer, dä Franzuus, die Wittelsbacher – um nur einige zu nennen. Das hat seinen Blick geschärft. Man kann ihm nix erzählen, er ist durch alles durch, man kann ihn nicht mehr überreden – man muss ihn schon überzeugen. Und da hat er so seine Mittel, um die Wahrheit hinter den Wörtern zu erkunden.

Die Mittel sind klein, aber oho! Wir wissen ja, wie sparsam der Rheinländer mit seinen Waffen umgeht.

Es sind meistens kurze Wörter wie: echt, wirklich, ehrlich.

Beispiel »Dat Programm vum Beikircher, dat wor wieder richtig klasse!«
»Echt?«

Und schon ist man ob dieser Kritik in der Verteidigungs-
haltung, muss weitere Informationen herausrücken,
kurz: muss beweisen, dass man hinter dem, was man gesagt hat, wirklich steht.

»Also wat dä Beikircher do wieder verzallt hät!«

»Wie: verzallt? Wat hät dä dann verzallt?«

»Och über dä Rheinländer un esu un dat mir esu kri-
tikfähig wören, dat uns quasi keiner jet vürmache kann.«

»Wemm?«

»Uns!«

»Echt?«

»Jo. Und weiße, warum uns keiner jet verzälle kann?«

»Enee.«

»Weil mir Rheinländer ebends esu op Zack sin!«

»Jo?!«

Das ist höhere Kunst, dieses »Jo!«. Ich meine: Das
muss einer erst mal nachmachen: eine Zustimmung als
Gegenfrage und damit als vernichtende Kritik zu verwenden. Einmalig.

Zu 3) Die Stufen der rheinischen Kritik

a) Der Conditionalis vituperans

Dieser besondere Conditionalis ist ein kleiner Wenn-
Satz, quasi der Conditionalis vituperans, also der tadeln-
de, der seine Wirkung nie verfehlt. Mit diesem Satz, der
für sich gesehen absolut harmlos ist, distanziert sich der
Rheinländer vom anderen, ohne dat man ihm jemals
wat nachsagen könnte.

Beispiel Supermarkt. Kassenschlange. Mitten in der Schlange steht einer dieser ewig Unverbesserlichen, der »dem Rheinländer sein Deutsch« ständig korrigiert. Kennt man ja, so Typen, geborene Oberlehrer: Regal voller Bücher, aber nix em Kopp.

Also. Vor ihm hat eine Kundin ihr janzes Zeug om Kassenband liegen. Er stellt jetzt sing Tüt H-Milch fettarm dahinter. Die Kassierin nimmp dat kleine Trennbrett und knallt dat demm vür demmsing Tüt met dr H-Milch. Kennt man ja, die Trennbrettchen. Meist Werbeträger, manchmal auch Träger einer kundenfreundlichen Sachinformation. So in diesem Fall. Auf dem Trennbrett steht nämlich: »Nächste Kunde«.

Der Oberlehrer räuspert sich und gibt sich dann mit der Frau an dr Kass draan:

»Was ist das denn? Gucken Sie mal, was hier steht! Hier steht: Nächste Kunde.«

»Jo sicher steiht do: Nächste Kunde! Wat dann sons?«

»Ja das ist aber falsch!«

»Wie: falsch?«

»Das muss doch heißen: Nächster Kunde!«

»Wat soll dat dann heißen: Nächster Kunde? Dat es jo Quatsch. Do steht nächste Kunde, weil dat heißen soll, dat dat Brettche dofür do es, domet dat mr süht, dat hinger dem Brettche dä nächste Kunde dran es!«

»Ja, gut. Hier steht aber nicht: der nächste Kunde. Hier steht ohne Artikel einfach: Nächste Kunde!«

»Jo und?«

»Das ist falsch!«

»Jo jot, ph! *Wenn Sie dat sare!*«

Und peng! und aus! und Luff erus!

Das ist Souveränität: Sie hat den Streit scheinbar geschlichtet, bevor er entstanden ist, hat aber gleichzeitig, ohne es auszusprechen – und das ist das »vituperans« an diesem Wenn-Satz –, eines glasklar in den Raum gestellt: »Eine von uns zwei he es et Arschloch – ich ewwer nit!«

b) Die Bestätigung als Widerhaken

Auch die nächste Stufe ist ein für sich genommen völlig harmloser Satz, der aber die Abgrenzung noch klarer als Stufe a) erfüllt. Er wird vor allem benutzt, wenn es um die Rettung der eigenen Haut geht.

Nehmen wir mal eine ganz alltägliche Situation.

Beispiel Morjens früh halver aach. Er ist schon wat unter Zeitdruck für nohm Büro. Die Frau ist schon weg, die Putzfrau ist schon da. Er steht im Schlafzimmer und ist sein Hemd am Suchen, die Putzfrau steht in der Küche. Entsprechend lautstark ist die Unterhaltung.

»Sarens, Frau Eienich, wisse Sie, wo ming Hemp es?«

»Wie: ming Hemp?«

»Jo ming Hemp! Dat wieße!«

»Em Schrank! Wo dann sons?!«

»Do es et ewwer nit.«

»Wie: Do es et nit? Do mööt dat ewwer sin!«

»Jo wenn ich sare: Do es et nit.«

»Nit em Schrank?«

»Enee!«

»Och nit do, wo't immer es?«

»Wat soll dat dann heiße: nit do, wo't immer es?«

»Jo hinger de Söck!«

»Wie: hinger de Söck? Wat hat dann ming Hemp hinger de Söck ze sooche?«

»Do es et immer.«

»Hinger de Söck?«

»Eja. Es et dann nit do?«

»Nee, do es et och nit.«

»Han Sie och richtig jeluurt?«

»Jo sicher, wat meinen Sie dann. Ewwer do es et nit!«

»Dann es et en dr Wäsch!«

»Quatsch, en dr Wäsch. Ich han et doch jestern noch jesin.«

»Wat dann?«

»Dat Hemp.«

»Dat Hemp? Wo dann?«

»Em Bad.«

»Jo do jehürt et jo och nit hin!«

»Dat weiß ich och, ewwer ich han et em Bad jesin.«

»Dann es et jo jot.«

»Wie: jot.«

»Jo weil et dann jo do es.«

»Wo dann?«

»Jo em Bad!«

»Do es et ewwer och nit.«

»Jo wo soll dat Hemp dann sin?«

»Jo wenn ich et wüsst, dät ich nit frore.«

»Wenn et nit en dr Wäsch es, es et sicher om Böjelbrett!«

»Quatsch! Dat Böjelbrett es em Keller!«

»Wat hätt dann dat Böjelbrett em Keller verlore?«

»Weil dat nohm Sperrmüll kütt.«

»Dat Hemp och?«

»Herrjottnochens, nee, nit dat Hemp, dat Böjelbrett. Wat soll dann dat Hemp om Sperrmüll? Dat wör jo jet, jo es et dann, dat Hemp dat muss jo irjendswo sin, wat es dat dann für eine Drisshaushalt he, wo man noch netens sei eijen Hemp fingk!«

»Dä Haushalt es en Ordnung, un dat es dä, zickdemm ich he sin, un dat sin sibbe Johr. Un wenn dat Hemp nit do es, wo't immer es ...«

»Wo dann?«

»Hinger de Söck ...«

»Jo ewwer ich sare jo: Do es et nit!«

»Dann es et fott!«

»*Wie*: fott! Ich mein, jetzt wör et jot! Ming wieß Hemp? Fott? Halt! Do es et jo!«

»Hanset?«

»Jo. Ich han et!«

»Wo wor et dann?«

»Wissese wo dat wor? Hingerm Schohnputzzeuch wor et. Un dreckelich es et och! Jetzt frare ich Sie: Wat hät dann ming Hemp hingerm Schohnputzzeuch verlore, he?!«

»Ich wor dat nit!«

»Wie: Ich wor dat nit! Soweit als wies ich weiß, simmer he drei Mann en demm Drisshaushalt: Sie, ich und ming Frau, un *ich* hab et nit da hinjelegt.«

»Ich och nit.«

»Och hürens op, Frau Eienich, welcher Idi-ot hätt dann …«

» Dat haben Sie jesagt!«

Und zack! und paff! und peng! und »Ich wor et nit« und fertig ist die Laube: genial. Anders kann man das nicht nennen.

c) Die Frage ohne Fragezeichen

Die Frage ohne Fragezeichen ist die höchste, subtilste und effektivste Form rheinischer Hinterlist (→ I, 4. Die rheinische Rhetorik; → I, 5. Die Gegenfrage).

Sie besteht aus einem einfachen Aussagesatz, scheinbar überflüssig, weil er nur formuliert, was eh schon klar ist. Aber gerade deshalb alles andere als überflüssig!

Er wird benutzt, wenn es um wirklich wichtige Dinge geht, Dinge, die man möglicherweise nicht ungestraft einer Kritik unterzieht.

Beispiel Erbschaftsgespräch im trauten Familienkreis. Wir wissen alle: Nichts kann die Geschwisterliebe stärker durcheinander bringen als wies esu jet.

Und es sind immer dieselben Themen:

Wer övvernimmp dä Betrieb und wat zahlt er dann den Geschwistern aus, und vor allen Dingen: Warum will er nichts auszahlen, warum soll die dat Haus kriejen un nit mir zwei jüngeren, und dann sinn jo noch die Möbel, die Bilder un dat kleine Järtchen op dr schääl Sick. Und schon simmer mittendrin:

»Sarens, wenn du dä Betrieb övvernemme wills …«

»Wie: wills! Einer muss et jo don! Ich opfere mich do quasi auf für üch, wenn ich dat övvernemme!«

»Jo, jo, jo! Und machst dann die jroße Schnitte als Jungunternehmer un mir ston em Wald.«

»Vor allen Dingen mach ich eine Schnitte! Wisst ihr dann, dat der Betrieb Schulde hätt bes övver die Uhre? Normal müsste der Betrieb längst schon Pleite jejangen sein, wenn ich nit op dat Jehalt, wat mir amfürsich zusteht, verzichtet hätt. Un dat zick fünnef Johr. Esu süht dat nämlich us!«

»Aha! Kei Jehalt zick fünnef Johr? Un wovon es dann et Huus in Rudekirche? Un wovon es dann dr Wage für ding Frau? Un wovon es dann die Ferienwohnung en Simmerath? Es dir dat einfach esu zojefalle oder hässe dat jeschenk jekräje oder wie oder wat? Ich mein: *Ich frage nur!!*«

3. DER SOFORT-VERSÖHNER

Ich habe ja schon des Öfteren angedeutet, dat der Rheinländer ein durch und durch positiver Mensch ist. Sie erinnern sich: Der Rheinländer kann nicht nein sagen, nicht wirklich. Ich meine: nee, nee, nee, dat jo, ewwer richtig nein: nee.

Wobei schon interessant ist, wie unterschiedlich sich die Fähigkeit, »ja« oder »nein« zu sagen, unter den deutschen Zungen verteilt.

Der *Schwabe* zum Beispiel hat eine Zwischenform entwickelt: das finanzielle Ablenkungsmanöver. Tus'se dem einen Auftrag erteilen, dann tut der erst mal weder ja noch nein sagen, er weist einen auf die finanziellen Risiken dieses Auftrags hin. Er ist ja der einzige Mensch auf der Welt, der mit einem satten Kontostand auf die Welt kommt, dementsprechend teilt er die Menschheit in zwei Gruppen ein: Soll (und das ist der größte Teil) und Haben (was sich eben nur auf Schwaben reimt!). Sagt man dem Schwaben also:

»Tus'se mir dat un dat maache, in 14 Tagen kummen ich vorbei un hollen et av«, antwortet er bedächtig:

»Ja, des koschtet aber!«

Sagt er dann allerdings zu, dat er't macht, kann man sich drop verlosse: Nach 14 Tagen es dat Teil fertig, man kann hinfahren und es abholen. Einerseits sehr überraschend – aus rheinischer Sicht, andererseits aber: Wenn ich heute schon weiß, was in 14 Tagen sein wird, das ist doch kein Leben, oder?!

Der *Hesse* – um einen anderen »Fall« kurz zu beleuchten – wird erst mal sofort der Auftrag annehmen, weil dat die schnellste Möglichkeit ist, jemanden wieder loszuwerden.

»Ei sicher, des mache mer, des is überhaupts kaa Problem, des is praktisch schon erledigt, ich maan, da simme ja richtiggehend spezialisiert, gell, ja, rufe Se doch in aan, zwaa Woche widde an, dann is des feddisch!«

Dann kommt der Auftrag in die Hessen-Ablage, also in den Papierkorb. Ruft man aber nach 14 Tagen an, kann man seine Überraschung erleben: Der Hesse freut sich! Selbst wenn er nichts erledigt hat.

»Ja, Tach, ich wollte mal fragen, ob dat Dingen fertig ist.«

»Ach *des* wars, ei horche Se mal, die ganz Zeit hab ich scho so e Gfühl ghabt, des wars, klar, natürlich, ei da bin ich awwe froh, dass Sie nochmal aagrufe hawwe, weil: Ich hätt des ja sonst glatt vergesse! Wisse Sie was? Jetzt rufe Sie uns doch in drei Woche nochmal an, dann is des sicher so weit, gell. Und vielen Dank nochmal, gell. Ei des is awwe aach …!«

Also, wie soll ich sage: bisse machtlos.

Und dann der positive *Rheinländer*!

Erteilt man ihm einen Auftrag und hat er ihn natürlich nicht erledigt, wird er nie sagen: »Das hab ich nicht erledigt«, weil das so negativ klingt, furchtbar! Er wird es immer positiv formulieren: »Dat wollt ich dieser Tare noch erledigt haben!«

Das ist das Geheimnis rheinischer Absichtserklärungen. Überall sonst auf der Welt kann man eine Absichtserklärung ausschließlich in die Zukunft abgeben: »Das werde ich erledigen« oder »Das habe ich vor zu tun« etc. Nicht so im Rheinland. Dort kann man auch Absichtserklärungen in die Vergangenheit abgeben: »Das wollt ich dieser Tage noch erledigt haben!« Warum? Weil der Rheinländer der Herrscher über → Raum und Zeit (VIII, 1; VIII, 4) ist, darum!

Und an dieser Stelle sollten wir uns Gedanken darüber machen, woher dieses vollkommen Positive im Rheinländer kommt, das so stark ist, dass er nicht »nein« sagen kann.

Dat is, wie soll ich sagen, also dat es so:

Seit Menschengedenken jitt et dat Positive un dat Negative, dat Richtije un dat Falsche, dat Jote un dat Böse. Jetzt will ich nicht darauf raus, dass das Gute das Böse ist, das man unterlassen hat, oder so Klugheiten, nee, nee, ich will dadrauf eraus, dass der Rheinländer durch und durch gut ist, was man daran sieht, wie er mit den Wörtern in diesem Bereich umgeht. Er ist nämlich so gut, dass er einen Zustand, der nicht gut ist, geradezu als nicht real, als nicht wirklich ansieht. Also quasi als falsch.

Beispielsweise hat man ja schon mal der Fall, dat man esu in Wut jerät, dat dat eraus muss. Und? Wat sagt da der Rheinländer? »Do wood dat *richtig falsch*!«

Richtig! Und warum sagt er dat? Weil Wut ein Zustand ist, der so schlecht, so unrheinisch ist, dass es geradezu ein *falscher* Zustand sein muss. So es dat!

Und da ist der Rheinländer penibel genau. Das geht so weit, dass er zu Sätzen kommen kann wie:

»Hä wor esu falsch, dat hä sich nit mieh kannt!«

Wie weit muss es einen da jetrieben haben!

Und er hat feinsinnige Unterscheidungen eingebaut, um Missverständnisse mit diesem Sinn des Wortes »falsch« zu vermeiden.

Beispiel Kostümkontrolle bei den roten Funken vor dem Auftritt. Penibel genau wird kontrolliert. Die Funken stehen in Einerreihe vor dem Offizier. Der wirft auf jede Uniform einen Blick und sagt dann routinemäßig:

»Du bes richtig.

Du bes richtig.

Du bes och richtig.

Du bes falsch …«

»Wie falsch?« säht dä, »ich hab doch nix jesagt!«

»Sicher bes du falsch, luurens do, die Uniform …«

»Ah, du meins, ich wör nit richtig! Jo sicher, dat es jet anderes, dat es, weil ming Frau verjesse hät, dat Teil ze büjele …«

Also: Dat Jejenteil von »richtig« ist nicht »falsch« sondern richtigerweise »nicht richtig«. Fertig.

Und da versteht man jetzt plötzlich genauer oder tiefer, wie weit das mit dem Positiven im Rheinländer geht. Der Rheinländer ist nämlich, könnte man sagen, quasi Urchrist, ganz im Geiste der Bergpredigt. Er ist nämlich Sofort-Versöhner.

Das heißt: Im Streitfall wird er immer nach einer versöhnlichen Alternative suchen, ganz im Sinne von: »Wer dir links eine scheuert, kann et och rechts versööke!«

Jot, er kann einem natürlich sing Meinung vür der Hals knalle, normal, er kann sich och zänke, och normal, ewwer bevür he dä Streit esu richtig huhkumme lässt, luurt he sich noh Alternativen öm.

Beispiel Eine rheinische Wirtschaft. Rappelsvoll. Schön. Plötzlich fangen zwei Streithähne an, sich aufzuplustern. Sie pumpen sich hoch wie Maikäfer vor dem Abheben, so nach dem Motto:

»Weiß du, wat du für mich bes ...?«

»Dat bes du für mich at lang, du ...!«

Alles freut sich, weil: Jilich jeiht et los. Die Profis stellen sich schon mal steckum an die Theke und raunen dem Wirt zu: »Tus'se mir zwei Kölsch op dr Deckel vun demm do ...!«

Die beiden kochen immer weiter hoch, da fällt plötzlich dem einen eine schöne, christliche Alternative ein, und er sagt zum anderen:

»Bevür ich mich met dir zänken, kann ich mich och dreck met dir vertrare, du!«

Und zwei Kölsch und der Fisch ist gegessen!

Schöner, christlicher und versöhnlicher kann man einen anderen nicht fertig machen, oder?!

4. RHEINISCHE SOZIALRITUALE

Rituale sind immer wiederkehrende Formen, an die man sich gewöhnt hat und die deshalb schön sind. Sozialrituale sind die notwendigen Geländer, die dem Leben Struktur und Lebendigkeit verleihen. Jeder braucht sie, jeder findet sie schön – arm ist, wer sich nicht an ihnen erfreuen kann.

Gucken Sie mal, Karneval, ne, also der kölsche Karneval – der Düsseldorfer findet ja auch immer mal wieder gerne im Sommer statt – ist auch so ein ganz besonderes rheinisches Sozialritual. Wat Sie jetzt draußen an den Bildschirmen kennen, dat bunte Treiben der Menschen an den so jenannten tollen Tagen, dat is ja nur ein Teil. Beim Karneval muss man ja unterscheiden, ne.

Karneval ist nicht bis morgens um sechs met dr Pappnaas in der Wirtschaft stehen und für Spass »En dr Kaijass Nummer Null« grölen oder im Nachthemd durch die Kölner Straßen ziehen als so jenannter Geisterzug oder bei der Stunksitzung sich im Dreivierteltakt über die Schunkelei lustig machen oder als »Aal Säu« beim Künstlerkarneval so was von die Sau rauslassen und derlei Dinge, die keiner im Griff hat und die völlig neben der Spur oder unorganisiert und chaotisch ablaufen. Da weiß man ja nie, wo man dran is! Da macht dann zum Beispiel einer einen Witz, esu wigg, esu jot, und dann kann man lachen oder nicht, ne. Ja, is dat denn richtig? In einer *richtigen* Karnevalssitzung is dat janz anders: Da macht einer einen Witz, dann kütt dä Tusch und dann, aber erst dann weiß man, aha! Fertig. Aber ich greife voraus.

Karneval in seiner heutigen wunderbaren Form ist ja als Antwort auf den preußischen Militarismus entstanden und dementsprechend gut durchorganisiert. Fesskomitee, Dreigestirn, Ehrengarde, Prinzengarde, Elferrat, rote Funken, blaue Funken, 1. Knubbel, 2. Knubbel, 3. Kohorte, 4. Archipel oder wie dat all heißt.

Das sind ja Dinge, da spürt man direkt die klare Gliederung, die so ein Volksfest, was über Monate läuft, haben muss. Ich mein, ich bitte Sie: Gucken Sie sich doch mal Karneval woanders an, hier: Basel. Wat soll dat dann für eine Spass sein, in notdürftig zusammenge-schusterten Holzmasken mit Ketten und Besen durch die Straßen zu schippern: Sin mir dann he bei der Müll-abfuhr?

Oder hier, Venedig: Dünne Barockkleider, wo man sich der Arsch abfriert, om Kopp eine Dreispitz, met demm man überall hänge bliev und am Engk dann der Sprung en der Canale Grande – hammer dann Hoch-wasser oder wat?

Oder Rio, du leven Jott: Dat es jo et reinste Föttches-föhler-Fest, nee, nee.

Der rheinische Karneval ist eine seriöse, ernste und einwandfrei reputierliche Anjelegenheit.

Nehmen wir doch mal so eine klassische Sitzung. Eine Sitzung ist ein Fest. Also es klar: Smoking und Abendkleid, allerhöchstens Diner-Jackett. Weil: Da kann jo net jeder andon, wat he will. Die Sitzungsgarderobe es mündlich überliefert und in strengen Grenzen fest-jelegt. Un weil et en Karnevalssitzung is, also jeck es, kütt die Mötz – also jetzt dat Sitzungskäppchen – op dr Kopp. Mit oder mit ohne Federn is eine eher praktische Frage: Dat kütt drop an, wie eng die die Tische jestellt haben. Die Länge der Federn ist geheimnisvollen Ritua-len unterworfen, die auch hier nicht verraten werden dürfen. Nur eines: Wer's lang hat, lässt's lang hängen, klar.

Un jetzt gucken mir mal nach oben. Do is der Elferrat, also zehn Mann plus dä Präsident. Der Präsident einer

Karnevalssitzung muss vor allen Dingen eine Fähigkeit aufweisen: Er muss das Wort *herrlich* in allen erdenklichen Kombinationen anwenden können. Dieses Wort wird im täglichen kölschen Leben kaum gebraucht, damit es im Karneval alle drei Sekunden erstrahlen kann. Er darf nie sagen: »Dat wor ene schöne Vürdraach« oder »Dat wor ene prima Vürdraach« oder was auch immer, er muss sagen: »Dat wor ene herrliche Vürdraach, un dat wollemer en dem herrliche Saal do met esu enem herrlichen Publikum met enem dreifach donnernden Kölle Alaaf ...« und so weiter. Das »Alaaf« muss auch immer dreifach donnernd sein. Gäbe es einen Präsidenten, der mal sagen würde, ein dreifach schallendes Alaaf, es wäre so was wie der legendäre Fauxpas Schalke 05! Ebenso war das Ballett herrlich, et Funkemarieche wor herrlich, die Dekoration es herrlich un esu wigger.

Nun stellt sich die Frage: Wat machen dann eigentlich die anderen zehn im Elferrat? Ohne jetzt alle Geheimnisse lüften zu dürfen, kann man sagen: Einer hat nix anderes zu tuen als Schecks auszustellen. Ja wat meinen Sie, wat dat dann kost? Immerhin hat der kölsche Karneval zuletzt 750 Millionen Mark umjesetzt! Und während dat Programm wiggerlööf, es dä am schrieve. 2000 Mark et Mariechen, 9000 Mark für et Stippeföttche, 1500 Mark pro Tusch, 250 Mark pro Orden, der verliehen werden muss, ich kenn die Preise net esu jenau, jedenfalls: Dä arme Mann es nur am schrieve und am sicke övver dat Jeld un am schrieve un am sicke un dann immer erövver nohm Präsidenten für die Ungerschrift!

Dann is einer dabei, der nur guckt, dat die Absprachen einjehalten werden. Wobei man wissen muss: Im Herbst stellen sich im intimsten Kreis der Spitzenfunktionäre die janzen Karnevalisten vor. Un bei dieser Messe wird ausjemacht: Du tritts bei uns auf und du nit. Wenn du ewwer bei uns optritts, dann darfs du bei denne nit optredde. Weil: Ordnung muss jo sein, klar. Un weil et jo immer wieder esu Sausäcke jitt, die sich an keine Absprachen halten, es do einer beim Elferrat dabei, der nix anderes tut als wies gucken, dat die Absprachen einjehalten werden. Dä es do am Telefonieren und Machen und Tun, der hört die Zwischenberichte der Sitzungsspione, die ihm erzählen, ob die »Höhner« vielleicht doch bei der Sitzung vom Konkurrenzverein aufjetreten sind oder net, also ich kann Ihnen sagen, auch der Mann ist im absoluten Dauerstress.

Und einer beim Elferrat ist für der Jetränkenaschschub zuständig, und einer für die Deckel und esu wigger. Die zehn Mann jedenfalls han gar kei Zick für ze laache, die sin do richtig am arbigge. Un dat Problem dabei is: Egal, wat die do am arbigge sin, die müsse jo alle drei Minute Kölle Alaaf brüllen, wissen Sie, wie einen dat durcheinander bringen kann? Do bisse jrad bei der zweiten Null im Scheck, dann dreimal Kölle Alaaf und schon is die Zahl sechsstellig!

Was ich damit sagen will: Et is ein Amt mit einer schweren Verantwortung!

Und dann dä Präsident. Wissen Sie, dat dat manchmal Jahrzehnte dauert, bis man dieses Ehrenamt innehat? Do es man am Baggern und Tuen, ein Freundschaftsessen nohm anderen, da hat man jahrzehntelang met dem Assenmacher in Geschäftsverbindung jestanden, obwohl man von dem gar nichts gebraucht hätte, da hat man jahrelang Ääzezupp jestiftet, obwohl man kein Ääze usston kann, da hat man Hektoliter Kölsch in sich ereinjepump, obwohl man vielleicht Diabetiker is, do wor man jahrelang op dä Ehrentribün beim FC, obwohl man von Fußball esu vill Ahnung hät wie ene Düsseldorfer vom Kölsch, do hält man jahrelang et Jekühme der Ehefrau aus, esu nohm Motto: »Wie: Kassenwart? Isset dann möglich? Jo bes du dann immer noch net für dä Präsident vürjeschlage woode? Dat es typisch: Övver dat Stangestemme verliere die Männer die großen Ziele vollkommen aus dem Auge. Hässe dann mindstens paar neue Aufträge jekräje, wenn du schon net Präsident jewoode bes? Also dat eine sagen ich dir: die Session, jot, es jelaufen. Ewwer in der nächsten bis du Präsident oder et jitt Kasalla. Wie ston ich dann vür ming Freundinnen do? Seit 17 Johr am baggern un immer noch nüß jelaufen! Wer simmer dann? Ich meine: Wenn ene Installateur Prinz werden kann, muss ene Architekt ja wohl noch Präsident werden können oder wie sin ich dat? Weiß du, wat mir et Keuenichs Inge un et Wipperfürths Marie jesteckt haben? Wir haben alles im Leben erreicht: Uns Männer sind im Festkomitee! Un dat soll ich mir jefalle losse, du häss sie jo nit mieh all! Jo meinst du dann, ich mache der janze Karnevalsdriss für ömmesüns met? Dat janze Sitzungsjedöns un dä janze Heiopei? Wofür rackert man sich dann do av? Für Spass an der Freud oder wat? Dat wüsst ich ewwer! Ich meine, jot:

Wenn du ene Beamte wörs oder esu enen popelije Anje-
stellte oder wat, dann meinshalben. Aber als Jeschäfts-
mann …??!!«

Und so weiter, man kennt das ja.

Un do sin mir am entscheidenden Punkt. Der Kölsche
hat vom Römer gelernt, das Angenehme mit dem Nütz-
lichen zu verbinden. Und dem Kölschen wird das von
allen Deutschen deshalb vorgeworfen, weil die nicht in
der Lage sind, das mit dieser Leichtigkeit zu tun wie der
Kölsche. Der Unterschied zwischen dieser mediterranen
kölschen Art und allen anderen Deutschen ist so simpel
wie eklatant: Sagt der Nicht-Kölsche »Wer zuletzt lacht,
lacht am besten« – und beweist damit, dass er nur an
sich selbst denkt –, so ist der Kölsche schon von vornherein altruistisch. Er weiß, dass ein gutes Geschäft beide Seiten zufrieden stellen muss. Er sagt: »Ihr sid am
laache, ich sin am laache, zwei Kölsch un der Fall hät
sich.« (→ VII, 5. Rheinische Demokratie)

5. RHEINISCHE DEMOKRATIE

Dä Bayer hätt jo singe Amigos, ne. Tz, tz tz! Aber gemes-
sen an der hohen Schule des Klüngelns ist das Schau-
spiel, das der Bayer uns immer mal wieder bietet, quasi
Steinzeit. Er geht mit seinen Freunderln, den Spezis

oder Amigos, wie mit der Kuh um: mit groben Griffeln wird gemolken, was das Euter (sprich: Portemonnaie) hält! Das »zwickt« und schmerzt, und deshalb fliegt auch immer wieder alles auf. Und auf alle noch so peinlichen Fragen reagiert er mit der bayerischen Verneinung: »Herr Streibl, haben Sie Geld angenommen ...?« »Net direkt!!« Einfallslos. Wenn ich dagegen die hohe Schule des kölschen Klüngels betrachte ...! Der kölsche Klüngel ist der atemberaubende Seiltanz zwischen Interessenausgleich und Erpressung. Und es gibt da ein paar Regeln, sozusagen die zehn Gebote der rheinischen Demokratie:

1. Dat bliev unger uns!
2. Do hammer all jet von!
3. Wenn du nit wills: Ich kann och anders!
4. Dat klapp! Un wenn nit, krieje mir et an et Klappen!
5. Dä Dingens weiß Bescheid!
6. Dä Dingens bruch nit Bescheid ze wisse!
7. Dä Dingens soll sich ens janz bedeckt hale, dä hät jo domols och ...!
8. Dä Dingens es bei uns em Vürstand, dat kriejen ich demm schon beijeboge!
9. Hand drop!
10. Dat lööf!

Und wenn man diese Regeln beherzigt, klapp et! Zum Beispiel beim Bau der Mülheimer Brücke, ein klassisches Beispiel Adenauerscher Klüngelei. Natürlich gab es damals billigere Angebote, aber ebends nicht aus Köln!

Der Rheinländer hat erkannt: »Wer die Finger überall drinhat, kann keine Faust mehr ballen« (Dieter Hildebrandt). Deshalb beteiligt er am Klüngel möglichst alle, dann klapp et, un keiner lööf ussem Ruder. So gesehen ist Klüngel Demokratie à la Köln. Quasi! (→ VII, 4. Rheinische Sozialrituale)

Ob Ruhrpott oder …

… Bayern: Alle Deutschen feiern!

Raum für eigene Notizen

VIII. PHYSIKALISCHE GRUNDLAGEN

1. RAUM, ZEIT UND RELATIVITÄT

Um meine Ausführungen zu diesem wichtigen Abschnitt meiner Forschungen über das rheinische Separat-Universum zu illustrieren, greife ich nochmals auf eine bedeutungsvolle Geschichte zurück, die ich bereits weiter oben in anderem Zusammenhang erzählt habe (→ III, 7. Die Höflichkeit).

Beispiel Sie erinnern sich: Samstagvormittag auf dem Münsterplatz in Bonn. Ich werde angesprochen:
»Och, Herr Beikircher, schön, dat ich Sie mal esu prifat treffe. (Von wegen privat: Es ist Markt, um uns herum zweitausend Leute!) Wat ich Ihnen immer schon mal jesagt haben wollte: Wie kütt et dann, dat ene *Bayer* wie Sie esu perfek dat Rheinische kann?«
»Ich bin kein Bayer, ich komme aus *Südtirol.*«
»Ja, wollt ich jrad sage: Wie kütt et dann, dat Sie als *Österreicher* esu dat Rheinische ...«
»Südtirol ist aber in *Italien.*«
»Ewwer noch nit lang!«
Über dieses »ewwer noch nit lang« könnte man tatsächlich stundenlang simeliere, weil da alles drinliegt,

was den Rheinländer ausmacht. Alles, quasi. Lommer uns doch da ein Momentchen aufhalten und dat wat jenauer angucken.

Erstens ist das ja eine räumliche und zeitliche Verkürzung. Der Rheinländer lebt natürlich wie jeder andere Mensch auch in Raum und Zeit, er lebt aber im rheinischen Raum und in der rheinischen Zeit. Da läuft die Physik anders.

Die Physiker sagen ja, die Quanten – also jetzt nicht die Fööß –, die Quanten sind mal Welle mal Körper – das ist übrigens auch schon ein rheinischer Aspekt dodran: Man weiß et nit jenau! Und irjendswie besteht quasi dat janze Universum us denne Quanten. Natürlich auch das Rheinland. Nur: Et rheinische Quant heißt anders, es findet auf der sprachlichen Ebene statt und heißt: »Quasi«. Quasi ist im Rheinland dat Quant, wat Raum und Zeit quasi zusammenhält. Südtirol ist 1918 zu Italien gekommen, dat wor quasi ewwends, also »noch nit lang«, so wie dat Saargebiet quasi vorgestern erst zum Saarland geworden ist: Das ist normal in einem Land, in dem der Römer noch lebendig ist und die Zukunft bereits vergangen, weil hier alles Gegenwart ist.

In die gleiche Abteilung gehört mein Erlebnis mit dem Fleurop-Boten (→ Die zukünftige Vergangenheit, VIII, 2).

Das rheinische Quasi-Quant führt auch zu anderen Zeitbegriffen: »jetzt« bedeutet hier morgen, »sofort« ist in ein paar Wochen, »gleich« ist quasi nie, nur »direkt« ist »jetzt sofort«. Auch die Zeitabstände in die

Vergangenheit erein sind anders, dank des rheinischen Quasi-Quants.

Beispiel Dä aale Wolff, ein rheinisches Unternehmer-original über siebzig, hat mir erzählt, wie er 1999 in Kall in der Eifel einen ehemaligen Mitschüler getroffen hat, mit dem er in den 40er Jahren auf der Grundschule war. Man freut sich, et jeiht hin und her, und am Schluss sagt dä Wolff:

»Küste mich ens in Kölle besööke.«

»Es jot, Samstag nohmeddach kummen ich vorbei.«

Dä Samsdaach kütt, dä Wolff es am waade und waade, et es drei, et wird vier, fünf, sechs. Jejen sibbe Uhr ovends klingelt et und wer steht vor der Tür? Der Mitschüler.

»Wat küsse denn esu spät, mir han doch jesagt: noh-meddaach!«

»Ich han et nit esu schnell jefunge, ihr hat he en Köl-le esu jebaut ...«

»Wie: jebaut? Sach, es et dann esu lang her, dat du en Kölle wors?«

Und da sagt, überrascht von dieser Frage, der Mit-schüler:

»Quatsch! Et letzt wor ich 1947 en Kölle!«

anderes Beispiel Aber dat rheinische Quasi-Quant wirkt nicht nur zeitlich, es wirkt auch räumlich. Der Rheinländer geht nämlich nie *hinein*, er geht immer erein. Er guckt also nicht von drusse noh drinnen, er guckt von drinnen noh drusse! Er steht auf der Straße und sagt: »Ich jon in der Laden erein« – als wäre er schon drin, sähe aus dem Laden eraus op sich selbst und sagte: »Ja, op wat bis du am wade? Ich sin at he.«

Die Absicht ist im Rheinland – schon sprachlich – die Wirklichkeit, der Plan schon Realität: Weil er *vorhat*, in den Laden hineinzugehen, kürzt er den Weg mental ab und drückt es so aus, als stünde er schon drin: Ich jon in der Laden erein! Er überspringt also den langweiligen Weg zwischen Absicht und Ziel. Weil er es vorhat, ist er schon da. So einfach es dat – und spart Energie ohne Ende.

weiteres Beispiel Der Kölsche feiert den FC Köln, weil der *vorhat*, deutscher Meister zu werden, und damit is er et ja quasi schon, was bedeutet – und das ist der zweite Grund –, dat man jetzt schon fiere kann, un dat es schön. Und wenn er nicht Meister wird, hat man es jedenfalls schon mal jefeiert – auch schön! Und das Leben wird leicht, wenn man es im Vorgriff feiern kann. Dat mag ein kleiner Trick sein, und die meisten im hochdeutschen Normal-Universum stehen dem auch weitgehend verständnislos gegenüber – aber es funktioniert!

Womit wir bei einem weiteren Aspekt des rheinischen Quasi-Quanten-Universums sind: der Relativität.

Lange vor Einstein hat der Rheinländer die Relativität allen Seins erkannt. Dazu braucht er kein $E = mc^2$, »kann jo suwiesu keener nohrechne«, es ist ihm mit der Muttermilch eingegeben. Seine Relativitätstheorie lautet, frei nach Einstein: Die Wahrheit ist abhängig vom Standpunkt des Betrachters; seine Unschärferelation, frei nach

Heisenberg: Die Wahrheit verändert sich, je genauer man sie zu betrachten versucht. Klar. Wer kann es denn schon sagen? Die Dinge zeigen sich einem »quasi nur von vorn, ne, und dohinger süht et ja oft janz anders aus, ne, jetzt mal so jesehen ...«

Dieses »jetzt mal so gesehen« ist das zweite rheinische Quasi-Quant, das dritte ist das legendäre »obwohl«. Diese drei Wörter sind quasi die sprachlichen Quasi-Quanten, die das hiesige Leben leicht und alles möglich machen.

abermaliges Beispiel Ich kenne in Siegburg (jawohl, ich bekenne: Auch ich habe in meiner Jugend Fehler gemacht wie unser Außenminister Fischer und andere – ich habe rechtsrheinisch gewohnt!) einen Tankwart, der ein Meister dieses Relativierens ist. Im vorderen linken Reifen meines Wagens war keine Luft. Er sollte ihn reparieren. Er besah sich den Reifen und hub dann zu folgender relativistischer Rede an:

»Also dat is ja, wollmermalsaren ... irjendswie ... also dat da jetzt möschlischerweise ... wie soll ich saren? ... dat is als wies wenns do irjendswie ebends ... meinshalben vielleicht ... do quasi irjendswie jet ereinjekumme ... Sch-meine: kann man jetzt net esu jenau saren, ne, der Reifen, ne, dat is irjendswie, also im Moment, ne, also sacht der mir nüß, ne, der Reifen, ne. Sch-meine, obwohl: Stroßen, ne, do jitt et jo och esune un esune, ne, un do kann man jo och net up Anhieb jetzt irjendswie saren, ne. Sch-meine: hat man ja schon mal, ne, jetzt mal so gesehen. Hier: letztens och at widder, ne, do wor et dann dat Dingen, ne, ewwer wodrüm et dann bei Ihnen do, also, sch-möchte mal so saren: dat is wejen mir … also dat da möschlischerweise … also meinshalben vielleicht wollmermalsaren irjendswie quasi als wies wenns do … also jetzt mal so jesehen … ne … künnt man jo och esu sinn, ne, dat do wejen mir. Also, sch-meine: Sin Sie von Siegburg?«

Und verschwand. Ein rheinischer Poet: Seine Aufgabe war nicht, einen Reifen zu flicken, seine Aufgabe war: ein Gedicht aufzusagen.

2. DIE ZUKÜNFTIGE
VERGANGENHEIT

Es klingelt an unserer Tür – das heißt, nein. Klingelt ist so ein extrem hochdeutsches Wort: das harte »k«, das schrille »i«. Nee. Wenn es »klingelt«, dann fährt mir immer der Schrecken in die Glieder, mein erster Gedanke ist dann: »Um Gottes willen, is wat mit der Mami?« Also: Es schellt. Wenn es schellt, können Sie ruhig aufmachen, dann isset immer wat Anjenehmes!

Ich öffne. Vor mir steht ein junger Mann im grünen Kittel auf dem groß »Fleurop« prangt. Er steht mit leeren Händen da und sagt: »Ich wollt nur flück die Blömcher vorbeijebracht haben.«

Wäre ich der Logik des Normal-Universums Hochdeutsch verhaftet, ich hätte keine Chance auch nur annähernd zu begreifen, was der junge Mann da gesagt hat. Ich würde von einer Falle in die andere tappen.

Er sagt: »Ich wollt« – also will er mir damit sagen, dass er die Absicht gehabt hat, irgendetwas vorbeizubringen. Warum sagt er mir, dass er die Absicht hatte, hierhin zu kommen, wo er doch da steht; er hat sie ja schon umgesetzt, die Absicht, also warum zum Geier …

Er sagt: »nur flück« – steht aber seelenruhig da, ohne auch nur den geringsten Ansatz zu einer Bewegung, gar zu einer schnellen, anzudeuten …

Er sagt: »die Blömcher« – hat aber nichts in der Hand. Wo sind die Blümchen? Auf dem Boden liegt nichts, ich schaue in den Briefkasten, Fehlanzeige, ich gucke auf die Treppe, auch da liegt nichts. *Was für Blümchen denn?!!!?* Er sagt: »vorbeijebracht« – vorbei. Warum ist er dann nicht direkt zum Nachbarn gelaufen?

Er sagt: »vorbeijebracht haben« – also war er offensichtlich schon einmal da, vielleicht habe ich da das Schellen nicht gehört, kann sein, ich war im Bad oder so …

Damit aber nicht genug. Er sagt: »Ich wollt nur flück die Blömcher vorbeijebracht haben«, dreht sich auf dem Absatz um, lööf die Trepp erav, geht zu seinem Wagen, kommt nach drei Minuten wieder, drückt mir ein paar Blümchen in die Hand, dreht sich um, und fott es he. Warum um alles in der Welt hat er das, was er vorgehabt hatte zu tun, als bereits vergangen ausgedrückt? Ich kann es Ihnen sagen: weil dann der Auftrag schneller erledigt ist. So einfach es dat em Rheinland.

Übung Für jedes Mal, wo Sie selber die zukünftige Vergangenheit verwendet haben: ein Strich. Dann zahlen Sie sich das abends in Kölsch-Stangen aus. Prost!

3. DAS RHEINISCHE WELTMODELL: »DÄ RICHTIJE DRIEH«

Es gibt Völker, die nehmen die Dinge und die Welt fatalistisch hin, Kismet es esu eine Fall, wat willse maache, alles es vürbestimmp un Schicksal, do määße nüß dran. Jot. Oder nit, ejal, je nohdemm, wie einer dat süht. Der Rheinländer ist nicht so. Nicht dass er sich für den Herrn der Welt hielte, der über die Dinge bestimmt, wie der wilhelminische Preuße, an dessen Wesen die Welt genesen sollte, nein, er hat eine beinahe treuherzig handwerklich-mechanistische Sicht dessen, wie das Leben und die Welt funktioniert. Er sieht die Welt als ein riesiges Uhrwerk an, das im Prinzip jeder verstehen und durchschauen kann, wenn er nur will oder sich wat Zeit nimmt. Er weiß, dass die Welt sich verändert, er weiß aber auch, dass im Grunde alles gleich bleibt. Wie bei einer Uhr: Sie ist immer in Bewegung, bleibt aber eine Uhr.

Wo der Buddhist keinen Durchblick hat und deshalb alles gelassen hinnimmt, wo der Mohammedaner denkt, dat ejal wat kütt alles festjeschrieben steht im Buch der Bücher, wo der Indianer denk: »Mih als wies Wind un Rään jitt et suwiesu nit« un wo der streng normale Jlauben sich Sonndaach für Sonndaach vum Meisner erkläre lässt, dat die Welt schlääch es, ewwer hück esu und morje esu, sagt sich der Rheinländer: Wenn jet nit klapp, musse gucken, wodran et liegt, dann driehße draan, dann klappet. Und das ist das zentrale rheinische Welterklärungswort: dran drehen.

»Do hätt sicher einer dran jedrieht«, sagt der Rheinländer, wenn sich das Geschick gegen ihn stellt.

Will er das Schicksal herausfordern, sagt er: »Da müsste einer mal dran drehen.«

»Ich muss mal gucken, ob da wat dran zu drehen ist«, sagt er gönnerhaft, wenn er einem helfen möchte.

Drehen ist Bewegung, Bewegung ist Leben, und Stillstand ist Tod. Die Weltuhr muss ticken, und wenn sie nicht mehr tickt, muss man dran drehen, domet et wiggerjeiht. Er kann nicht glauben, weil er es nicht glauben will, dass die Dinge manchmal so bleiben, wie sie sind.

Das ist der rheinische Stolz: zu wissen, dass man sich das Leben gefügig machen kann, wenn man nur an der richtigen Stelle dreht. Das gibt Zuversicht und Kraft, och wenn et ens dick kütt. Un dick kann et nur kommen, weil do at widder einer dran jedrieht hät, weshalb jeder Rheinländer ständig am Gucken es, dat he dä richtije Drieh kritt!

4. ZEIT UND RAUM IM EINZELFALL

Wie mit vielem geht der Rheinländer – wie gesagt (→ VIII, 1. Raum, Zeit und Relativität) – auch mit den beiden Grundkategorien unseres vierdimensionalen Seins, eben mit Raum und Zeit, sehr locker um. Was ist ihm Zeit, was ist ihm Raum, wenn es um wesentliche Dinge geht …

Der Rheinländer erkennt zum Beispiel das Wort »nach« erst gar nicht als Wort an, das der zeitlichen Einordnung unterschiedlicher Ereignisse hilfreich zur Seite steht. Er verleiht ihm eine Zwitterhaftigkeit, indem er es in den Bereich verlegt, in dem er sich selbst am wohlsten fühlt: in den Bereich zwischen Zeit und Raum.

Nie würde er sagen: Ich gehe zum Arzt. Immer sagt er: »Ich jon nohm Aaz«, also nach dem Arzt. Ja, is ja gut, lieber Rheinländer, du gehst also nach dem Arzt. Aber wer schließt dann die Praxis ab? Ebenso geht er nicht ins Bett, oh nein, er »jeht nohm Bett«. »Ewwer wenn er nohm Aaz noch jet Zick hätt, jeht er nohm Päffgen.« Das sind alles rheinische schwarze Löcher, die der Sprachlogik ein Schnippchen schlagen, Raum und Zeit fressen und in der Anarchie grundlegender Denkkategorien landen: im Rheinland.

Dies ist auch der Hintergrund für eine besondere rheinische Vorliebe: die präsentische Vergangenheit: »Eijentlich wollt ich erst jar net jekumme sinn«, sagt er und betritt meine Wohnung: Er ist aber da! Wozu also eine offensichtlich irreal gemeinte Absichtserklärung in der Vergangenheit, die er obendrein nur dann abgeben kann, wenn er sie nicht befolgt hat? Er ist ja gekommen. »Normal bräucht ich dat all jar net jeschrieben haben«, ginge ich davon aus, dass jeder ohnehin den Rheinländer kennt und – liebt, »ich habbet ewwer trotzdem jeschrieben, weil – man weiß et net.« So entpuppt sich die präsentische Vergangenheit als fiktiver Irrealis in der Vergangenheit: ein Spiel, das selbst dann, wenn etwas abgeschlossen ist, andeutet, dass er »eijentlich« noch ganz andere Möglichkeiten gehabt hätte, sich zu entscheiden, als er es tatsächlich getan hat.

Und darum geht es ihm, dem Rheinländer.

Weil er aber diese unglaubliche Spielerei mit Raum und Zeit, diesen Hang zur Gedanken-Anarchie, als etwas völlig Normales empfindet, hat er das Wort »normal« zu einem seiner Lieblingswörter auserkoren. Ihm huldigt er immer wieder, denn mit diesem Wort kann er wie mit keinem anderen Überraschtheit verstecken, tarnen. Was kann einen schon im schwarzen Loch – in dem alles aufgehoben ist, was anderen Sicherheit und Geländer bietet: Raum, Zeit und Schwerkraft – noch wirklich überraschen?

Beispiel A erzählt, dass »singer Mutter ihr Stiefzwilling siamesische Drillinge jebore hätt, und die hätt sie jetzt at als Prinz, Bauer und Jungfrau für die Karnevalssession 2023 anjemeldet, weil dat jo preislich jünstiger wör als wies wenns do drei Personen, ne …«.

Die Antwort von B ist: »Normal.«

Will er ausdrücken, dass er üblicherweise Glatzenträger ist, jetzt aber glücklicherweise über ein Toupet verfügt, so wird er sagen: »Normal sin ich jo blank, ne, also oben eröm ...«

anderes Beispiel Sie erzählt: »Jetzt sin ich at 27 Johr mit dem Pitter verhierot, jut, *normal*, ne, und jestern owends kohm der sternharelvoll in die Küch und wollt Rievkooche han, sch-meine: *Normal* hätt ich jo jar nüß jesaat, ewwer jestern wor ich sellevs dat ieztemol zick dä Huhzick nüchtern, und dat wor zuvill, ne, do han ich dä erusjeschmisse!«

Was ist schon Zeit, was ist schon Raum? Im schwarzen Loch rheinischen Denkens wird einem alles – *normal*. Normal, ne?!

5. DER RELATIEF-DENKER

Zum Abschluss dieses Kapitels nun ein Wort zum rheinischen Relatief-Denker (→ IX, 3. Dä Käfer). Denn eng verbunden mit der Relativität von Raum und Zeit ist die des Seins. Der Relatief-Denker neigt in geradezu epileptischer Behäbigkeit dazu, den Dingen auf den Grund zu gehen. Wie eine Ente, die durch nichts vom Ufer des Teiches zu vertreiben ist, gründelt er Begriffen, Wörtern und mit besonderer Vorliebe großen Zusammenhängen so lange nach, bis nichts mehr von ihnen übrig bleibt. Er denkt sie in Grund und Boden. Weil er aber weder Menschen noch Dingen wehe tun will, bleibt sein Gründeln immer wieder im Ansatz stecken: Es könnte ja sein, dass beim Gründeln so etwas wie »die Wahrheit« herauskommt, und – das weiß er – die Wahrheit tut weh. Also erweist er sich als Meister der Lücke, des unausgesprochenen Wortes, der Zwischenräume. Diese füllt er gerne mit einem kleinen Wort, in dessen nuancenreicher Farbgebung er es zu unglaublicher Meisterschaft gebracht hat: »ne«. Es kann nichts und eine ganze Welt bedeuten. Und es steht weniger für die Unfähigkeit, scharf denken zu können, als eher dafür, sich selbst davor zu schützen, jemandem möglicherweise wehzutun – wobei er die Paradoxie darin nie begriffen hat: dass man gerade dann, wenn man keinem wehtun will, es tut.

Beispiel Meistens fängt dieser Relatief-Denker seine Ergüsse mit dem Halbsatz an:»Wenn man esu bedenk …«
»Wenn man esu bedenk, ne
der Mensch un dat Tier, ne
und dat dat all irjendswie zesammehängk
ich möchte mal so saren:
Die Welt
also die Erde, ne
um jenau zu sein
do is jo Platz, ne
viiiiel Platz
und wenn man dann esu süht

dat do der eine dem anderen ...
Ich weiß et net
sch-meine:
Do is dat Tier jo unger sich och net anders
jetzt mal so jesehen, ne
do jönnt jo och der eine dem anderen net dat Schwarze
ungerm Huf, ne
warum soll dat dann
quasi
beim Menschen besser sein, ne?
Is jo alles eins
der Mensch und dat Tier.
Und dat Tier:
Dat kritt man jo och net jebessert, ne:
Seit 20 Millionen Johr sagt man zum Hungk:
Hürens up mit der Bellerei, hürens up!
Nüß, ne!
Sch-meine:
wenn et noh mir jing, ne
sch-meine: wenn mich eener frog
sch-meine: mich frog jo keener, ewwer
sch-meine: wenn mich eener frore tät
Dat Tier?:
Zaun drum fertig und ab!
Obwohl:
wenn man dat jetzt weiter denk, ne
wör dat jo vielleicht beim Minsche och
besser, ne
Zaun drum fertig und ab! ne
Sch-sare immer:

et es wie't es – willse machen, ne
obwohl – –
man weiß et net, ne.«

Raum für eigene Notizen

IX. EXKURSE: RHEINISCHE NATUR

1. DER RHEINLÄNDER
UND DIE NATUR

»Also wenn man esu bedenk:
Blömcher, ne
also es jo irjendswie komisch
sch-meine:
Sie müssen sich dat mal esu vorstellen:
Sie däten do jetzt der janze Daach
mit de Zihe in dr Ääd ston, ne
ovve die Ärm schön usjestreck
Finger leicht jespreiz, ne
keine Schritt noh vör
oder noh hinge, ne
seitwärts och net
und müssen jetz esu ston blieve
Wat soll ich saren
jot paar Johr, ne
un em Frühjohr tuen sie dann
schön vor sich hin duften
sch-meine: kei Wunder!
Dät ich och dufte, ne
wenn man immer esu stonn bliev

und kei einzig Mol unger die Dusch oder wat
und dann müssen sie och noch
op et Bienche wade, ne,
weil dat dät dann kumme un
Ihnen en die Nas ereinflieje
und dät dann do – wie heißet –
Staub drinlosse, ne
und dodovun däten mir dann die Kinder kräje
also irjendswie schon *sehr* eijenartig alles
und wenn dat Bienche kütt:
Niesen dürfe Sie dann och net
janz im Jejenteil
freue, ne,
mit die Fingere wackele
un die Naslöcher janz wick op
ewwer esuuu wick, ne.
Also ich dät mir dä Steckschnuppe holle
können Sie mich für ansehen, ne
hehe
Oder
wenn Sie Pech han
kütt dann esu ene Zweibeiner:
In der Hand esu komisch Iese und
schnipp schnapp
dät dä Ihne do de Fööß avschnigge, ne
un do es kei Blumenschutzverband
der dat dann verbeede dät, ne.
Obwohl:
Wissen Sie, wie wieh dat dät?
Wenn einem eine esu einfach die Been avschnigge dät?

Mag man bei sich jar nicht dran denken, ne.
Sch-meine:
Do sin früher Ärzte wejen jeringerer Verjehen jeköpft
woode
Ewwer unsereins:
schnipp schnapp die Been av.
Und noch schlimmer:
Do is man dann am bloode wie Sau, ne
dann stelle die eine in e Jlas erein
und dat soll schön sin?
Also Sie müssen sich dat mal anders vorstellen:
Ich dät in en Vas esu en halv
blutend
Sau erein und dät saren:
Dat is ewwer schön, ne
und wie dat rüch! Mhmmmm!
Und wenn eine en dr Rösigkeit es
bringk dä dann singem Leevje
zwölf Meerschweinchen
schön in Zellophan
nackelich Beencher
fein zesammejebunge, ne
und dozwesche
quasi als Asparagus und Immerjrün
paar Schildläus oder wat.
Also ich sare immer:
Man muss sich emol richtig
in dat andere Lebewesen inföhle, ne
dann merkt man erst
wat dä Minsch für e Schwein es.

Obwohl:
sch-meine: de Froch bliev jo:
Sin mir jetzt bescheuert
oder die Pflanze
weil die sich esu e Levve usjesöök han.
Also:
Man weiß et net jenau, ne
Jedenfalls:
Ich han noch kei Pflanz jesin
oder Boom oder wat
wat mir die Fööß avschnigge dät, ne
Höchstens usschlage, jot,
dat passiert schon emol
dat esu ene Boom em Mai dann usschläg, ne
Ewwer:
Do kann man jo eine Schritt noh links
hät sich der Fall
Also et es und bliev
irjendswie
komisch
mit denne Blömcher, ne.«

2. VOM KLONEN

Aufgrund jahrelanger Recherche bin ich zu einer weiteren wichtigen Feststellung gekommen:

Der Rheinländer kann man nicht klonen!

Wie kommt dat? Da muss ich e bessje weiter ausholen.

Seit es Menschen gibt, zeugen, also erschaffen sie quasi immer wieder neue Menschen. Nun hat et aber durch die Jahrtausende immer esu e paar Verdötschte jejowwe, denen dat entweder nicht genug war oder die et nit konnten (Viagra jitt et ja noch nit esu lang). Kurzum: Die wollten quasi mit jeschlossener Hose Menschen erschaffen! Ob dat Doktor Frankenstein oder Faust wor, ob dat die modernen Gentechniker sin, wat mit ihren spitzen Pipetten in den Chromosomen erömfummele – ejal, den Rheinländer hat dat immer kalt jelassen. Warum? Weil: Hat er nicht nötig. Klonen? Do bruchen ich keine für, dat kann ich sellver. Und er hat damit der Fremdzeugung, also dem Fremdklonen quasi, eine Abfuhr erteilt zugunsten der Eigenzeugung, dem Selbstklonen sozusagen. Ich mein: Es jo och schöner, als nachts auf Friedhöfen nach jeeigneten Leichenteilen zu suchen, wie dä Dr. Frankenstein, oder ungerm Mikroskop mem Skalpell eröm ze schnippele, das ist doch keine Liebe mehr, bah!

Nun ist der Rheinländer aber auch eine derart einmalige Spezies, dass es immer wieder Versuche gegeben hat, das Produkt »rheinischer Mensch« durch Klonen zu verbessern.

Wat ene Quatsch!

Dat fing in Düsseldorf an, als vor Jahrtausenden die Düsseldorfer so sein wollten wie die Kölschen und jemerkt haben, dass das aus eigener Kraft nicht klappt.

Also han sie versucht, ene Kölsche zu klonen. In Unkenntnis der örtlichen Geographie sind sie aber an einen aus Bergheim jeraten, der sich auf der Suche nach einem Sauna-Club im tieferjelegten Holzkarren bis nach Düsseldorf verfahren hatte. Dä han se jeklont dann und erausjekommen es: dä Neandertaler. Stellensvür, dat hätte jeklapp! Dann stünde die Welt heute vor einem Rheinländer, der mit tieferjelegtem Unterkiefer, die Keule als Designer-Handy am Ohr im knappen Ozelot-Fellchen sing blond Madämchen an den Haaren über die Nord-Süd-Fahrt schleift und nix sagt als wies: bumm bumm bumm bumm! Nicht auszudenken!

Einen anderen Versuch haben Forscher in Viersen am Niederrhein jemacht. Die haben einen westfälischen Verkehrspolizisten, einen lippischen Sparbuchinhaber und einen preußischen Linsenzähler miteinander gekreuzt, dat Janze dann durch die Dülkener Narrenmühle jedreht – un wat es erusjekumme? Dä Antwerpes!

Komisch, dat dat mit dem Klonen bei anderen reibungslos klappt. Hier, der Bayer zum Beispiel. Der vermehrt sich ja ausschließlich durch Klonen. Der hat die Gene im Gamsbart, und wenn er dran es, bringt er dat Teil nohm Einwohnermeldeamt – fertig ist die Laube. Jot – der Drang zum selber Produzieren ist beim Bayern nicht vorhanden, heißt ja sein Lebensmotto »Mei Ruah will i ham!«

Warum also klapp et beim Rheinländer nicht mit dem Klonen? Weil er antiautoritär und clever ist, er lässt sich einfach nicht fremdbestimmen.

Beim Versuch, ihn zu klonen, passiert nämlich Folgendes: Do steiht also der Gentechniker jetzt vor einem Rheinländer und zückt die Pipette, um aus der rheinischen Desoxyribonukleinsäure e Stückchen Erbgut erauszusaugen. Sowie aber die dann spitz kritt, dat do der Mann mit der Spritz steht, jeht dat Kommando an alle Abschnitte: Gene, opjepass! Und schon fangen die Gene an, Stippeföttche ze danze. Der Gentechniker kann in dem Moment natürlich nicht mehr unterscheiden, wo do bei den Genen hinge un vürre es.

Und wenn dä jetz wollmermalsaren, ein Y-Chromosom am suchen ist, is he jepitscht, weil die beim Stippeföttche all wie en X-Chromosom ussin!

Sollte er dann aber tatsächlich mit seiner Pipette eines schon fast am Kragen haben, dann kommt Plan B, die rheinische Cleverness: In jeder Famillisch es jo eine dozwesche, wat nit esu janz op Zack es, wollmermalsaren, eine, wat e bissje La-La es. Es die Pipett also do, heißt et: »Jupp! Telefon!«

Un dä Jupp, wat op Telefon esu jeck es wie en Mück op Campingplätze, lööf natürlich hin – un dä! es he en dr Pipett. Wat jetzt für die Gene kein wirklicher Verlust es, weil: dä Jupp, ärm dran jetz, ne, ewwer he es et och sellver schuld: Wat moot dä dann och nohm Telefon loofe!

Und das bedeutet auch, dass es bisher noch keinem Gentechniker gelungen ist, erstklassiges rheinisches Erbgut in die Pipette zu kriegen.

3. DÄ KÄFER
(→ VIII, 5. Der Relatief-Denker)

»Luurens,« sagt er, trinkt bedächtig einen Schluck Kölsch und setzt wieder an, »luurens, esu eine Käfer, dat es doch ei ärm Sau! Lööf die Wand erop un erav, kann sich kei Zarett anmaache, kennt kei Weihnachte un kei Pingste, vum Karneval janz ze schweije, obwohl: Esu eine Käfer met einer Pappnaas wör och jet Feines, ne, hehe. Sch-mein: Dat es doch kei Levve, ne, wat esu eine Käfer hät, dä janze Daach jet ze esse un jet ze drinke am suchen, av un an e bessje jerappelt mit der Käferbraut, jot, un nüß als wies Angs Daach un Naach, dat esu eine Riesenschuh kütt un ihn platt macht. Also ich weiß et jo nit. Obwohl: Tus'se mir noch ei Kölsch! Obwohl: Wenn man sich esu überlegt, sch-meine, danke!, könnt jo och sein, dat do övver uns och esu eine Riesenkääl mit Schohn esu jroß wie Kölle steiht und sich denk: Luurens, esu eine Minsch es doch ei ärm Sau! Hehe. Un wenn man et jenau betrachtet: Esu anders es et bei uns jo och nit: Dä janze Daach bisse am maache un don, dat du un ding Famillisch jet op dr Desch krieje, av un an schön met dinger Frau Jerappels, ne, un ansonsten ständig die Angs, datte platt jemacht wirst. Ich mein: Sicher, nit immer, ne, es klar, ewwer amfürsich es et jo nit vill mieh, uns Levve, ne. Jot: Freud, es klar. Freud kennt dä Käfer nit. Ewwer – wann han ich mich et letztmol jefreut? Dat es och lang her, du leven Jott, dat wor, ze-mentens, wann wor dat dann? Huhzick? Nee, do wor ich esu hackezu, do wor kei Platz mieh für sich ze freue!

Pänz? Jo, wor schön, ewwer wie dat dann met dem Jebrülls naachs losjing, wor dat met dr Freud och nit mieh esu vill, ne. Audi, jo, do han ich mich jefreut, wie ich mir dä Audi leiste kunnt, jo, do muss ich sage: Do han ich mich jefreut. Ewwer sons? Hm, es ewwer en interessant Frog, ne: wann sich einer et letztmol jefreut hät. Hier: Franz, wann häs du dich dann et letztmol jefreut? Wat? Jestern ovend? Warum dat dann? Weils du do Ruhetag hattst? Dat es doch kei Freud, dat es normal! Wie? Un weil dat dä einzigste Daach en dr Woch es, wo ich dir nit die Uhre zoschwaade kann? Hehe, dä Franz! Do hässe rääch! Dat es sicher en Freud! Tus'se mr noch en Kölsch? Weil: Du weiß jo, wer trinkt, spricht nicht!«

4. DER RHEINISCHE MOND

Wissen Sie noch – die Landung auf dem Mond? Alles jeloge! Armstrong, dä Mann im Mond – ph! Dat wüsst ich ewwer! Die han domols en enem Filmstudio jet Sand opjeschütt, paar Felsbrocke hinjeschmisse un dat Janze à la Spielberg opjenomme. Dohinger ei Leinwand, eine halve Jlobus dropprojezeet, un dä Fall wor jeritz. Un en dä Kuliss hätt dä Armstrong singe Moon-Shuffle jedanz (Choreojraphie: Michael Jackson). Warum? Weil:

1. Do bovve jitt et kei McDonald's. Ohne dat es dä Ami opjeschmisse. Weil: Wat dem Bergheimer dat Joldkettche, dat es dem Ami singe Hamburger.

2. Domols hätt et noch kei Ozonloch jejowwe, wo mr durchmuss, für in et All ze flieje. Also: Wie hätt do ei Raket övverhaupts huhkumme künne?!

3. Sellevs wenn sie huhjekumme wöre, sie hätte dat Teil nit jefunge, weil domols Neumond wor. Un wo nix es, kann keine hin.

4. Dä Russ hätt et ei Woch vürher versök. Wat wor: Dä Mond wor ei Sichel un die sin paffdich! do durchjefloge, weil die Sichel ze schmal wor für dodrop lande ze künne. Die han dat Teil nit mih unger Kontroll jekräje, sin jäje dr Mars jeballert un die Brocke falle am 20. Juli op dr Jupiter.

Un der wichtigste Grund: 5. Dr Mond es Rheinländer. Vum Wesen her suwiesu: Mol es he do, mol es he fott. Ewwer nit nur dat: He pass jenau (ich hannet seinerzeit met dem Antwerpes usjemesse) en de Kölner Bucht erein. Un dat es, weil die domols met dem Erfttaler Schaufelradbagger dat janze Becke usjebaggert han un schwupp! Nohm Motto: wat fott es es fott, han die dat Teil durch et Ozonloch (villeisch wor et ja doch at do?) noh bovve jedäut. Also: Loht üch von denne Amis nit die Pläät jeck maache. Wo dä hinwill, sin mir at lang!

Mensch und Tier in friedlicher Koexistenz

Raum für eigene Notizen

X. ... UND DIE ANDEREN

I. DIE HOCH ENTWICKELTE RHEINISCHE FRAGETECHNIK IM VERGLEICH ZU IHREN VORSTUFEN IN RESTDEUTSCHLAND

An der Ausgereiftheit der Fragetechnik, derer sich eine Sprachregion bedient, erkennt man den Intelligenzgrad der Menschen, die diese Sprache sprechen. Der Bogen reicht hier vom Augenbrauenheben über das dumpfe »Hrmpf?« bis zu den raffinierten Gebilden, zu denen der Rheinländer fähig ist.

Schauen wir uns das doch – aus rheinischer Sicht natürlich – mal im Einzelnen an.

Wie frägt der Sachse?

Beim Sachsen ist folgender Fall. Der hat ja jetzt seit Karl dem Großen, un dat es über 1000 Jahre her, da hat der immer nur eins hintendrauf jekriegt. Kann eim Leid tun oder nit, nutzt aber nix, war so. Der Sachse: immer hintendrauf auf den Schädel. Das prägt natürlich Sprache und Denkweise. Rein physikalisch is schon mal klar: Der Schlag auf den Hinterkopf setzt sich ja nach vorne fort. Klar. Dass die Stirn da nicht viel zeigt, ist klar, is ja Knochen, aber da gibt's ja noch die Unterlippe. Die Unterlippe als einzigstes verschiebbares Weichteil im Jesicht ist dann natürlich auch der Körperteil, der beim Sachsen am meisten unter den Schlägen op dr Kopp zu leiden hatte. Un wat is passiert? Beim Sachsen hat sich langsam die Unterlippe immer weiter vorgeschoben, dergestalt, dass der Sachse heutzutage die ganzen Laute und Wörter quasi ohne Oberlippe formen muss. Deshalb ist Sächsisch auch so einfach: die Unterlippe nach vorne schieben und einfach loofn lassn. Ich sage immer: Die sächsische Sprache klingt, als hätte sie ein anderer eben noch im Mund gehabt!

Und auf das Denken hat sich das ja auch ausgewirkt. Was passiert, wenn man einen Schlag auf den Schädel bekommt? Der Kopp neigt sich nach vorne unten, so, wie wenn man jemanden grüßen wollte. Und das Denken entwickelt eine gewisse Unterwürfigkeit. Klar, weil das Hirn ja ständig nach vornübergeneigt ist. Weil der Sachse aber auch ein Mensch ist und jeder Mensch natürlich versucht, Schmerzen zu vermeiden (z.B. dä Schlag op dr Kopp), hat der Sachse eine virtuose Technik entwickelt, wie er ohne das Risiko eines Schlags auf den Schädel dennoch zum Ziel kommt. Der Sachse hat eine neue Fragetechnik entwickelt. Er fragt nie direkt. Das könnte ja zu einem »nein« führen, das tut weh. Muss nicht sein. Er holt sich Sicherheit durch Ausschluss. Ein Sachse, der sich ausgesperrt hat, freut sich erst mal darüber: »Nu, die Tür is jedenfalls gut zu!« Oder domols in der Täterää. Kam er an die Grenze, der Sachse, so hätte er nie gefragt: »Darf ich mal rüber?«! Nee, nee, er hat sich an die Grenze geschlichen und gefragt: »Rüber darf ich wohl nicht?« und hat sich daran freuen können, dass er Recht hatte! Raffiniert.

Wie frägt der Hanseat?

Der Hanseat, also der Hamburger beispielsweise es och eine Fall für sich:

Dat Wasser immer an der Unterkante Oberlippe, deshalb heißt dat jo och Waterkant, mit einem Bein immer schon in England, mit dem anderen überall, nur nit in Deutschland, ne, tausende von Malen immer wieder überflutet, deshalb trägt er die Mütz, damit man ihn findet, wenn er wieder mal unter Wasser wandelt, und das hinterlässt ja auch Spuren in allem, klar. Wer immer damit rechnen muss, plötzlich auf eins siebzig unterm Meeresspiegel zu sein, trägt die Nase ganz hoch oben, es klar, damit man noch Luft kriegt. Hat also mit Arroganz nix zu tuen, ne. Und er geht mit dem Atem, es jo lebenswichtig, sehr sparsam um. Der Hanseat ist Kiemenatmer. Er atmet nicht bis in die Lunge, weil ja sein könnte, dass da Wasser mitkütt, und dann bisse feedich, sondern er atmet mit dem Gaumensegel. Er nimmt der Mund voll Luft, bis zum Segel, hinten das Zäpfchen als Ruder quasi, und dann tut er mit der Luft, die er im Mund hat, sprechen. Kurze Sätze, klar, weil: is ja nicht viel Luft. Dass das dann wie Arroganz sich anhört, da kann der Hanseat nix für. Tucholsky zum Beispiel schreibt, wie zwei Damen der Hamburger Hautevolee nohm Theater jon. »Hamlet« von Shakespeare, ne, also: dickes, großes Theater, Erbe der Menschheit und esu. Und nohm ersten Akt kommen die eraus, sagt die eine zur anderen:

»Bisch jetzt ka-in Sinn in!«

Und dat Denken is natürlich auch so. Immer auf das Wesentliche konzentriert, weil: Es könnt jo't Wasser kumme. Keine überflüssigen (!!) Worte, nix. Übrigens: auch keine riskanten Vokale. »O« zum Beispiel: Da ist der Mund ja weit geöffnet, ne, da könnt ja eine Menge Wasser erein, in dem Moment, wo man dat »o« korrekt quasi ausspricht. Der Hanseat macht aus jedem »o« drei Vokale: er lässt es mit einem »e« beginnen, öffnet also erst mal ganz behutsam den Mund und guckt dabei nohm Wasserstand, dann kommt kurz dat »o« und dann hängt er sofort ein »u« hingedran, weil mit dem »u« der Mund wieder zugemacht wird. Das sind dann so herrliche Dinge wie:

Pareoudeounteouse!

Oder: Wir behandeln ja Pareoudeounteouse mit Eoudeoureouneou!

Und schließlich: Mozart Requiem: Lacrimeousa!!

Also, wie jesagt, Denken und alles immer auf das Wesentliche konzentriert. Kontostand, Adresse und Telefonnummer vom Kontor. Tät man ihn z. B. mit der Tatsache konfrontieren, dass 2 + 2 = 4 ist, würde er sich nicht weiter damit abgeben, sondern nur mal kurz Folgendes von sich geben:

»Each wäas!«

Wie frägt der Bayer?

Der Bayer ist ja der Schild, enee, die Schilddrüse Europas, war er immer schon. Wat natürlich Folgen hat: Der Bayer hat immer vür dä Hals jekriegt, immer voll vür dr Hals. Vom Hunnen, vom Mongolen, von denne Habsburjer, vom Bismarck und den Preußen und so weiter. Deshalb hat sich da dann der berühmte bayerische Kropf ausgebildet, als Vorratslager, wenn wieder ens dä Hunne im Anmarsch wor. Die Joten ins Kröpfchen, kennt man ja. Im Laufe dieser Entwicklung ist der Bayer maß-voll, vorsichtig und guttural geworden. Er hat gelernt: Was i g'fressn hab, g'hört mir. Er spricht und denkt quasi mit vollem Mund! Und so klingt alles, was er sagt. Er beurteilt Menschen und Natur nur nach einem Kriterium: Ko ma's essn oder net? Beziehungsweise: Schmeckt's oder schmeckt's net? Schmeckt ihm ein Mensch nicht, sagt er: »Geh weita, Saupreiß, rheinischer«, und schmeckt's ihm, egal ob Alpenpanorama, eine Frau oder eine Surhax'n, sagt er »Sauba« und schluckt's runter. Der Gamsbart ist als Wolkenschieber der Garant für ständiges Weiß-Blau und gleichzeitig Maß für den Bierpegel im Hofbräuhaus. Sauber. Weil er aber vorsichtig ist, hat er auch eine ganz bestimmte Fragetechnik entwickelt. Sie kommt aus der Verneinung, logischerweise, weil: Bejahung heißt mit dem Kopf nicken, das quetscht aber den Kropf ein, während die Verneinung, also das Kopfschütteln, die Vorräte im Kropf nicht zu Brei zermatscht. So weit zum Biologischen. Wie sieht das nun aus, wenn der Bayer frägt?

Wenn er wissen will, ob einer was gesehen hat, z. B. der Zeuge beim Verkehrsunfall, so würde er nie fragen: »Sie, hams des g'segn?« Das würde den anderen ja zu einem »ja« und damit zur Gefährdung der Vorräte zwingen. Nein, er fragt:

»Sie, hams des *net* g'segn?« und bietet damit eine goldene Brücke zum vorauszusehenden »naa« des Befragten.

Und das kann er bis zum Exzess. Er kann bis zu vier Verneinungen in einen einzigen Satz zaubern. Do besse noch am zähle, zementens, ei *nein*, klar, do kütt dat zweite *nein*, wat es datt dann, dann noch ei *nein* un ei viertes *nein* dobei, Strich drunger, wat es? Jo!

Beispiel Wenn du, jetzt als Bayer, en dr Laden ereinküss, un däts froge:

»Sie, ham Sie koan Leberkaas?«

Dann es die Antwort:

»*Koan* Leberkaas hammer no *nia net* g'habt, hammer *net*!«

Unwahrscheinlich.

Ich dät sare: Dat jeiht jo schon sprachlich nirgends zesamme, jeschweije denn politisch!

Wie frägt der Hesse?

Der Hesse ist der größte Wegbabbler der Menschheit. Was der sich schon alles weggebabbelt hat, des passt auf kaa Kuhhaut. In Hessen ist keiner geblieben: kein Wikinger, kein Hunne, kein Mongole, kein Napoleon, kein

Preuße, kein Rheinländer, keiner. Selbst der Bruder vom Napoleon, zeitweise König von Kassel, hat sich an den äußersten Rand des Hessenlandes babbeln lassen. Von Adenauer ganz zu schweigen, der schon bei der Vorstellung, in Frankfurt regieren zu müssen, einen trockenen Hals jekriegt hat. Der Hesse hat eine natürliche Voraussetzung zum Dauerbabbeln: Er hat keinen Schließmuskel. Im Mund. Er lässt nicht alles unter sich, er lässt alles außer sich. Er isst Eier mit grüner Soß, damit sie schneller runterflutschen und er ungestört weiterbabbeln kann. Er trinkt Äppelwoi, weil da kein Schaum drauf ist wie beim Bier, der ihm den Mund verkleben könnte. Und er kann keine Fragen stellen. Das heißt: Er stellt sie schon, aber er wartet nicht auf Antwort. Einer Antwort zuhören müssen heißt, nicht selber sprechen können! Also babbelt er sich auf Umwegen an die Frage, die er eigentlich stellen wollte, ran und gibt sich selber schon die Antwort, die er gar nicht hören wollte. Deshalb sagt er nicht: »Ich möchte Sie fragen«, sondern er sagt: »Ich hätt da mal gänn e Fraach!« Ja, er hätte gerne eine!

Beispiel Er möchte gerne eine Mundharmonika mit Tastatur, wie man das von der Ziehharmonika kennt, kaufen. Für Fachleute: eine Melodica. Das geht so:
»Ei 'tschuldiche Se vielmaals, ich hätt da mal gänn e Fraach: Hawwe Sie so was wie, ei Sie wisse schon, des is wie e Klavier, gelle, awwe zum Roiblaase, weil, ich maan: Sicher hawwe Se so was, hawwe ja jed Meng Instrument da im Laade, gell, ich maan: Des is ja auch schön, saach

ich imme, dass heutzutaach die Kinne widde mehr Musik und so was mache, gell, also ich bin ja froh, dass die Zeite mit dem ständische Gedudel von dä Schabbolaach vorbei sind, also ich saach imme Schabbolaach, weil die Stereo-Anlaach, wo mir zu Haus hawwe, die is von de Fimma Scharp, gell, also dass des jetzt vorbei is, ich find des soo schöö, jetzt hier im Kinnegadde ja aach, was die heutzutaach widde für Lieder lenne, oinmaalich, sach ich nur, oinmaalich, da kann ich nur saache: Ei wie wedd mer dann, ich glaab, ich muss mich setze, gell, awwe, wie gsacht, des hawwe Se sowieso net, des was ich such, des hab ich schon gsehe, gell, also nix für ungut un n hätzliche Gruß an Ihr Frau Gemahlin gell …«

Jot, ich dät sare: Muss man nicht mögen. Ewwer: hätt jet!

2. DER HANSEAT

Sind Sie schon mal weggefahren? Ich mein jetzt nit in der Wald eraus oder so, ich mein richtig weg, also meinshalben Tant Trautchen besuchen, wat domols noh Hamburg jehierot hätt, also jetzt nit dreck Hamburg, do om Wasser, wie heißet: Vierlande, jenau, wo denne Hamburger ihr Pirat, dä Störtebeker, nohdemm die demm dä Kopp avjehaue han – auch ein schönes rheinisches Klang-

bild: nohdemm die demm, nohdemm die demm, nohdemm nohdemm nohdemm die demm der Kopp erav ...

Also dä Störtebeker is noch dreizehn Meter weit jeloofe,
nohdemm die demm dä Kopp avjehaue han, muss man
sich ens vürstelle: *dreizehn* Meter ohne Kopp jeloofe! Obwohl: Für dreizehn Meter für ze loofe bruchen ich normal keine Kopp, dat kann ich blind, is jo nit esu wick,
un dat däten die hück noch am liebsten, die Hamburger
– also nit dreizehn Meter weit ohne Kopp loofe, dat
schaffen die locker bis Neu York –, jedem, wat ihre Je-
schäfte stört, dä Kopp avhaue. Von wejen vornehme
hanseatische Zurückhaltung, ph! Wissen Sie, wat dat is,
die Zurückhaltung? Dat is avwaade und hingerm Rücken et Messer wetzen, un immer ei Notar dabei, könnt
jo ei Jeschäft zu machen sein. Da sitzt man meinshalben
beim Essen met esu einem Hanseaten, hat paar Ideen,
wat mr maache künnt, un schwupp! sagt der Notar:
»Tja, ich hab mein Siegel dabei, nöch!« Mein lieber
Herr Jesangsverein, do hässe dat Jlas Bier noch net am
Hals, do bisse schon in einer GmbH drin.

Jedenfalls dat Tant Trautchen hätt do bovve hinjehierot
und hät dä dicke Pitter jekriegt, wat ei bissje lala es.
Wenn dä eine Heiermann kritt, legt dä sich op dä
Desch, drieht sich im Kreis, schwenkt die Ärm und is
Hubschrauber am Spielen. Sch-meine: Klar, bei denne
do bovve drieht sich alles nur um et Geld. Hatt ich domols dem Tant Trautchen och jesaat: Leev Tant Trautchen, bisse sicher, datte dat wirklich wills, noh do bovve

hierote, noh Hamburg, wo die Menschen nur mit den Zähnen sprechen? Ich mein: Wer hat dem Hanseaten jesagt, dat er nur mit den Zähnen sprechen darf? Ich doch net! Und trotzdemm: Seit tausenden von Jahren hat der Hanseat offensichtlich nicht mitjekriegt, dat hinterm Zäpfchen der Körper weiterjeht.

Und do frägt man sich ja dann doch: Woher kütt dat dann? Dat der Bayer, wollmermalsaren, quasi mit dem Jekröse, also mit dem Einjeweide, spricht un der Hanseat da oben mit den Schneidezähnen? Das kam nämlich so: Früher, also grad mal paar Jahre her, wor do in der Eiszeit dat Packeis, da hat der Hanseat erst mal die Außenalster erausjebissen, dann kohm et Wasser un die Springflut, un so is dat bis hück jeblieben. Ich meine: is ja auch gefährlich: Da denkt man an nichts Böses, will eraus für grad mal Brötchen holen, schwupp! is die Springflut do und du stehst unter Wasser. Darüber ist der Hanseat vorsichtig geworden. Er ist Kiemenatmer. Das heißt, er lässt nur so viel Luft in seinen Körper erein, als wies unbedingt nötig ist. Dat Zäpfchen verwendet er noch in seiner ursprünglichen Funktion: als Stoppen, um zu verhindern, dat ihm wat nicht Passendes in der Körper ereinkommt. Zum Beispiel Wasser. Is ja auch gefährlich: do holse Luft und schwupp! hässet Wasser im Hals. Jeiht net, is klar. Ich mein: Op de Idee, von da oben wegzuziehen, und wenn et nur is, damit er endlich mal vernünftig sprechen kann wie andere Leute auch, is der Hanseat nie jekommen, aber da braucht man sich nicht drüber zu wundern: Womit Menschen sich all abfinden, dat passt op kei Kuhhaut.

Oder täten Sie freiwillig rechtsrheinisch leben? Also bitte! Und doch: Es soll Menschen geben, die schwören drauf. Ich meine: jot. Jeder Jeck es anders. Und damit et im Rheinland schön bleibt, muss et jo och sozusagen geographisches Fußvolk geben, sonst wör dat ei ziemlich Jeknubbels hier bei uns.

Also der Hanseat, wie jesagt, is Kiemenatmer, er lässt nur so viel Luft erein, wie im Mund Platz hat, und damit spricht er. Natürlich mit geschlossenen Schneidezähnen. Er ernährt sich ausschließlich von Aal, der Spaghetti des Nordens, und er hat auch ansonsten nicht allzu viel zu bieten außer einem feuchten Händedruck.

Also Panik vor Wasser und Eis, deshalb is er auch See-fahrer geworden, weil überall kann Wasser und Spring-flut hinkommen, nur das Schiff, das schwimmt obenauf. Ejal, wie hoch dat Wasser is. Vermutlich war der alte Va-ter Noah auch schon Hanseat, man weiß et nit. Obwohl: kann nit sein, der Hanseat hätte sicher keine Taube flie-jen lassen, wör der viel ze kniestich für jewesen. Aber aus rheinischer Sicht hat der Kiemenatmer und Gau-mensegler einen entscheidenden Vorteil: Mit enem Mund voll Luft kann man nicht viel reden, er stört also nicht weiter den rheinischen Redefluss, un dat is dat Wichtigste. Für et Tant Trautchen.

Nur: »Wenn man nua da voane s-pricht wie der Han-se-aat mit sa-im s-pitzen S-taiin in der Zunge«, do muss einer jo die Welt janz anders sehen als wies unsereins. Irjendswie vorsichtiger, immer drauf jefasst, dass gleich dat Wasser kütt. Un do liegt des Rätsels Lösung: Der Hanseat spricht wie einer, der ins Wasser jefallen is, aber nicht schwimmen kann. Und jetzt hat der grad mal der Kopp über Wasser und muss trotzdem sprechen, so Hilferuf-mäßig: »Heoult mich mal einer hier reau-us?!«

3. DER HESSE

Was ist nun mit dem Hessen, der – wie ich bereits bewiesen habe (→ X, 1. Wie frägt der Hesse) – jeden an die Wand babbelt? Woher kütt dat? Und da muss ich die Medizin strapazieren. Gucken Sie mal, dat is esu: Jeder normale Mensch – also jeder Nicht-Hesse – hat im Jehirn dat Sprach- und Sprechzentrum. Dat is do esu eine Knubbel, wie soll ich sagen, da sind die Wörter drin. Mal mehr, mal weniger, kütt drop an, wat jetzt einer is. Aber ejal: Will einer also wat saren, dann guckt er in den Knubbel rein, is noch wat da? Jo! Dann die Wörter eraus, schickt die durch et Jehirn in der Hals erein, am Zäpfchen vorbei, am Mund eraus – fertig is die Laube. Und dä Knubbel, das de Broca'sche Sprach- und Sprechzentrum, is da hinterm Ohr. Natürlich unterm Knochen. Wör ja Quatsch sonst: Hätte jeder da eine Putschblase hängen, und wenn de eine jescheuert kriegst, bisse sprachlos!

Un dat is also beim Hessen anders. Der Hesse hat das Sprachzentrum ausgelagert. Das ist nicht im Hirn, sondern im vorderen linken Nasenflügel, was natürlich einige Konsequenzen hat.

Zum einen bedeutet das, dass der Wortschatz des Hessen wesentlich kleiner ist als der jedes anderen Menschen, was der Hesse aber durch Geschwindigkeit wettmacht, weil die Wörter ja nicht den ganzen Weg vom Hirn über Zäpfchen, Hals und Gaumen laufen müssen, sondern einfach nur vom Nasenflügel auf die Lippe tropfen, fertig ist der Fall. Was dann aber wiederum den leicht nasalen und immer etwas beleidigt wirkenden Klang des Hessischen erklärt und auch der Grund dadefür is, dass der Hesse wesentlich schneller babbele kann als jeder andere sprechende Mensch auf der Welt, weil die Wörter – wie gsaacht – nur die kurze Strecke haben. Das alles hinwiederum erklärt auch, dass der Hesse erscht amol babbelt, und dann, später, vielleicht, nachdenkt. Weil: Nachdenken kann er ja erst, wenn er gehört hat, was er gebabbelt hat!

Der Unterschied zum Rheinländer liegt nun darin, dass der Rheinländer tatsächlich spricht, der Hesse aber quasi nur Wortgemälde malt, also jetzt je nachdem, wat er jejessen hat: mal in Öl und mal in Wasser als Aquarellchen. Beim Hessen is dat wie so Tekkno: immer wigger und immer im selben Rhythmus ohne Punkt und ohne Komma bis zum Koma, quasi.

4. DER BÖHME

Der andere, wo man so auf der erste Blick sagen könnte: »Jo, is verwandt mit dem Rheinländer«, dat is der Böhme. Also soweit er deutsch spricht. Nur: Der Böhme ist außer dem Neapolitaner tatsächlich der einzige Geistesverwandte des Rheinländers. Weil er nämlich erstens gerne spricht, allerdings nicht so sehr über sich selbst, da erfährt man vom Böhmen kaum etwas, aber ieber die La-ite, weil er zweitens dem Schicksal immer wieder ähnlich begegnet ist wie der Rheinländer und weil er drittens unglaublich versöhnlich is – jenau esu als wies mir em Rheinland!

Also mit dem Schicksal und wie man dem begegnet, dat is esu: Do kütt, wollmermalsaren, der Hunne. Monate vorher wusste schon jeder Bescheid, klar: Domols war Asien ja viel weiter weg als wies heut, Waffen wurden jekauft, Burgen jebaut und Gräben gegraben, wat weiß ich, um sich jejen dä Attila und sing Lück wehren zu können. Un wat wor? Alle haben sie Pech jehabt, weil der asiatische Steppenbrand sie einfach überrollt hat. Is beim Asiaten ja so: höflich, immer friedlich, solang man ihn in Ruhe lässt. Aber wehe, wenn man ihn reizt.

Dann bindet der sich dat rote Stirnband um, holt die zwei Frühlingsrollen mit der Kette dazwischen eraus, brüllt sich den Drachen aus dem Rachen und jö! Do stund der Bayer mit seinem Dreschflegel natürlich nur blöd daneben, schaut auf den brennenden Hof und sagt nur noch – Tage später: »Jo, was war nacha dös?« Und so hat der Hunne alle überrannt, die sich gewehrt haben.

Bis auf zwei: der Böhme und der Rheinländer. Die haben sich nicht groß erschrocken, sondern sich gesagt: Wenn der Hunne schon mal da is, kann man ja mal gucken: Wat han mir, wat der Hunne brauchen kann, und wat hat der Hunne, wat mir bruche könne? Schwupp, wor dat Jeschäft jemacht. Der Böhme hat dem Hunnen das Pils und den Ernst Mosch mit seinen Egerländer Musikanten mitgegeben, der dann dat wunderbare Lied jeschrieben hat »No, was is das ain Gemetzel/ beim Etzel, beim Etzel« und natürlich dat wunderbare »Der Woyti- und der Attila/die machen immer tralala ...«.

Und der Rheinländer die gleiche Taktik: Der hat dem Hunnen Kölsch und ein Plätzchen zu schlafen gegeben, so schön, dat der Hunne – wie der Jürgen Becker festjestellt hat – bis heute in Köln jeblieben is – als Karnevalsverein.

Man kann ebends, und davon wissen die anderen deutschen Regionen nix, seine Eigenart bewahren, indem man die Arme aufmacht, oder wollmermalsosaren: Wenn du die Tür aufmachst, kann sie dir keiner eintreten! So einfach is dat.

Womit mir beim Sprechen wären. Also da is der Böhme quasi unschlagbar, allerdings, wie jesagt: Er erzählt kaum über sich, aber immer über die La-ite. Selbst bei den einfachsten Sachen.

Beispiel Du frägst zum Beispiel do mitten in der Pampa nohm Weg, meinshalben für noh Karlsbad. Und schon jeiht et los:

»No, is das eine Freide, nach Karlsbad, no, das möcht jetzt aber ganz schön ieberfillt sein, her ich, das Karlsbad, und wenn da einer kain Zimmer vorbestellt hat in Hotel, möchts ihm gehen wie weiland dem Dolezal aus Vysovo, wie der nach sieben Jahren, was er auf die Bestellung gewartet hat, den neuen Tatraplan geliefert bekommen hat, no was sind schon sieben Jahre? Gestern noch Hochzeit gefeiert, und heite möcht schon der erste Schultag sein für die Kinder, das ist, weil heite keiner mehr Zeit hat, und wenn da, her ich, in den Fernsehnachrichten berichtet wird ieber – was weiß ich! – die Dreharbeiten zu einem neien Film und man Bilder schauen kann von der Frau Landgrebe, was eine Schönheit is, dass man gar nicht mehr seine Frau anschauen möcht, weil man geblendet ist, dann rennt alles am nächsten Tag zum Frantisek und tritt ihm die Tür ein und schreit ›Wo is der neue Film mit der Landgrebe, rück ihn raus, du Schuft, oder wir schlagen dir ein Loch in Kopf!‹, und der Frantisek haut die Tür zu und läuft hinten bei den Hühnern heraus und geht ganz schnell zum Majtnaj in das Bahnhofscafé, trinkt ein Budweiser und wenn einer von die Kinofanatiker kommt und schüttelt die Fäuste, sagt er, dass er auf den Zug wartet und den Film holt, weil das ein Meisterwerk is, und das ist, mein Herr, weil die Laite keine Zeit mehr haben, aber der Dolezal, wie der den neuen Tatraplan bekommen hat, hat eine Triumphfahrt durch Vysovo gemacht, hat dann die dicke Rusalka um die Hüfte gepackt, dass sie gequiekt hat wie ein Ferkel, was man in den Hals sticht, hat sie in den Tatraplan gehoben und hat gerufen:

Heute geht's nach Karlsbad und morgen nach Paris, JesusMarjaundJosef, das ganze Dorf hat gewunken und schöne Brautnacht gewünscht, aber in Karlsbad haben die beiden im Tatraplan iebernachten müssen, weil der Dolezal kein Zimmer vorbestellt hat, und fünf Tage später sind sie zurückgekommen nach Vysovo und die Rusalka hat nur gesagt: ›Paris‹ und Augen gehabt wie eine Kuh, so dass ganz Vysovo gewusst hat, dass auf Ostern herum eine Taufe sein wird, und später is herausgekommen, dass der Dolezal und die Rusalka gar nicht in Paris gewesen sind, sondern nur in böhmisch Eisenstein, was ein Katzensprung ist und noch nicht mal in Frankreich, aber da hat der Dolezal gesagt: ›Paris ist überall, wo Liebe ist‹, und seitdem fährt der Dolezal einmal im Jahr mit der Rusalka nach böhmisch Paris, und es ist jedes Mal eine Freide, und wenn Sie wissen wollen, wo es hier nach Karlsbad geht, machen Sie es wie der Dolezal, weil: Schön ist es überall, wenn man sein Ziel in sich trägt, so ist das.«

Dat is doch schöner als wies wenns dir einer einfach sagt: »Karlsbad? Ja sicher, zweite rechts und dann durch der Wald bisse do.«

Und weil der Böhme dat Pils erfunden hat, also quasi dat Kölsch des Ostens, und weil er ein Meister des Relativen ist – ich sage nur: Hašek und sein wunderbarer Soldat Schweijk mit seinen rheinischen Verabredungen: »Wir sehen uns nach dem Krieg um sechs im Kelch!« – is der Böhme der wahre Wesensverwandte des Rheinländers.

5. DER BAYER

Erst mal muss man feststellen, dass der Bayer – sprech-technisch gesehen – das genaue Gegenteil vom beißspre-chenden Hanseaten ist. Der Bayer nämlich spricht mit durchgedrücktem Kreuz aus der dumpfen Tiefe der Kniekehlen und Wadlstrümpfe. Das hat auch seinen Grund. Musste der Hanseat die Außenalster aus dem Packeis beißen, um den Jungfernstieg bauen zu können, so hat der Bayer erst mal die Alpen nach Tirol zurück-schieben müssen, um Weideland für sich und sein Vieh zu schaffen und einen Flughafen für den einzigen Men-schen, den er neben seinem Herrgott gelten lässt: Franz Josef Strauß. Und weil er dem Frieden nicht so recht traut, steht er – also quasi mental – heute noch mit dem Rücken zum Felsen und hält die Alpen fest. Un das hört man beim Sprechen.

München-Land zum Beispiel. Jeihsse do noh der Bäcke-rei, kann et passieren, dat nevve dir eine Bayer steiht, und der sagt:

»Gibbs ma a Crossaa!«

Wissen Sie, wat dat heißt? Crossaa? Croissant! Und dat wör jetzt korrekt Französisch. Schöner is da die ein-jedeutschte Form im Rheinischen, wo't heißt: Crowa-ßong! Dat is schön. Aber Crossaa?

Und nicht genug damit: Ein Cousin bzw. eine Cusäng is ein »Cussaa«, Orangen sind »Oraaschn«, und dat Schönste is, wenn der Franz Beckenbauer sich um Hoch-deutsch bemüht und davon spricht, dass ein Fußballver-ein »Keine Schaaße« hatte – keine Changze!

Weil alles durch den Mund geht (→ Wie frägt der Bayer? X, 1), ist er vorsichtig. Und im Laufe der Zeit ist er das in jeder Hinsicht geworden. Das bedeutet: Er lässt die Dinge gerne offen. Er sagt zwar gerne nein bzw. naa, das kennen wir ja schon; ist er aber in der Zwickmühle und wird sozusagen auf den Kopf zu gefragt, weicht er lieber aus.

»Herr Stoiber, möchten Sie gerne Bundeskanzler werden?«

Sagt er »ja«, is der Waigel sauer, sagt er »naa«, is seine Frau sauer, also sagt er bayerisch:

»Net direkt!« und ist – so meint er – aus dem Schneider.

Oder er sagt: »Geh weiter!« – sagt also weder ja noch nein.

Ähnlich isses mit dem Ja. Das fällt dem Bayern extrem schwer. Er hat eine ganze Palette von Ausweichmanövern drauf, unwahrscheinlich.

»Wat meinste, Liebelein, solle mr nit eine neue Wagen kaufen?«

»Wenns d moanst!«

Oder:

»Wat meinste, Liebelein, solle mr nit eine neue Wagen kaufen?«

»Vo mir aus.«

Oder:

»Wat meinste, Liebelein, solle mr nit eine neue Wagen kaufen?«

»Waar net blöd.«

Oder:

»Wat meinste, Liebelein, solle mr nit eine neue Wagen kaufen?«

»Schee war's scho, gei.«

Und schließlich:

»Weiße wat, Liebelein, ich kauf jetzt eine neue Wagen.«

»Vo mir aus!«

Meinen Sie, er hätte auch nur ein einziges Mal »ja« jesagt? Nee. Und wissen Sie warum? Damit er nicht festgelegt werden kann, ich meine: Wenn dä Wagen Driss es, dann war es ja nicht seine Schuld!

Wie anders ist das beim Rheinländer: welche Klarheit, welche Nuancen der Zustimmung, welche Schattierungen des Ja-Sagens!

»Wat meinste, Liebelein, solle mr nit eine neue Wagen kaufen?«

»Ja sicher.«

Oder:

»Wat meinste, Liebelein, solle mr nit eine neue Wagen kaufen?«

»Sag ich doch!«

Oder:

»Wat meinste, Liebelein, solle mr nit eine neue Wagen kaufen?«

»E – ja!«

Oder:

»Wat meinste, Liebelein, solle mr nit eine neue Wagen kaufen?«

»Öö!«

Oder:

»Wat meinste, Liebelein, solle mr nit eine neue Wagen kaufen?«

»Jaa, nee, sicher, klar, normal!«

Dat sin zusammen met dem affirmativen »Nee« schon mal fünf Ja oder klare Zusagen in einem Satz! Also bitte!

Vorstellbar is natürlich auch die Gegenfrage als kritische Einleitung der Zustimmung:

»Wat meinste, Liebelein, solle mr nit eine neue Wagen kaufen?«

»Wie: eine neue Wagen kaufen? Wofür bruchen mir dann eine neue Wagen?«

»Och, Liebchen, du weißet jo, der alte dät et jo nit mieh!«

Frauentaktik: Der neue Wagen is noch nicht mal richtig angedacht, da sagt sie zum eigenen schon »alter Wagen«, damit es quasi so aussieht, als wäre der »neue« schon da, damit der Mann schon rein sprachlich gar nicht mehr in der Lage ist, grundsätzlich zu überlegen, ob man überhaupt einen neuen braucht!

»Wie, der alte dät et nit mieh?«

»Dat hatt jo dieser Tage dä Stadler von dä Tankstell och at jesaat: Wie, Frau Klapper? Immer noch met dr Kiss ungerwegs? Ich mein: Dat muss man sich ja nicht sagen lassen, oder?«

Aber zurück zum Bayern und seiner Unfähigkeit, ein einfaches Ja zu sagen. Falls er aber nicht zu solchen Floskeln greift, wie »wennsd moanst«, dann grunzt er einfach.

»Wat is, küsse hück ovend?«

»Hrmpfff« und fertig.

6. KLEINE ANEKDOTE ZUR KÖLNISCH-DÜSSELDORFERISCHEN FREUNDSCHAFT

Jeder Rheinländer weiß, wie grün sich die Düsseldorfer und die Kölner sind (aber: → IV, 15. Krieg im Neandertal sowie → XI, 3. Düsseldorf). Die einzig wirklich existierende harte Grenze in Europa, die Kölsch-Grenze oder, aus Düsseldorfer Sicht: die Alt-Grenze, ist immer durchlässiger geworden. Menschen fahren immer häufiger von Düsseldorf nach Köln, manchmal sogar umgekehrt, es soll sogar eine namhafte Kölsch-Brauerei geben, die ihr Bier in Düsseldorf in Flaschen abfüllen lässt, weil sie über keine eigene Anlage verfügt – die entsprechenden Transporte werden zurzeit zwar noch nachts durchgeführt, aber das wird sich sicher bald ändern, wenn alle Brauereien den Dortmundern gehören. Man sieht also positive Anzeichen einer menschlichen Annäherung und eines wirtschaftlichen Zusammenwachsens, wie es sich für zwei, wenn auch grundverschiedene, Demokratien gehört.

Dazu passt folgende Anekdote, die mir – das muss ich einschränkend betonen – ein Westfale erzählt hat.

Drei Väter warten in einem Krankenhaus darauf, ihre neugeborenen Kinder sehen zu dürfen: ein Düsseldorfer, ein Kölner und ein junger Vater aus dem Senegal. Da kommt die Stationsschwester herein und sagt:

»Meine Herren, dat tut mir furchtbar leid, die drei Geburten waren so gleichzeitig, dat mir die Kinder verwechselt haben. Wir wissen einfach nicht mehr, welches Kind zu wem jehört. Und da haben wir uns jedacht: Wissen Sie wat? Suchen Sie sich einfach eines aus!«

Und führt die Väter zu den drei friedlich schlummernden Säuglingen.

Mit schnellem Schritt tritt der Kölsche vor und nimmt mit sicherem Griff das schwarze Kind in den Arm. Entgeistert starrt ihn die Schwester an und sagt:

»Aber das kann doch unmöglich Ihr Kind sein?«

»Dat nit«, säht dä Kölsche. »Ewwer dat es dä einzigste Panz, dä mit Sicherheit nit us Düsseldorf kütt!« – und ging.

Erlegter Saupreiß, säuischer!

XI. ANHANG

1. DER BONNER

Der Bonner? Also da muss ich erst mal janz rheinisch sagen: zementens! Gibt es *den* Bonner überhaupt?

Mag die Frage, ob es *den* … gibt, für die meisten Städte eindeutig beantwortbar sein, im Fall Bonn ist sie es nicht. Ähnlich wie bei *dem* New Yorker kommt es auf den Blickwinkel an. Von Köln aus gesehen gibt es da vor den Toren der Stadt ein Dorf, dessen Bewohner über das zeitweilige Glück, Hauptstädter sein zu dürfen, größenwahnsinnig geworden sind und vergessen haben, dass sie immer schon im Schatten (und bestenfalls auch: im Schutz) Kölns gelebt haben. Von Berlin aus gesehen ist der Bonner ein abgefeimter Taktiker, der auf krummen Wegen etwas zum Besitz erklären möchte, was ihm nur geliehen war, ein rheinischer Mafioso, der selbst vor der Erpressung von Schutzgeld nicht zurückschreckt. Vom Kanzleramt aus gesehen ist der Bonner ein Untertan, dessen Loyalität höchstens bis zum nächsten Kölsch reicht und auch das nur, wenn klar ist, dass diese Runde nicht »auf ihn geht«. Für die Medien ist er gegebenenfalls Lokalkolorit, für die Opernleute Abo-Provinzler, und die Karnevalisten fahren sowieso nach Köln.

Who the hell ist also *der* Bonner?

Fragt man ihn selber, sagt er: »Wie: Bonner? Ich bin Muffendorfer!« Oder Endenicher, oder Poppelsdorfer, Kessenicher oder Beueler. Sie alle sind Bönnsche, aber Bonner ist keiner von ihnen.

Den Bonner gibt es also gar nicht. Die virtuelle Bundeshauptstadt Bonn hat virtuelle Wesen erzeugt – weil eine Stadt nun mal Eingeborene haben muss –, die nie existiert haben und die seit der Berlin-Entscheidung wieder verschwunden sind. Und das ist gut so. Endlich kann Bonn wieder es selbst sein. Nur: Was ist es selbst?

Zunächst mal ein Haufen verstreuter Viertel, mehr oder weniger malerisch in der Köln-Bonner Bucht stadtähnlich gelegen, links und rechts des Rheins. Diese Viertel haben Bewohner, die sich im Grunde für die feinere Ausgabe des Kölners halten. Die feinen Leute wohnen immer in den Außenbezirken. Dass das die Kölner noch nie gemerkt haben, fuchst die feinen Leute fast noch mehr als der Umzug nach Berlin. Gnädig haben sie einem Verkehrsverbund mit Köln zugestimmt, obwohl sie grundsätzlich nur mit dem Auto nach Köln fahren. Wer in der Rheinufer- oder Vorgebirgsbahn Richtung Köln sitzt, ist entweder Kölner, der nach Hause muss, Kappesbuur, der es eilig hat und deshalb nicht mit dem Traktor fährt, oder Schüler.

Die Einwohner sind darüber hinaus natürlich Rheinländer. Gnadenlos. Das ist so: Ein Kessenicher ist ein Rheinländer, der in einer Stadt lebt, die Bonn heißt. Das ist das Rezept, mit dem die Bönnsche den Status Bundeshauptstadt und den Wasserkopf Regierungsviertel überlebt haben.

Immer noch bewahren die Bonner Eigenbrötler ihre Größe, indem sie sich überschaubar halten – was man nur kann, wenn man sich abgrenzt. Köln? Och jo, die koche och nur met Wasser. Berlin? Kannse verjesse: kei Sibbejebirje, keine Rhing, kei Kölsch – na also. Umzug? Loss se doch – wat mr han, dat hammer, un dä Ress – müsse mr gucken.

Die Republik ist abgehakt. Sie hat »den Bonner« verwöhnt, entsprechend hat er eine Zeit lang ob des verlorenen Schnullers gegreint, aber jetzt besinnt er sich eines Besseren.

Nämlich: der Kultur!

Beethoven? Klar! *Uns* Beethoven – och eine Bönnsche. Und weil es *den* Bonner nicht gibt, macht jeder sein kleines Beethovenfest. Gleich vier waren es im letzten Jahr. Und es ist nicht abzusehen, dass es demnächst weniger werden. Eine dezentralisierte Stadt feiert eben so: nie wirklich groß aber überall irjendswie doch.

Robert Schumann? Sicher! Jot, is schwer, wenn einer Sachse ist, aber: Dat Häuschen in Endenich – die ehemalige Privatklinik, in der Schumann starb – wird jede Woch jefegt, und dat Leergut om Grab bringen Woch für Woch die Penner weg.

August Macke? Klar! Die Bilder sin em Keller vom Kunstmuseum, damit die Leute nicht zu viel Farbe weggucken. Und das Fresko im Macke-Haus ist vor ein paar Jahren nach Münster verkauft worden, weil: »Jo weiße wat dat koss, dat janze Dingen ze restauriere?«

Das Max-Reger-Archiv ist glücklicherweise nach Karlsruhe umgezogen, weil: »Dä wor jo suwiesu nit von he.« Der Lenné hat sein Büstchen am Rhein bekommen – und war sonst noch wer? Wüsst ich nit!

So wird die Liebe zu den Bonner Größen überschaubar gehalten, der Rheinländer mag keinen Bohei.

Sie sind als Kessenicher stolz auf Kessenich, als Bönnsche stolz auf den Bonner Markt und die vielen, vielen Straßencafés, und als Rheinländer stolz auf den Kölner Dom. Und wer wirklich zu den Bonnern gehört, ist stolz auf eine Statistik, die sicher schon seit Jahrhunderten existiert: dass es in Wahrheit allerhöchstens 16 echte Bonner Familien gebe.

Und da bin ich bei dem, was schön ist:

Bonn ist klein genug, um alle zu kennen, und groß genug, um ihnen aus dem Weg gehen zu können. Entsprechend ist der Stolz der Bönnschen: nie aufdringlich, aber immer exklusiv. Schnell erkennt er fremde Leistungen an und überhäuft sie mit Ehrungen und Orden; wer aber »eine Bönnsche« ist, der muss sich das erst verdienen, aber hallo! So kursiert die Geschichte, dass noch im ausgehenden 19. Jahrhundert in der Kneipe neben Beethovens Geburtshaus ab und an das Gespräch auf den großen Sohn Bonns gekommen sei: »Sarens, dä Ludwig, dä Kleen do, dä Beethoven – wat mag aus dem jeworden sein?« Wenn ich sehe, wie die ungehobenen Schätze im Beethoven-Archiv vor sich hin dämmern, werde ich den Eindruck nicht los, dass er sich das immer noch verdienen muss.

Andererseits: Es dat nit schön? Diese köstliche Mi-

schung aus Provinzialität und exhauptstädtischer Welt-
läufigkeit schlägt sich im Sosein der Bönnschen nieder:
Sie sind nicht so proll wie die Berliner, nicht so protzig
wie die Düsseldorfer und nicht so brachial wie die Kölner. Wen stört es da, dass gehässige Münder behaupten:
»Bonn? Um Gottes willen! Entweder sind die Schranken
zu oder es ist am Regnen oder die Dame ist in Köln«?

Als gebürtiger Südtiroler ohnehin an das Extreme gewöhnt, habe ich in Bonn meine Heimat gefunden, weil
ich ohne Widersprüchlichkeiten nicht mehr leben mag.
La bönnsche vita ist mediterran genug, um Neapel nicht
vermissen zu müssen, hat aber doch so viel Zuverlässigkeit, dass ich nicht jeden Tag zur Bank gehen muss, um
ens ze luure, ob ming Jeld noch do es.

Und falls das rechtsrheinisch-preußische Getue dem
frankophilen bönnschen Herzen zu bedrohlich wird,
tuen mir der Rhein höher legen, und der Fall hätt sich!

2. AACHEN –
EIN SPEZIALFALL

> »Aachens musikalische Geltung ist durch mannig-
> faltige äußere Bedingungen begünstigt ... u. a. durch
> klimatische Verhältnisse (mild mit warmem Winter,
> kühlem Sommer und geringer Temperaturschwan-
> kung), dadurch bedingt die spezifische Qualität der
> ›Aachener Stimme‹«
> *Musik in Geschichte und Gegenwart*

Jetzt gibt et im Rheinland, so schön wie et es, noch einen Spezialfall, über den man auch mal paar Sätze sagen
muss. Jetzt habe ich seit mehr als zehn Jahren über das
linksrheinische Rheinland erzählt und wie schön et es
und wie mediterran und damit hauptsächlich die Gegend um Köln jemeint – wie: Düsseldorf? Ja sicher: Düsseldorf! Düsseldorf ist ja tatsächlich in der Substanz
rheinisch jeblieben, jot: wenn auch in homöopathischer
Dosierung, sicher.

Aber der historische Boden ist von einer Stadt auf-
bereitet worden, die jeder kennt, die aber immer voller
Bescheidenheit im zweiten Glied geblieben ist – un dat
es schad. Ich meine: Aachen. Aachen ist was Besonderes.
Das fängt schon mal damit an, dass die Aachener, die
Öcher, Karolinger sind. Alle!

Schon beim flüchtigsten Blick in die Öcher Geschichte – do kannse gucken, von wo de wills, von Köln, Jülich
oder Monschau aus; jot: von Düsseldorf aus nit, ewwer
wat jeht schon von Düsseldorf aus – luurse op de Karo-

linger. Und wenn man sich frägt, wie dat Rheinland zum Öcher steht, küsse nit dodran vorbei.

Nun es et jo so: Nirgends wird so viel gelogen wie in den Jeschichtsbüchern. Da steht zum Beispiel weder drin, dass das Rheinland am Mittelmeer liegt, dass der Rheinländer somit der einzigste mediterrane Mensch deutscher Zunge ist, noch dass Deutz in Sibirien liegt, worauf Konrad Adenauer immer wieder – leider ergebnislos – hingewiesen hat. Genauso wenig steht in den Geschichtsbüchern, dass Karl der Große gebürtiger Öcher war.

Gut, es gibt nur indirekte Beweise dafür, denn domols jow et ja noch kei Standesamp, und überhaupt beschränkte sich das Ausweiswesen auf ein paar Fragen am Stadttor, so nohm Motto: »Wo küss du dann her? Us Düsseldorf? Dat tut mich aber Leid!« Paff! Tür zu – und das natürlich ohne Stempel und Papier.

Karl der Große ist, wie wir heute wissen, vermutlich im Südviertel geboren, also quasi standesgemäß, singe Vater Pippin kam aus der Eifel, wie der Beiname »der Kleine« ja schon andeutet, und Karl dem Großen selbst verdanken viele Orte ihren Namen:

Beispiele: Er ritt eines Tages bisschen durch die Jejend und verlor die Orientierung. Als er Bauern fragte: »Wo simmer dann?« und die Antwort erhielt »In der Eifel, Majestät«, sagte er: »Ah do simmer at«, und so heißt der Ort – *Simmerath* – ja noch bis heute. Dasselbe gilt für den Ort, in dem er auf dem Rückritt übernachten musste, wobei er sich bitterlich über die Kälte in der Herberge beklagte, was zum Namen *Kalterherberg* führte. Oder für *Mützenich*, wo er im Freien auf einem Stein übernachten musste (den man heute noch besichtigen kann) und damit der Dienerschaft Anlass zur Besorgnis gab. Die kamen mit Mantel an, für der Kaiser für zo zo decke, und mit der Mütze, aber der sagte nur: »Nee, Mütze nich!«

Karl der Große kann also, erkennt man daran, kein Burgunder gewesen sein, denn er sprach ganz offensichtlich platt, weil he von he wor. Dafür sprechen aber auch seine vier normalen Ehen und seine sieben Fiedelehen – wat so wat wie legalisierte Fisternöllche wore, mit einer imponierenden Zahl von Kindern – jot, er war viel unterwegs, und Fernsehen gab et noch nit! Allein die legitimen Kinder standen da wie die Orgelpfeifen – so würde man heute sagen, damals aber sagte man »Himmelsleiter« – ein Beweis mehr für seine Öcher Herkunft. So viel rheinische Lebenslust gepaart mit Aachener Produktivität dürfte wohl Beweis genug sein!

Außerdem: Abgesehen davon, dass er die Pfalzkapelle in Aachen gebaut hat und nit irjendwo em Burgund, spricht für Aachen als Geburtsstadt, dass er Leo III. im Jahr 804 nach Oche eingeladen hat, um Weihnachten zu feiern. Das trug Leo III. den heimlichen Spitznamen Printenpapst ein – so begeistert war er bei der Führung durch die Firma Printes Lambertus, wie die damals hieß.

Was nun das Verhältnis des Rheinlands zu den Öchern angeht, muss man erst mal ein paar grundlegende Gemeinsamkeiten feststellen:

1. Aachen ist linksrheinisch, was die wichtigste Voraussetzung für rheinisches Leben überhaupt ist.

2. Aachen liegt südlich der Benrather Linie, das ist die Linie, die den Rheinländer von den Aliens trennt,

die bei der zweiten Lautverschiebung schon überfordert waren.

3. Aachen ist quasi der Brückenkopf zu den Vororten Kölns: Eupen, Brüssel und Paris.

4. Aachen hat genau wie Köln auch unter der Regentschaft seiner Majestät Kaiser Franz Josef II. Antwerpes gelitten – und das verbindet in alle Ewigkeit.

5. Aachen hat sich schon vor Jahrhunderten der rheinischen Solidargemeinschaft »Wider den Akkusativ« angeschlossen, was die Geschichte belegt, die Sie alle kennen: die Geschichte vom Reisenden, der in Aachen aus dem Zug steigt, sich umschaut und da von einem Öcher angesprochen wird: »Soll ich der Herr der Ort zeigen?« Er antwortet »LeckesamA ...«, worauf der selbst ernannte Fremdenführer sagt: »Ich sehen, der Herr kennen der Ort.«

6. Aachen hat sich von Anfang an dem rheinischen Grundgesetz angeschlossen, was nicht hoch genug eingeschätzt werden kann.

7. In Aachen gibt es die weltweit erste Darstellung des singenden Elferrats mit dicker Trumm und allem, wat dabeijehürt: dat Aachener »Engelskonzert« in der Chorhalle! Das aber nur für Kunsthistoriker.

So viel zu den Gemeinsamkeiten. Sie zeigen, dass die Öcher genuine Rheinländer sind, da gibt es also keine territorialen oder chromosomonalen Konflikte.

Wat hat nun aber Aachen über das bloße Rheinischsein hinaus – wat ja amfürsich schon reichen tät – an Besonderem zu bieten? Da muss ich sagen: die Lage, et Jemisch und die Geschichte.

Liegt Köln im Herzen Europas, dann ist in Aachen den-
nen Häzze sing Aorta: Von hier aus gehen die Wege noh
Frankreich und Belgien, den Mutterländern des mentalen Rheinländers – ich sage immer: Wer wie die Belgier
seine Häuser nicht verputzt und dafür dreimal in der
Woche schön essen geht, kann kein schlechter Mensch
sein! Gut, die Wege führen auch in die Niederlande –
aber muss man jeden Weg nutzen? Also! Inzwischen ist
diese Integration so weit fortgeschritten, dass sogar in
Lüttich auf den Autobahnschildern nicht mehr wie früher nur Aix la Chapelle oder »Aken« (ja, wat soll dat
dann sin?) steht – wo ich mich 1971 bei der Rückfahrt
aus dem Urlaub fürchterlich verfahren habe, weil ich
immer nach Schildern nach Aachen suchte, bis ich irgendwo hinger Hellenthal eruskohm!

Über die normale rheinische Mischung hinaus – die wie
gesagt mehr mit Neapel als mit anderen deutschen Städten zu tun hat – ist das spezifische chromosomale Moment in Aachen dat Eifel-Gen, wat jeder Öcher in sich
trägt. Dat Eifel-Gen führt zu folgenden Auffälligkeiten:
 Der Handteller ist etwas größer als beim normalen
Rheinländer, was mit der jahrtausendelangen Steckrü-
benernte zu tun hat und mit der ältesten Form der Tele-
graphie, die in der Eifel entwickelt wurde: dem Schafe-

werfen. Ein Schaf werfen bedeutete: »Ich kumm erövver«; zwei Schafe: »Wie wör et dann mit uns zwei?«;
eine Rübe werfen: »LeckesamA…«

Das Eifel-Gen ist auch verantwortlich für die spezielle
Aachener Körperhaltung beim Stehen – etwas breitbei-
niger als die Kölschen – und die etwas zu langen Arme
(auch dafür ist das Eifel-Gen verantwortlich) gerne vor
dem Brustkorb verschränkt.

Das Eifel-Gen ist außerdem für das verantwortlich,
was als »Öcher Plafongskopp« weltberühmt geworden
ist. Die wunderbare Hartnäckigkeit, darauf zu bestehen,
dass in Aachen so manche Uhr anders geht als sonstwo
auf der Welt.

Und das Eifel-Gen steckt wohl auch hinter der spezi-
fisch öcherischen Sprechweise. Der richtige Öcher
spricht nicht mit dem Mund, auch nicht durch die Nase
wie der Hanse-aat, nicht mit dem Bauch wie der Bayer –
»wo ois von do gonz unt auffa-kimmt«–, nein: Er
spricht mit dem Magen.

Möchte er zum Beispiel sagen: »Ich hätte gerne ein Ei
zum Frühstück!«, dann schluckt er die Wörter erst mal
runter, mengt sie im Magen durcheinander, und wenn
er denkt, dass die Reihenfolge stimmt, lässt er's hoch-
kommen: »Ich hätte gern en Ei, wa« – um es direkt wieder runterzuschlucken. Klar, in der Eifel hat man jahr-
tausendelang gehungert, da wird alles gegessen – auch
Wörter. Normal.

Jetzt kommen wir zu dem, was die Öcher allen anderen Rheinländern voraushaben: diese unglaubliche Geschichte, der man sich nur mit Respekt und einer großen Verneigung nähern kann.

Das geht ja schon mit *aquae grani* los, was jetzt nicht Kornwasser heißt – obwohl: Damals war die Eifel ja noch näher an Aachen dran als heute, also: Man weiß et nit! –, sondern »die Wasser des Granus«, des keltischen Heilgottes: Es geht also um die Bäder im Kurviertel, deren Ruf weltberühmt war. Alle wollten nach Aachen in Kur: Dareios und Xerxes schlugen sich nur deshalb mit den Griechen, weil die gichtleidenden persischen Könige nach Aachen wollten und der Grieche wollte sie nicht dahin lassen, weil es noch keine Gyros-Connection nach Aachen gab, da hatte ja der Belgier mit den Frittenbüdchen die Hand drauf.

Dann war paar Jahrhunderte lang Ruhe, aber dann jing et Schlag auf Schlag:

Karl der Große! Der sich insbesondere um der Karneval verdient gemacht hat: Er hat bei den Akademie-Sitzungen immer die Rolle des königlichen Sängers David gespielt. An der Seite vom hl. Arnold, dem griechischen Hackbrettspieler, dem bis heute Arnoldsweiler bei Düren gehört, hat Karl der Große sich als Krätzjes-Sänger einen unsterblichen Namen gemacht. Ohne ihn wären die Vier Butze oder die Bläck Fööss gar nicht denkbar. Wo immer er sich blicken ließ, erschallte Gesang: »Die Karawane zieht weiter, der Sultan hätt Doosch.«

Er hat aus den paganen Saturnalien unserer römischen Freunde den rheinischen Karneval geschaffen, indem er die *schola palatina* unter der Leitung Alkuins, der mit bürgerlichem Namen schon damals Jupp Schmitz hieß, zu höchsten karnevalistischen Ehren führte. Wir Karnevalsforscher bedauern, dass sich davon nur die Laudes, die heute noch gesungen werden, auch karolingische Akklamationen genannt, erhalten haben. Sie wurden alljährlich bei der Prinzenproklamation gesungen.

Sind das schon einmalige Werke, wie müssen erst die Karnevalsschlager von damals gewesen sein!

Dann die geniale Idee – sie ist in Aachen entstanden, wie Sie sicherlich wissen –, das Fest der Unschuldigen Kinder am 28. Dezember zum Fest der Chorknaben umzufunktionieren – aber in allem karnevalistischen Prunk. Reste davon haben sich heute noch überall im Rheinland erhalten, wird doch die Prinzenproklamation in der Regel Anfang Januar, also unweit vom 28. Dezember, gefeiert.

Daneben – auch die Öcher können ernst sein – beginnt die wundervolle Geschichte der Orgel in Aachen. War sie bis dahin das Instrument der Kemenate – der volkstümliche Ausdruck »ihr einen orgeln« zeugt noch von dieser weltlichen Seite –, wurde sie durch die Überführung aus der Pfalz in die kirchliche Pfalzkapelle zur Königin der Kircheninstrumente.

Dann: Ab ca. 1238 haben wir die Aachenfahrt. Waren es damals fromme Pilger, denen der Weg nach Santiago di Campostela zu weit war, sind es heute unsere niederländischen Freunde, die diesen heiligen Brauch vor allem in der Printenzeit noch hochhalten. Gut – einige fahren weiter nach Köln, aber nicht alle!

Dann natürlich Georg Friedrich Händel, der 1735 sich seinen Tennisarm in Aachen kurieren ließ und sich dafür mit einem Orgelkonzert in Burtscheid bedankte. Wer Burtscheid kennt, weiß, wie froh Händel gewesen sein muss!

Die deutsche Uraufführung von Beethovens Neunter – sie war vorher nur einmal in Wien aufgeführt worden und da quasi mit einem Schrammelorchester[2] – war in Aachen, sein Biograph Schindler hat dort von 1845–1850 das städtische Musikwesen geleitet, und Albert Lortzing hat hier seine ersten Schritte auf der Bühne gemacht: Sein »Zar und Zimmermann« ist die erste Karnevalsoper der Musikgeschichte!

Also: Vom Feinsten, wohin man guckt.

Dat Größte aber war, dass von 936 bis 1531 in der Pfalzkapelle jährlich der deutsche Karnevalsprinz gesalbt wurde, Verzeihung, die deutschen Kaiser gekrönt wurden. Das heißt aber, dass das Jubiläum »50 Jahre Orden wider« den tierischen Ernst« gelogen ist. Es gibt ihn seit quasi 1065 Jahren. Was ich damit aber wirklich sagen will: Dies alles weiß jeder Öcher. Wer aber auf so eine illustre Geschichte zurückblicken kann, der wird bescheiden. Das mag paradox klingen, ewwer et es esu. Nur wer historisch jesehen nix an de Fööss hätt, wird arrogant. Ich sage nur: Düsseldorf.

Und da sind wir wieder beim Rheinland und seinen Aachenern. Wo die Düsseldorfer strunze müsse – die ja, wie der Volksmund sagt, mit dem Geld, das sie nicht haben, Klamotten kaufen, die sie nicht brauchen, um damit Menschen zu imponieren, die sie noch netens kennen! –, wo die Kölschen eine Million Bergheimer in die Stadt zerren, nur damit ihr Rosenmontagszug der größte bleibt, sind die Öcher bescheiden. Se han et nit nüüdich, ze strunze, weil: Wat se hatte, dat bliev.

So also ston die Öcher breitbeinig – wie jesagt – in ihrer Stadt eröm, sin zufridde mit demm, wat se sin un han, maache dat, wat sie für richtig halten – un dat es oft ewwer esu jet von Jejenteil! – und halten jedem, der sie auf unchristliche Art aufscheuchen will, ihr gefürchtetes LeckesamArsch entgegen.

3. DÜSSELDORF

S. o.

4. ZUSAMMENFASSUNG DES GESAGTEN AM BEISPIEL DER »KÖLSCHEN EMINENZ« – JOSEF KARDINAL FRINGS

»Kardinal Frings – die kölsche Eminenz« möchte ich schreiben und stocke schon. Dass Kardinal Frings im Bewusstsein nicht nur der Rheinländer (und nicht nur der linksrheinischen!) nicht nur eine Eminenz, sondern eine kölsche Eminenz war, das ist wohl unbestritten. So oberflächlich kann man das aber nicht sehen. Man muss da schon fragen: Kann einer aus Neuss övverhaupts kölsch sein? Und wenn ja: *wie* kölsch kann einer sein, der nicht in Köln geboren ist?

Nun hat Josef Kardinal Frings allerdings die wichtigste Voraussetzung, die einer mitbringen muss, wenn us demm eine Kölsche weede soll, schon in die Wiege gelegt bekommen: er ist linksrheinisch geboren. Das war schon mal klasse.

Nur: Das allein langt noch nicht. Es müssen noch ein paar Eigenschaften dazukommen:

1. Mutterwitz,

2. die Fähigkeit, sich selbst auf den Arm nehmen zu können,

3. die Fähigkeit, sich mit Humor oder Witz durchsetzen zu können und

4. die Fähigkeit, en joot Antwort jewwe ze künne.

Dies alles sollte – im Idealfall – aber auch getragen sein vom Verständnis für Menschen und von Liebe zu ihnen; vor allem, wenn es sich um jemanden handelt, der eine herausragende Stellung im öffentlichen Leben – und damit Verantwortung für Menschen – innehat.

Und – er muss och kölsch Platt kalle künne, zumindest aber den Willen dazu erkennen lassen (woran ja Franz Josef Antwerpes letztlich gescheitert ist – jot: Viersen!).

Jetzt lommer ens luure, wie dat bei unserem verehrten, nein: geliebten, Kardinal Frings war bzw. bei – wie ihn die Kölschen gerne in Verulkung der unaussprechlichen Kirchentitel nannten – »*Singe Sack Zement Erzjosef Kanal Frings*«.

Mutterwitz ist, sagt das Wörterbuch, die angeborene Fähigkeit etwas einfach und witzig auszudrücken. Außerdem gehört zum Wort Witz in der alten Form auch die Urteilsfähigkeit, der scharfe Verstand dazu. Hat er also Mutterwitz gehabt? Aber ze basch, kann ich da nur sagen, und das mit einer Geschichte aus seinem Leben belegen.

Man weiß: Seligsprechung und Heiligsprechung, das sind komplizierte theologische Sachverhalte, da wird über Jahre hin geprüft und hin und her simeliert – und immer die Frage: Hammer e Wunder? Jo oder nee? Weil: wenn enee, dann bisse jepitscht! –, und alles auf höchster kirchenrechtlicher Ebene. Also do es esu mancher Prälate-Kopp dodrüvver an et rooche jekumme, dat kann ich Ihnen sagen, bis es dann endlich zur feierlichen Seligsprechung kam. So war es auch bei Adolf Kolping. Jahrzehntelang jing dat hin und her. Jetzt war unser Kardinal seinerzeit Protektor des Kolpingwerkes. Zu ihm kam nun der frisch ernannte Generalpräses vom Kolpingwerk, Sitz in Köln, un dat wor ene Bayer, dä Heinrich Fischer. Die zwei han sich bejrößt, alles schön, da sagt uns Kardinal für dä Fischer:

»Wie fühlen Sie sich in Köln?«

»Eminenz, es gefällt mir in Köln gut, ich fühle mich wohl.«

»Und wat macht der Seligsprechungsprozess von Vater Kolping?«

»Tja, Eminenz, der Prozess geht in Rom gut voran, aber es fehlt uns ein Wunder.«

Un do sät uns Kardinal:

»Wenn sich ein Bayer in Köln wohl fühlt – das ist doch ein Wunder!«

Ich meine: Wer so komplizierte Sachverhalte so pfiffig auf der Punkt bringen kann – dat es Mutterwitz vom Feinsten!

Zweitens: Sich selbst auf den Arm nehmen – konnte das unsere Eminenz?

Und ob dä dat kunnt!

Im Krieg hat er auch einmal in Euskirchen »gastiert«. Eine Frau, die bei dieser Sonntagnachmittagsandacht dabei war, erzählt, dass er in die Kirche kam, in der ihn alle mit Spannung erwarteten, und sich mit folgenden Worten vorstellte:

»Ihr wisst ja, dass ich von Neuss komme, un vun Nüüss küt nüß!« Damit war die Spannung erledigt, und die Herzen waren erobert.

Ein weiteres Zeugnis seiner Souveränität sich selbst gegenüber lieferte er, als er im Alter immer stärker unter dem nachlassenden Augenlicht litt und verstärkt auf fremde Hilfe angewiesen war. Da sagte er einmal: »Jetzt bin ich auch so weit wie die alten Leut! Da sagte man früher: Unser Opa – jot luure kann hä schlääch; ävver schlääch hüüre kann hä jot!«

Nun ist es ja so: Weil die Rheinländer sich selbst nicht so ernst nehmen, wird ihnen unterstellt, dass sie überhaupt nichts ernst nehmen. Was für ein Irrtum. Uns Eminenz ist das beste Beispiel dafür, dass nur, wer sich selbst nicht zu ernst nimmt, ernst genommen werden kann! Sich selbst aber nicht allzu ernst zu nehmen ist damit eine entscheidende Voraussetzung für das Überleben im Rheinland!

Bei Josef Kardinal Frings ging das so weit, dass er sogar seinen Beruf augenzwinkernd sehen konnte. Es wird erzählt – wer weiß, ob et wirklich wohr es –, dass seine Eminenz in den 50er Jahren einmal durch Köln gegangen sei, wobei er sich von hinten einem jungen Mann näherte, der vergeblich versuchte, sein Moped »an et loofe ze krieje«. Der junge Mann tritt und tritt und begleitet seine fruchtlosen Versuche mit kräftigen Flüchen. Uns Kardinal hört das, tippt ihm auf die Schulter und sagt: »Junger Mann, dat jeht doch sicher auch ohne Flucherei.« Der junge Mann dreht sich um, erkennt Kardinal Frings, erschrickt und tritt nun nochmal das Moped an, allerdings mit den Worten: »Gelobt sei ... Jesus ... Christus.« Un wat es? Dat Dingen springt an und das Moped fährt davon! Uns Eminenz soll da gestanden, ihm nachdenklich nachgeschaut und dabei vor sich hin gemurmelt haben: »Wenn ich et nit selbst jesehen hätt – ich dät et nit jläuve!«

Oder: Wallfahrt nach Kevelaer. Der Pfarrer Josef Frings von der Gemeinde St. Joseph in Braunsfeld steht am Kölner Hauptbahnhof mit einer Gruppe von Gläubigen, um einzusteigen. Plötzlich hält er eine Mitpilgerin am Arm fest und sagt: »Nee, nicht in dieses Abteil. Da sitzt die Frau Dingens; die bett mr ze vill!« Und auf einer anderen Wallfahrt, bei der im Zug kräftig der Rosenkranz gebetet wurde, erschien Pfarrer Frings plötzlich im Abteil und sagte: »Jetzt ist mal Schluss mit dem Beten, jetzt wird Pause gemacht« und warf den verdutzten Pilgern mit dem Ruf »Prumme jefällig?!« Pflaumen ins Abteil.

Oder: Seine Eminenz erholen sich im Hallenbad und schwimmt mit dem Generalvikar ein Ründchen. Dieser moniert: »Eminenz, wat schwimmen Sie dann esu langsam?« Und Kardinal Frings antwortet: »Aus gutem Grund! Eine falsche Bewegung, und wir schwimmen im Weihwasser!«

Die schönste Geschichte aber in diesem Zusammenhang ist ein Satz, den er nach einem zeitraubenden Festgottesdienst dem Domzeremoniar zuflüsterte: »Ich weiß heute mal wieder nicht, was ich zum Schluss sagen soll: Es war lang, aber schön! Oder: Es war schön, aber lang!«

Über sich selbst lachen – das konnte er.

Auch der dritte Punkt, nämlich die Fähigkeit, sich mit Humor oder Witz durchzusetzen, war eine seiner Stärken. Da hat er noch nicht mal vor dem Papst »Manschetten« gehabt.

Es war Anfang 1948. Uns Jupp war in Rom, hatte da zu tuen – wat, weiß mr nit jenau, vielleicht die Hl. Drei Könige akkreditieren lassen. Jedenfalls war er da auch bei Papst Pius XII. Und wie die zwei sich do am Unterhalten waren, kam die Sprache auch auf das Domjubiläum, wat im selben Jahr in Köln stattfinden sollte. Damit nun die Feiern in Köln auch obrigkeitsmäßig den richtigen Anstrich bekämen, bat Kardinal Frings den Heiligen Vater, zu diesen Feiern einen Gesandten aus Rom zu schicken, ewwer nit irjendswemm, sondern einen »*Legatus A Latere Summi Pontificis*«, also eine der vielen rechten Hände des Papstes sozusagen. Pius XII. reagierte sehr zögerlich – als wäre er Aachener, die, wenn man sie um etwas bittet, gerne sagen: »Muss dat?« –, und meinte schließlich – vermutlich um Personal zu sparen – er könne doch ihn, Frings, hiermit quasi zu seinem Gesandten erklären und als solcher könne er dann bei den Feiern erscheinen. Da hat er aber nicht mit uns Eminenz jerechnet! Uns Jupp nämlich zögerte keine Sekunde und sagte für der Heilige Vater: »Dann werden meine Kölner sagen: Wat soll dat dann heißen? Unseren Frings kennen wir doch längst!«

Da war der Papst natürlich fertig mit der Welt, konnte nix drauf sagen und schickte Kardinal Micara nach Köln. Über den schreibt Kardinal Frings dann auch noch süffisant in seinen Erinnerungen: »Dies erwies sich als eine sehr glückliche Wahl, denn Micara war eine imposante Erscheinung. Scherzhaft haben ihn die Kölner als ›Barockengel‹ bezeichnet.« Hähä, hat er dem Papst noch in seinen Erinnerungen liebevoll eins ausgewischt. Es dat nit schön?!

Die vierte notwendige Fähigkeit, nämlich eine gute Antwort geben zu können, also: schlagfertig zu sein, ist dann schön, wenn sie mit Geschmack gepaart ist. Da schlägt das kölsche – und das rheinische – Herz schon höher. Eine der kniffligsten Fragen, die man einem Kölschen oder einem Düsseldorfer (→ XI, 3.) stellen kann, ist ja die Frage nach dem Verhältnis dieser beiden Städte zueinander (auch in diesen Blättern war ja gelegentlich die Rede von jenem pikanten Problem). Meistens bekommt man dabei nur mehr oder weniger flache Scherze zu hören, selten aber eine geistreiche Antwort. Wo z. B. die Düsseldorfer reich sind, wissen die Kölschen, wat se han – und das ist ein feiner, aber gewichtiger Unterschied. Auch uns Eminenz hat eine großartige Antwort zu diesem Fragenkomplex beigesteuert. Als er Journalisten aus Düsseldorf und Köln zu sich einlud, tauchte natürlich irgendwann auch diese Frage auf: »Eminenz, was ist denn nun der Unterschied zwischen den Düsseldorfern und den Kölnern?« Der Kardinal zog an seiner Zigarre und sagte dann verschmitzt: »Tja, meine Herren, der Kölner spricht Platt!« Wenn Sie diesem Satz nachschmecken, können Sie genießen, was für eine geistreiche Bemerkung das ist!

Eine sehr hübsche Geschichte erzählt auch Heinz Söndgerath aus Porz:

»In der Nachkriegszeit war das Priesterseminar der Erzdiözese Köln in die damalige Großgemeinde Porz nach Ensen in das Kloster verlagert worden. Dort wurden die Priesteramtskandidaten auf die Priesterweihe vorbereitet. Nun suchte man im Winter 1946 nach einer Kirche, in der man die Priesterweihe würdig feiern konnte – der Hohe Dom zu Köln war ja noch schwer beschädigt. So entschied man sich für die große neugotische Pfarrkirche St. Josef in Porz am Rhein. Die Vorbereitungen waren umfangreich, an alles wurde gedacht, auch an einen eventuellen Regen. Dabei fiel mir … die Aufgabe zu, falls es tröpfeln sollte, den hochwürdigen Herrn trockenen Fußes vom Parkplatz in die Kirche zu geleiten. Dazu wurde ich mit einem riesigen schwarzen Schirm aus dem Bestand der Vinzentinerinnen bewaffnet. Darüber freute ich mich riesig, nur musste es halt regnen. Im Geheimen bat ich Petrus, doch wenigstens ein bisschen die Schleusen zu öffnen, damit ich meinen Auftritt erhielte.

Der lang ersehnte Tag kam. Der Konvoi fuhr vor und just in dem Moment, als die Autotür geöffnet wurde, ließ Petrus tatsächlich die ersten Tropfen fallen. Ich sprang vor, öffnete das schwarze Ungetüm von Schirm und konnte so unseren hohen Gast auf trockenem Wege in die Kirche führen!

Im Jahr darauf wiederholte sich die Zeremonie – an gleicher Stelle und unter meiner Schirmherrschaft. Nur schien diesmal schon Tage vorher beständig die Sonne. Doch mein Gottvertrauen war unerschütterlich und siehe da: Es regnete diesmal schon kurz vor der Ankunft der hohen Geistlichkeit. Die Fahrzeugkolonne aus Köln hatte sich verspätet; wäre sie pünktlich erschienen, hätte ich den Schirm getrost zulassen können. So aber preschte ich mit geöffnetem Schirm an die Autotür des Erzbischofs. Er entsteigt dem Wagen, blinzelt mich an und spricht in deftigem Rheinisch zu mir: ›Tach, junger Mann. *Ränt et he immer, wenn Sie mich en Empfang nemme?*‹«

Geschmack und gleichzeitig rheinische Chuzpe hat Kardinal Frings auch bewiesen, als er auf der Beerdigung von Kardinal Faulhaber war. Es war 1952 in München und ein unerträglich heißer Tag. Der Trauerzug ging von der Theatinerkirche zur Bischofsgruft im Liebfrauendom – jot en hallev Stund ze Fooß – un dat bei dää Hitz! Un dann dä janze Wech zoröck! Un dat em volle Ornat. Jedenfalls: Als man wieder in der Sakristei der Theatiner-Kirch ankam, sagte Erzbischof Buchberger aus Regensburg – ein Urbayer – zu unserer Eminenz: »I schwitz wia r a Sau!« Worauf uns Eminenz antwortete – aber so, dass es alle Bischöfe ringsherum hören konnten: »Und ich schwitze wie der Erzbischof Buchberger!«

Was Josef Kardinal Frings jedoch seine eigentliche Größe gab, war seine Menschlichkeit. Nie hat er sich im Amt überhöht, nie, in keiner Phase seiner Karriere und seines Erzbischof- und Kardinalsdaseins, hat er Autorität nur aus dem Titel bezogen, sich aufs hohe Ross geschwungen, sich den Gläubigen (und nicht nur ihnen) entzogen. Von Anfang an war er der »Leutpriester«, der er werden wollte, wie er als junger Student seinem Friseur erzählte. In tiefer Absicht hat er den Spruch »Pro hominibus constitutus – für die Menschen bestellt« – zu seinem Wappenspruch gemacht: in Demut vor seiner Aufgabe und als geradezu kämpferische Proklamation seiner Absichten. Er trug sein Amt mit Würde, wie alle bestätigen, die ihn kannten, aber selbst bei den feierlichsten Anlässen vergaß er die Menschen nicht. Beispielsweise, als er in Kanada 1947 als Teilnehmer beim Marianischen Kongress die Predigt beim Festgottesdienst zu halten hatte – auf Englisch obendrein – und nicht vergaß, darin um Windeln für die Pänz in Kölle zu bitten, mit dem Nachsatz: »Es können auch Servietten sein!« Wie viele hohe Geistliche hätten das vergessen, weil ihnen eine fein fundierte theologische Predigt vor Kollegen wichtiger gewesen wäre?

Frings hat sich in den Jahren 1945 bis 1949 bei den Alliierten unermüdlich für die Belange der Bevölkerung eingesetzt und mit der mehrtägigen 700-Jahr-Feier der Grundsteinlegung des Kölner Doms 1948 ein für damals gewaltiges Signal gesetzt: Er hat erreicht, dass Delegationen aus aller Welt nach Köln kamen, was den Durchbruch brachte für den Lebensmut und den Wiederaufbauwillen – nicht nur in Köln. Er hat den Menschen wieder Mut gemacht. Natürlich auch, indem er sich nicht zu schade war, selbst mit anzupacken. Und als er zum ersten Fest in den mühselig betretbar gemachten Dom einzog, vergaß er beim Segnen links und rechts nicht, immer wieder zu rufen: »Ich danken üch och för et Schrubbe!«

Er war keineswegs ein populistischer Erzbischof, in dem Sinne, dass er sich über Gebühr populär gemacht hätte. Beinahe im Gegenteil: Seine Nähe zu den Menschen war echt, aber dezent, zurückhaltend. Und ernst. Und vielleicht ist es gerade das, was ihn zum geliebten Erzbischof machte, zur kölschen Eminenz.

Auch das mit dem Fringsen, das ganz erheblich zu seiner Popularität – und nicht nur in Köln – beigetragen hat, entsprang nicht etwa rheinischem oder kölschem Humor. Die Wurzel war, möchte ich sagen: Empörung. Empörung darüber, dass den leidenden Menschen das dringendst Notwendige aus nicht zu akzeptierenden Gründen vorenthalten wurde. Dies, und die Einsicht, ein entsprechendes Signal setzen zu müssen, ein politisches und ein religiöses, hat zu dem Satz in der Sylvesterpredigt 1946 geführt, der in die Annalen eingegangen ist. Nämlich:

» Wir leben in Zeiten, da in der Not auch der Einzelne das wird nehmen dürfen, was er zur Erhaltung seines Lebens und seiner Gesundheit notwendig hat, wenn er es auf andere Weise, durch seine Arbeit oder durch Bitten, nicht erlangen kann.«

Dass die Kölschen daraus eine Generalabsolution zum »Fringsen« ableiteten, liegt auch an ihrer mediterranen Mentalität. Darüber wird jedoch leicht das eigentlich Große an diesem Satz vergessen, nämlich der Appell an die Verantwortung, die Sieger für Besiegte, Besitzer für Nicht-Besitzende haben: solche Zeiten erst gar nicht entstehen zu lassen. Und es ist eine – wenn auch gemäßigte – Rückbesinnung auf das Urchristentum und seine gesellschaftlichen Werte.

Dass Frings dann später, schon fast blind, beim Zweiten Vatikanischen die Rolle des von allen respektierten Weisen spielte – eine Rolle, die er sicher nicht gesucht hat –, hat ebenfalls mit dem zu tun, was ich unter der feinen rheinischen Art verstehe: sich selbst nicht wichtig zu nehmen, die Menschen zu lieben und der Wahrheit verpflichtet zu bleiben.

XII. UND DIE SCHÖNSTE GESCHICHTE ZUM SCHLUSS

Die schönsten Seiten des rheinischen Lebens sind die leisen. Da, weitab vom Lärm und dr dekken Trumm, kann plötzlich die Sonne aufgehen, dass es einem ganz warm ums Herz wird. So kurz vor Ostern in einem Supermarkt in Bonn. Vor mir steht eine ältere Frau, nein, mehr ein verzagtes Fräuchen. Sie ist in dem Alter, ab dem man im Rheinland fragt: »Wat darf es denn sein, junge Frau?« Sie hat ein paar Sachen auf das Laufband an der Kasse gelegt und wartet, bis sie drankommt. Routiniert hält die Kassiererin – Mitte 40 und betonblond – das Lesegerät an die Waren und sagt etwas mechanisch: »9 Mark 90.« Das Fräuchen kramt nun im Portemonnaie, legt einen 10-Mark-Schein hin, überlegt einen Moment, dann legt sie noch einen Groschen dazu. Die Kassierin, etwas irritiert, schaut jetzt erst dat Fräuchen genauer an und sagt, überhaupt nicht mehr mechanisch: »Nee, nee, junge Frau, dä Jroschen han Sie von mir ze krieje.« Daraufhin – und da sehen wir plötzlich 40 Jahre Ehe vor uns und einen Mann, der sie immer verbessert hat – sagt dat Fräuchen: »Han ich et at widde falsch

gemat?« Da schaut die Kassiererin sie an und sagt leise:
»Nee, nit falsch, junge Frau, nur verkiehhrt eröm.«

Und da soll einem nicht warm ums Herz werden?

Tschöö (→ I, 9. Der Abschied)

BILDNACHWEIS

REGISTER

394

Stefan Worring und Elke Heidenreich
Köln
Bilder und Geschichten

Als Fotograf des *Kölner Stadt-Anzeiger* ist Stefan Worring tagtäglich in der Stadt unterwegs. Der Blick seiner Kamera ist unbestechlich und deckt so manche Kuriosität und rheinische Verschrobenheit auf. Er sieht die Stadt kritisch, doch dahinter steckt gleichzeitig eine große Liebe und Verbundenheit.

Elke Heidenreich lässt sich von den modernen und lebendigen Bildern inspirieren und geht auf eigene literarische Entdeckungsreisen in ihrer Heimatstadt. So entsteht ein Bildband mit einer spannungsreichen Einheit aus Bildern und Texten, die Köln in einem ganz neuen Licht erscheinen lässt.

Andante Spumante
Der Beikircher
Ein Konzertführer

Gebunden
Mit einem Vorwort von Franz Xaver Ohnesorg

Andante Spumante – der erste Konzertführer, der die großen Werke der klassischen Musik nicht ganz ernst nimmt.

»Detailwissen und seriöse Fachkenntnis locker aus dem Ärmel geschüttelt.«   *Kölnische Rundschau*

»Beikircher bringt dem Konzertbesucher scheinbar Verstaubtes augenzwinkernd näher.«
Bonner General-Anzeiger

Kiepenheuer
& Witsch